커피전문가 필기 + 실기 자격시험 합격 문제

에듀크라운
www.educrown.co.kr

크라운출판사
http://www.crownbook.com

인사말

우리나라의 '커피 공화국'이라는 명명이 과연 자랑스러운 일일까? 그런데 왜 하필 이러한 별명을 얻게 되었을까? 곰곰히 생각해보면 골목골목에 영어이름 간판을 걸고 영업하는 다양한 형태의 커피전문점의 난립 때문에 한국사람은 커피를 많이 마신다고 생각을 하는 것 같다.

그렇다면 과거 우리나라에서 커피를 즐길 수 있는 장소는 없었을까? 60~90년대에도 다방, 다실이라는 이름의 커피 전문점이 있었다.

단, 남성 위주의 다방 문화와 젊은층 위주의 음악 다실 문화로 인하여 커피를 즐겨 마시는 여성들을 위한 장소는 별로 없었다고 할 수 있다.

그러나 가정에서 편하게 즐길 수 있는 인스턴트 커피가 생산되면서 다방이나 다실에 가지 않아도 커피를 즐길 수 있었으며 이로 인하여 커피의 소비량도 증가하였고 2000년대로 접어들면서 우리나라에도 커피가 하나의 문화와 산업으로 발전하게 되었다.

그 결과 바리스타(Barista)라는 커피를 취급하는 서비스 종사원에 대한 직업군이 탄생하게 되었고 일반인들도 전문적으로 커피 문화를 알고 즐기는 성향으로 발전하게 되었다.

결국, 기호 음료중의 하나인 커피가 커피 열매(Cherry)수확도 되지 않는 우리나라에서 커피생두(Green Beans)을 수입하는 커피무역업을 성행하게 하였고 오늘날 대기업이 운영하는 고급스러운 커피전문점부터 소규모의 커피 전문점까지 문전성시를 이루는 커피 공화국을 만들게 한 것이다.

이 틈새를 이용하여 학생 및 일반인을 대상으로 커피 추출기술을 교육시키는 수 많은 커피 아카데미도 우리나라 커피공화국 열풍에 일조를 하고 있는 것은 사실이지만 이러한 커피열풍을 어떻게 판단해야 할 지는 각자의 생각에 맡겨 본다.

이 교재는 미국의 SCAA, 유럽의 SCAE와 같은 커피 관련단체에서 운영하고 있는 커피자격증 제도를 대신하여 국무총리산하 기관인 한국직업능력개발원에 등록된 커피전문가(Barista)라는 커피자격증 시험을 대비하여 집필한 것이다. 커피 자격증에 관심이 있는 학생 및 일반인들이 편리하게 필기시험 및 실기시험에 대비할 수 있도록 구성하였다.

특히, 한국직업능력개발원에 등록된 커피관련 자격증 대비 필기시험을 이 교재를 통하여 학습할 수 있도록 시중에 판매되고 있는 예상문제집 내용도 참고하였다.

커피전문가 자격증을 포함해서 민간사단법인에서 시행하는 어떠한 종류의 민간 커피자격증을 취득하더라도 자격증 취득 여부는 학습자의 학업 성취 동기의 한 기능이지 커피전문점 창업이나 바리스타 취업에 필수적인 수단은 아니다.

이 책 한 권이 여러분들의 커피에 대한 지식을 알아가는데 밑거름이 되기를 바라며 출간에 힘써주신 크라운출판사 회장님 및 임직원 여러분들께 감사의 마음을 전한다.

복정골에서 저자 友樵 올림

차례

Part 01 커피전문가(BARISTA) 필기시험

🫘 커피 자격증 안내

Chapter 01 커피학 개론 ... 16

- 01 | 커피의 유래 ... 16
- 02 | 우리나라와 유럽의 커피문화 ... 17
- 03 | 커피나무와 생두 ... 23
- 04 | 커피나무 경작 ... 28
- 05 | 커피 생산국 ... 30
- 06 | 생두의 맛 ... 32
- 07 | 생두 가공법 ... 33
- 08 | 생두 품종 ... 35
- 09 | 가공 방식에 의한 커피 종류 ... 41
- 10 | SCAA(Specialty Coffee Association of America)와 공정무역 ... 41
- 11 | 커피의 성분 ... 43
- 12 | 우유의 성분 ... 46
- 13 | 커피의 향기 ... 47
- 14 | 커핑(Cupping) ... 48
- 15 | 블렌딩(Bleding) ... 50
- 16 | 원두 보관 및 포장 ... 52
- ■ 커피학 개론 필기시험 예상 문제 ... 57

Chapter 02 배전(Roasting) ... 108

- 01 | 배전 개념 ... 108
- 02 | 배전도 ... 108
- 03 | 배전 작업 ... 113
- 04 | 배전에 의한 생두 변화 ... 116
- 05 | 배전기 ... 121
- ■ 배전(Roasting) 필기시험 예상 문제 ... 123

Chapter 03 커피 메뉴(Coffee Menu) ... 136

- 01 | 커피 추출 방식(Extraction) ... 136
- 02 | 커피 원두 분쇄(Grinding) 및 패킹(Packing) ... 139
- 03 | 카페 에스프레소(Cafe Espresso) ... 140
- 04 | 카페 카푸치노(Cafe Cafuccino) ... 144
- 05 | 커피 베리에이션(Coffee Variation) ... 147
- ■ 커피 메뉴(Coffee Menu) 필기시험 예상 문제 ... 150

Chapter 04 기계 관리학 ... 166

- 01 | 에스프레소 기계(Espresso Machine) ... 166

02	포터 필터(Port Filter)	168
03	그라인더(Grinder)	169
04	탬퍼(Tamper)/노크박스(Knok Box)	174
05	피쳐(Pitcher)	176
06	커피잔 · 커피잔 받침대 · 스푼	176
07	청소용 붓 · 청소약	177
■ 기계 관리학 필기시험 예상 문제		178

Chapter 05 카페(Cafe) 경영　184

01	카페 관리	184
02	카페 서비스 영어	189
03	카페 기물관리	191
■ 카페(Cafe) 경영 필기시험 예상 문제		194

Part 02 커피전문가(BARISTA) 실기시험

Chapter 01 실기시험 지침서　226

01	준비물 및 세팅	226
02	준비단계 동작 시연 (5분)	227
03	시연 및 정리정돈 단계 (15분)	229
■ 커피전문가 실기시험 예상 문제		236

Chapter 02 실기시험 채점표　238

01	카페 에스프레소 감각(Sensory)평가 채점표	238
02	카페 카푸치노 감각(Sensory)평가 채점표	238
03	커피추출 기술(Technical)평가 채점표	239

Chapter 03 실기시험 요약 정리　240

[준비단계]	240
[시연단계 1(에스프레소 만들기)]	242
[시연단계 2(카푸치노 만들기)]	243
[시연단계 3(뒷정리)]	244

부록 1	커피전문가(BARISTA) 자격검정 안내	246
부록 2	동서울대학교 커피전문가 자격 검정 산학협동 신청서	250
부록 3	커피전문가 응시 원서 양식(평생교육원 양식)	251

[참고문헌 및 자료협조]
[저자약력]

커피 자격증 안내

커피 자격증 취득 목적

커피 관련 자격증은 취업을 위한 수단이거나 카페 창업을 위하여 준비해 두는 것으로 자격증 취득 후, 큰 혜택이 있는 것은 아니다.
그러나 긍정적인 측면에서 커피 자격증 취득 목적을 살펴본다면,
첫째, 커피에 대한 열정과 성실을 표현하는 수단이다.
둘째, 커피 실무 경력을 쌓은 후 커피 관련 교육기관 강사로 진출할 수 있다.
셋째, 커피매장, 백화점 등 커피문화강좌를 개설할 때 자격증이 있으면 장점이 될 수 있다.

이와 같이 커피 자격증 취득을 위한 명확한 목표가 수립되지 않으면 자격증 활용 용도는 존재하지 않는다.
현재 우리나라는 커피열풍과 함께 바리스타에 대한 관심이 고조되면서 자격증에 대한 관심도 높아져 있는 상태이다. 그러나 이와는 별개로 아직 우리나라에는 국가가 공인하는 바리스타 자격증은 없다. 대부분은 개인 사단법인에서 민간자격증으로 자격증 검정을 시행하는데, 2011년 동서울대학교에서는 대학 최초로 커피전문가 자격증을 시행하게 되어 커피자격증에 대한 신뢰도를 가지게 되었다.

동서울대학교 커피 전문가 자격증 안내

(1) 필기시험(60문항/ 60분)

① 출제내용 : 커피학개론, 배전, 커피메뉴, 기계관리학, 카페경영학
② 합격기준 : 60점 이상

(2) **실기시험**(사전준비 : 5분, 시연 및 정리정돈 : 15분)

① 영업준비, 카페 에스프레소와 카페 카푸치노의 평가, 정리정돈
② 합격기준 : 70점 이상

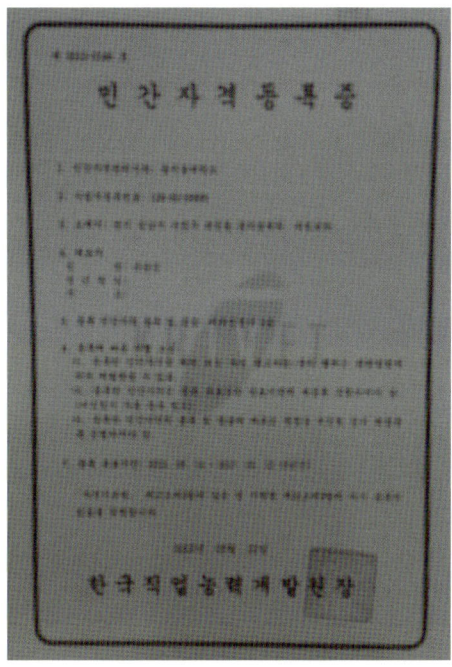

[한국직업능력개발원 커피전문가 등록증]

[카드형 자격증 및 일반형 자격증]

[한국직업능력개발원에 등록된 커피 자격증 (2012년 10월 기준)]

커피 자격증 명칭	자격증 등록 일자	자격증 시행처
커피전문가	2012-01-27	동서울대학교
커피바리스타	2012-06-28	(사)한국전문자격협회
커피바리스타	2011-01-07	(사)한국사회교육원
커피바리스타	2011-03-03	(사)한국여성인력개발원
커피바리스타	2011-07-01	(사)한국능력교육개발원
바리스타	2012-06-01	(사)한국커피협회
바리스타	2011-10-21	(주)한국경영기술법인
바리스타	2011-10-27	(사)국제차문화교류협력재단
바리스타	2011-10-19	풀잎문화연합회
Coffee Master	2012-03-29	탐앤탐스아카데미

※ 위 내용은 시행처의 사정에 따라 항상 변경 가능합니다.(자료 제공 : 한국직업능력개발원 홈페이지)

우리나라에서 시행하는 커피 자격증 급수는 대부분 2급에 해당되며, 1급 자격증 시행은 가능하지만 응시생들 수요가 많지 않기 때문에 현재 2급을 주로 시행하고 있다.

또한, 커피 아카데미에서 SCAA(미국) 및 SCAE(유럽) 자격증 과정을 개설하고 있지만 교육비 및 시험 응시료가 비싸기 때문에 커피 자격증에 지대한 관심이 있는 사람에 해당되며 SCAA 및 SCAE 자격증 취득을 위한 정보는 홈페이지에서 회원으로 가입하여 수집할 수 있다.

해외(국제) 자격증

국제자격증이라고 해서 특별한 것은 아니다. 유럽이나 미국, 남아프리카 공화국, 인도네시아 등 커피나무를 재배하는 국가나 카페 성업이 활달한 유럽 및 미주지역의 커피관련 단체에서 시행하는 자격증이다.

(1) SCAA(Specialty Coffee Association of America : 미국 스페셜 티 커피협회)

무역커피의 전문적인 품질 기준 설정을 위해 1982년에 설립된 소규모 커피그룹으로 현재는 커피 무역협회와 전세계 3,000개에 달하는 회사로 구성되어 있다. 전문적인 커피 품질관리와 등급 평가를 위해 SCAA는 체계적이고 올바른 커피시장 성장의 방향으로 발전하고 있다. 이 단체가 시행하는 자격인 Cupping Judge(커피 감별사)는 총 7개의 과목 중에서 20개의 테스트를 모두 통과해야 하는 고난이도의 시험으로 커피원료의 선별과 로스팅, 추출에 이르기까지 커피에 대한 전반적인 지식과 재능이 필요하다.

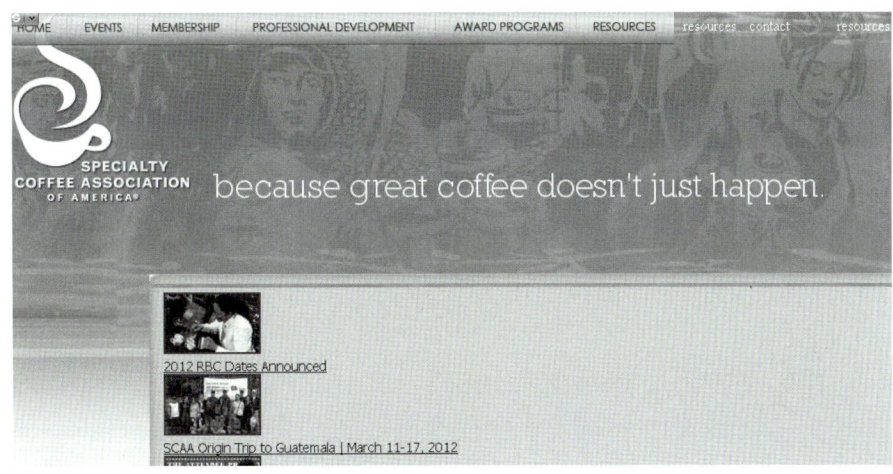

[SCAA 홈페이지]

(2) CQI(Coffee Quality Institute : 국제커피품질연구소)

　국제커피품질연구소는 커피의 품질과 커피를 생산하는 사람들의 삶을 개선하기 위해 국제적으로 노력하는 비영리단체이다. 커피 생산자의 가치, 시장에서 지속적인 고품질 커피 생산증가로 공급체인에 있는 다른 개인에게 교육 및 기술 지원을 제공한다.

　또한 시스템 및 인프라가 높은 농가 소득과 연결하여 품질향상에 초점이 맞추어진 기구로, 이 기구에서 시행되고 있는 Q-Grader 시험에 통과하면 Coffee Judge와 Q-Grader의 자격이 부여되며 동시에 Star-Cupper라는 명칭도 부여 받을 수 있다.

　이는 커피 생산지에서 생산되는 생두의 평가 및 등급을 판별할 수 있는 국제적인 자격이다.

[CQI 홈페이지]

(3) SCAE(Specialty Coffee Association of Europe : 유럽 스페셜티 커피 협회)

세계시장의 커피의 품질을 주도하고 공정한 거래를 보장하기 위해 노력하며 커피의 모든 분야에 대한 실용적인 교육 프로그램으로 커피분야의 전문 교육을 위해 최선을 다하며, 정기적으로 개최되는 컨퍼런스와 전시회 및 워크샵을 통해 세계시장의 커피를 공유하고 전하는 기구이다. 또한, 커피 관련 세계 선수권 대회를 개최하여 각 나라의 커피시장의 발전을 도모한다.

SCAE 국제 바리스타 자격증은 총 3단계로 구성되어 있는데 바리스타가 지녀야 하는 기본적 지식과 자세를 시험하는 단계별 시험으로 높은 단계일수록 발전하는 바리스타의 모습을 보여야 하며, 그에 맞는 지식도 필요하다.

① 대상 : 커피관련 업종에서 3개월 이상 커피관련 업무를 하고 있는 사람 또는 SCAE 공인 자격권자에게 소정의 교육을 이수한 자(3개월 이상의 경력증명서 혹은 수료증 사본 제출)

② 필기시험
- 커피에 대한 기본적인 지식 테스트
- 커피의 품종과 재배 및 생산국, 수확방법과 가공, 로스팅, 여러 가지 추출도구 사용법
- 에스프레소의 기본 지식과 맛의 컨트롤에 관한 이해 문제

② 실기시험 : 커피 서비스 시 SCAE 시험에서는 심사감독이 커피관련 질문을 할 수 있다.
- 에스프레소 4잔의 추출과 서비스, 카푸치노 2잔의 추출과 서비스
- 과소/과다 추출 각 1잔의 추출과 서비스
- 각각 다른 커피콩이 준비된 그라인더 중 1대를 선택하여 사용하며 기본적인 맛 표현과 프레젠테이션을 해야 한다.

SCAE Barista Level 1, 2 자격증으로 분류한다.

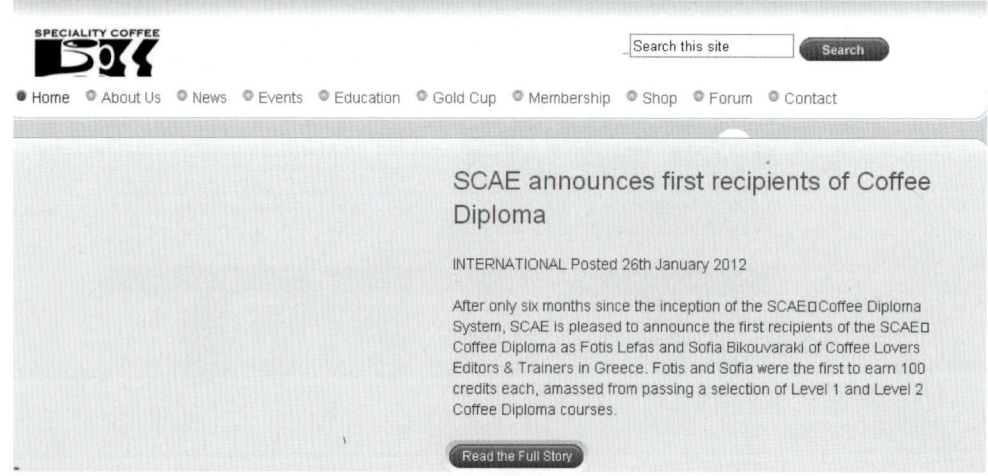

[SCAE 홈페이지]

(4) ICO(International Coffee Organization)

커피의 국제무역을 총괄하고 보호하는 커피협회

(5) SCAK

그 외 남아프리카 국가공인 바리스타 자격증이나 이탈리아 라바짜 디플로마 등이 있다.

결론적으로 국내외 커피자격증은 커피를 취급하는 직업군에 대한 전문적인 커피 관련 지식을 갖추도록 하는 과정이라 할 수 있음으로 자격증에 대한 취득은 개인이 판단해야 하는 것이다.

Part 01

커피전문가 (BARISTA) 필기시험

chapter 01 | 커피학 개론

chapter 02 | 배전(Roasting)

chapter 03 | 커피 메뉴(Coffee Menu)

chapter 04 | 기계 관리학

chapter 05 | 카페(Cafe) 경영

Part 01 | 커피전문가(BARISTA) 필기시험

커피학 개론

01 커피의 유래

1 커피의 탄생

에티오피아 남서부의 커피 생산 지대인 카파(Kaffa)에서 자라던 야생의 커피나무는 남아라비아로 전파되었다가 15세기 경부터 본격적으로 재배되었다. 커피(Coffee)라는 말의 기원은 고대 아랍어인 'Qahwah(와인을 의미)'에서 유래하여 터키어 'Kahve'를 거쳐 탄생했다고 전해진다.

인도 출신의 바바 부단(Baba Budan)이라는 이슬람교 승려가 커피 씨앗을 훔쳐 인도의 마이소르(Mysore)지역에 커피나무를 심게 되면서 커피는 이슬람교도들의 종교의식에서 대중적인 음료로 사용되기 시작했지만 커피가 사람을 도취시킨다고 선언되면서 코란 경전에 의거해 금지당하게 되었다. 그러나 커피의 음용은 아라비아와 그 주변국들로 급속히 퍼졌고 16~17세기에 커피는 유럽에 도입되었으며 종교, 정치, 의술의 목적으로 금지 또는 승인되었다.

생두를 볶아서 끓인 커피를 마시는 풍습이 시작된 곳은 아라비아 남단의 알마카(Al-makha)로 지금의 모카(Mocha)이다. 1260년경 알마카의 이슬람교 수장인 알리 샤들리 이븐이 마실 수 있는 음료로 만들기 위해 생두의 과육을 제거하고 배전 후 물로 끓여 마셨다고 한다. 지금도 예멘 사람들은 이렇게 만든 커피를 키쉬르(Kisher)라 부르면서 음용한다.

또한, 커피는 17세기 중반 런던의 한 커피점에서 음료로서 인기를 얻었는데 이곳은 정치·사회·문학의 중심지였을 뿐만 아니라 상인들의 모임장소이기도 했다. 런던 최초의 커피점은 1652년에 설립되었고 유럽에서도 17세기 후반부터 커피점들이 번창하였다. 1689년에는 보스턴·뉴욕·필라델피아 등 북아메리카의 도시까지 커피점들이 퍼졌다.

17세기 말까지 세계의 커피 공급은 거의 남아라비아의 예멘 지방에 의존했는데, 음료로써의 대중성이 높아감에 따라 커피나무의 재배는 급속히 전파되어 1658년에는 네덜란드가 인도의 실론(스리랑카)에서 재배하였고, 1696년에는 자바와 기타 인도네시아 군도에서, 18세기에 들어서서는 아이티·산토도밍고·수리남·마르티니크·브라질·자메이카·쿠바·푸에르토리코·코스타리카·베네수엘라·콜롬비아·멕시코로 이어졌다. 1825년 하와이 제도에 이어 1840년에는 엘살바도르에서 커피가 재배되기 시작했다.

2 커피의 전파

베니스의 무역상들에 의해 커피가 유럽에 처음 소개되었으며 1658년 실론과 1690년 인도네시아 자바에서 유럽 국가 중 최초로 네덜란드가 커피를 경작하게 되었다.

국가명	내 용
프랑스	1686년 프로코피오(Procopio)에 의해 프랑스 최초의 커피숍 프로코프(Cafe de Procope)가 문을 열었으며, 프랑스 해군 장교 클레외(Gabriel Mathieu de Clieu)가 1720년 카리브 해에 있는 마르티니크(Martinique)섬에 커피나무를 이식하였다.
영국	1650년 영국 최초의 커피하우스가 유태인 야곱에 의해 오픈되었으며 1652년 파스콰 로제(Pasque Rosee)가 런던 최초의 커피하우스를 개점하였다.
미국	1670년 영국 식민지 시대 최초의 커피숍 거트리지 커피하우스(Gutteridge Coffeehouse)가 보스턴에 개점하였으며 1696년에 뉴욕 최초의 커피숍 더 킹스 암스(The King's Arms)가 개점하였다.
한국	커피가 우리나라에 들어오게 된 시기는 조선 말 문호를 개방하면서이다. 또한, 문헌상 커피를 최초로 마신 사람은 윤치호로 1885년 6월 윤치호가 중국 상해에서 쓴 일기 중에 "커피당유, 우유과자 등을 사가지고 오다"라는 문구가 있다. 국내에서 커피를 최초로 마신 사람은 고종으로 기록되어 있는데 손탁이라는 독일여성에 의해 조선 왕실 연회를 주관하면서 서양요리와 커피를 제공하였다고 한다.
일본	인스턴트 커피와 핸드드립 커피 추출 방법 개발

02 우리나라와 유럽의 커피문화

1 우리나라의 커피 문화

(1) 개화기 커피문화

① 미국·영국·독일(1882년), 러시아(1884년), 프랑스(1886년)에 의해 문호 개방이 되면서 각국 공사관이 설치되고 자국의 음식에 커피를 포함하면서 우리나라에 유입되었다는 설
② 유길준이 「서유견문」에 커피를 소개함으로써 최초로 커피를 접한 우리나라 사람으로 추측됨
③ 문헌상, 커피를 최초로 마신 사람은 윤치호로 그가 쓴 일기에는 커피를 우리 음에 가까운 가비(加菲)로 표현함
④ 고종황제는 손탁이라는 독일 여성에 의해 커피를 최초로 마셨으며 그 이후로 커피마니아가 되었고 손탁여사는 손탁호텔에서 정동구락부라는 카페이름으로 영업을 하였음
⑤ 우리나라 최초의 다방은 송교청향관(松橋淸香館)임

(2) 1910년대 커피문화

① 개화기 시절 프랑스의 상인 부래상(富來祥)이 호객용으로 커피를 일반 대중들에게 맛보게 한 뒤, 그 쓴맛이 한약과 같다고 하여 '양탕국'으로 이름 붙임
② 끽다점은 일본식 용어로 우리나라의 다방에 해당되며 최초의 끽다점은 1908년 일본인이 운영
③ 1911년에 박정애가 '부인다옥'이라는 다방과 유사한 명칭을 최초로 사용
④ 커피를 최초로 순 한글로 표기한 것은 1913년 '국민보'임
⑤ 1914년 10월 개관한 조선호텔은 우리나라 최초의 커피숍임

(3) 1920년대 커피문화

① 1920년 가배차(珈琲茶)라는 명칭이 등장하고, 1926년 양명의 「문학의 계급성과 중간파의 몰락」이라는 글에도 가배차가 등장하는 등 일반인도 커피를 즐겼음을 알 수 있음
② 1920년대 명동과 종로에 서양의 신문물로 커피를 파는 다방이 등장
③ 카페도 유행했는데 최초의 공식적인 카페는 1914년 일본인 오쿠보타가 경영한 탑동카페임
④ 1927년 우리나라 최초의 영화감독 이경손이 종로 관훈동에 '카카듀'라는 최초의 다방 오픈
⑤ 1928년 한국 최초의 여성 영화배우 복혜숙이 '비너스' 다방 개업
⑥ 1929년 종로 2가 YMCA 부근의 '멕시코다방'은 '다방(茶房)'이라는 명칭을 최초로 붙임

(4) 1930년대 커피문화

① 1930년대 다방의 주 이용 고객은 20~30대로 신문기자, 배우, 문인, 화가, 음악가, 인텔리 층이 대부분임
② 1930년대 다방은 영화배우, 문인, 예술가, 유학파 등이 개업함
③ 현재 신세계백화점 본점은 그 당시에는 미쓰코시 백화점으로 옥상정원에 최초의 노천 카페를 운영함
④ 이 시기는 다방의 르네상스 시기임

(5) 1940년대 커피문화

① 태평양 전쟁으로 인하여 다방에서는 제한된 음악만 사용
② 1945년 해방이 되면서 가장 먼저 고전음악 전문다방인 '봉선화' 오픈
③ 플라워 다방은 문인들의 모임장소로 1946년 박목월, 조지훈, 박두진의 청록집 발간

(6) 1950년대 커피문화

① 6.25 전쟁으로 인하여 명동의 다방 등 유흥 공간이 파괴되었고 부산으로 피난한 사람들

에 의해 부산 광복동이 한국다방의 중심지가 됨
② 명동지역은 다방의 부활로 문화예술의 요람이 됨
③ 모나리자 다방은 서울이 수복되면서 명동에 가장 먼저 문을 열고 클래식 음악 다방으로 명성을 이어감
④ 돌체다방은 6.25 전쟁 이후 음악 애호가의 사랑을 받는 대표적인 고전 음악다방이 됨
⑤ 동방살롱은 문화예술인의 전당으로 문화예술인의 안식처가 됨
⑤ 전문 음악감상실의 등장
⑥ 1950년대에 한국식 모닝커피 출현

(7) 1960년대 커피문화

① 1961년 5.16 군사혁명 이후 커피가 외화낭비의 주범으로 인식되면서 수입 커피 판매 금지
② 규제가 풀린 후, 다방망국(茶房亡國)이라고 할 정도로 다방이 생김
③ 다방이 문화를 즐기는 곳이 아닌 상거래 장소로 변질
④ 충무로 다방, 학림다방 등이 유명

(8) 1970년대 커피문화

① 1960년 후반 다방 문화는 연인들에게 약속과 추억의 장소가 됨
② 대학가의 미팅 장소
③ 음악다방의 전성시대(청년문화의 산실 – DJ, 팝송)

(9) 1980년대 커피문화

① 민주화 운동과 다방
② 야간 통행금지로 인해 심야다방 성행
③ 음악다방과 디스코 열풍
④ 1980년대 초, 다방 또는 다실 외에 시내 중심가와 대학가 주변으로 커피숍 등장
⑤ 다방에서 커피배달(레지라는 직업이 생김)
⑥ 티켓다방 등장

(10) 1990년대 커피문화

① 다방보다는 찻집으로 불려지며 찻집과 커피는 대중가요의 소재가 됨
② 1979년 난다랑이 커피와 스낵을 함께 제공하는 최초의 프랜차이즈 커피하우스를 오픈한 후 동일한 업종이 1990년대 본격화 됨
③ 1989년 크라운제과 계열사 영인터내셔날에서 원두커피 전문점인 '자뎅'을 서울 압구정동

에 1호점으로 오픈하면서 1990년대 사업을 확장함
④ 1993년 다방, 과자점, 패스트푸드 등을 휴게음식점으로 통합시킨 식품위생법이 개정됨
⑤ (주)미원 외식사업부 커피클럽에서 '나이스데이'라는 커피전문점을 신촌에 1호점으로 개점
⑥ 다방은 감소하고 캐주얼 레스토랑 형태의 실내장식을 한 커피전문점이 성업
⑦ 다방은 없어지고 1999년 미국의 커피전문점 프랜차이즈인 '스타벅스'가 이화여대 앞에 1호점을 상륙시킴

(11) 2000년대 이후 커피문화

① 우후죽순처럼 등장한 커피전문점 때문에 도시의 다방은 변두리로, 다시 변두리에서 지방의 소도시나 면소재지로 밀려남
② 외국 프랜차이즈 및 한국 토종형 프렌차이즈 커피전문점이 성업
　스타벅스, 커피빈(1999년), 엔제리너스(2006년), 카페베네(2008년)
③ 고급감성 문화형으로 포장해서 커피 소비자의 심리를 자극함
④ 이탈리아식 농축된 카페 에스프레소 소비로 차별화 시도
⑤ 길을 걸으면서 마시는 Take Out 커피문화 발달
⑥ 20~30대 라이프 스타일과 어울림
⑦ 신종 직업 발생(바리스타, 커피로스터, 커피선별사, 컵 테스터)

2 유럽의 커피 문화

커피를 아랍 문화권에서 유럽 문화권으로 소개한 사람은 식물학자와 의사이다.
16세기 독일의 식물학자이자 의사인 레온하르트 라우볼프가 쓴 여행기 「동방여행」에서 커피를 소개한 내용을 보면 아랍에는 다른 무엇보다 좋은 음료가 있는데 이를 '카우베(Chaube)'라고 부르고 이 음료는 거의 잉크처럼 검으며 만성 위장병에 효과가 있다고 하였다. 처음으로 커피를 마신 사람은 13세기 이슬람교의 신비주의적 분파인 수피파의 수도승으로 이들은 금욕, 청빈, 명상 등을 중요시하였다. 따라서 커피는 수피파의 공동체에 의해서 오스만 제국 전체로 전파되었다.
커피나무는 아프리카 에티오피아에서 발견되었고 커피 문화는 예멘에서 발전되었다. 16세기 오스만 제국이 예멘을 정복하면서 커피 전파의 주역으로 부상하였고 소아시아지역인 터키에서 커피문화가 번성하였다. 특히, 커피하우스는 권력층의 전유물이었지만 대중에게도 사회적 교류를 할 수 있는 사교장으로 발전되었다.
예멘 남서부에 위치한 모카는 항구도시로 중세에 양질의 커피수출항으로 알려져 '모카커피'

라는 이름을 남겼다. 터키 최대의 도시인 이스탄불은 보스포루스 해협을 사이에 두고 서쪽은 유럽, 동쪽은 아시아로 커피하우스를 의미하는 카흐베하네(Kahvehane)가 성업 중이었다. 여기서 카흐베(Kahve)는 '커피'를 뜻하며 하네(Hane)는 '장소, 공간'을 의미한다.

> **Coffee box 터키식 커피**
>
> - 터키식 분쇄기 : 커피를 아주 가늘게 갈아내는 분쇄기로 터키식 커피는 에스프레소 커피보다 더 가늘게 밀가루처럼 곱게 분쇄해야 한다.
> - 체즈베 : 터키식 커피를 끓이는 작은 포트로 경사진 손잡이와 밑이 넓고 위가 좁으며 뚜껑이 없는 것이 특징이다.
> - 이브릭 : 터키식 커피를 담아서 접대하는 주전자로 3번을 끓여서 마시는데 설탕을 넣거나 여름에는 소금을 넣어 음용한다.

그러나 오스만 제국의 성장기 군주인 제17대 술탄(Sultan: 이슬람 군주의 칭호) 무라트 4세가 커피하우스를 이용하지 못하게 하면서 커피는 국경수비대를 중심으로 보급되었다.

커피는 이슬람문화에서 유럽문화로 전파되면서 빈, 피렌체, 베를린 등을 중심으로 커피하우스가 성업을 하게 되었다. 17세기 유럽에 처음 소개되었을 당시, 커피는 '사탄의 음료'로 여겨져 제231대 교황인 클레멘트 8세에게 커피 금지를 청원하였지만 교황은 커피에게 세례를 주고 기독교인들도 마시게 하였다. 커피가 유럽에 정착하게 된 요인은 첫째, 사적인 자리에서 편하게 즐길 수 있는 음료로 발전하여서 유럽에서 마시는 공식적인 음료인 와인과 경쟁할 이유가 없었기 때문이며 둘째, 교황의 커피 세례로 인하여 종교적인 정당성을 획득하였기 때문이다. 셋째, 30년 전쟁의 영향으로 포도주 재배지역의 축소 및 맥주의 대안으로써 커피가 주목 받게 된 점이다.

(1) 오스트리아

카페의 성채가 된 빈은 오스트리아의 수도로 오스만 제국에 두 번이나 공격당했으나 모두 저지하는 데 성공하면서 커피와 케이크 등을 함께 파는 제과점인 카페 콘디토라이(Konditorei)라는 빈식 카페가 전 유럽으로 확산되었다.

이때 이슬람을 상징하는 초승달 모양의 크로와상(프랑스어로 초승달)빵이 개발되었다.

(2) 이탈리아

초콜릿 문화가 지배했던 이탈리아는 에스프레소 기계의 발명으로 에스프레소 커피 문화가 확산되었다. 가정용 모카포트는 이탈리아에서 에스프레소 커피를 즐겨 마실 수 있는 도구로 밀라노 북부는 부드러운 맛, 로마 남부는 강한 맛을 느낄 수 있다. 그리고 좋은 원두를 골라 전문적으로 커피를 만들어 내는 '바리스타'라는 직업이 이탈리아에서 탄생했다.

> **Coffee box 커피의 이모저모**
>
> - 칸타타(Cantata) : 이탈리아어의 Cantare(노래하다)가 어원으로 17~18세기 바로크시대에 발전한 성악곡의 한 형식이다.
> - 커피칸타타 : 독일의 바흐가 1732년에 작곡한 곡으로 바흐의 유머와 위트가 돋보이는 작품이다. 내용은 커피를 못 마시게 하는 아버지와 커피를 마시겠다는 딸의 대화, 아버지가 커피를 끊어야 시집을 보내주겠다고 하자 딸은 아버지 몰래 구혼자가 커피를 마셔도 된다고 약속해야 청혼을 받아들이겠다는 소문을 내는 내용이다. 바흐가 당시 유행하던 커피를 소재로 작곡한 곡으로 원제목은 "가만히 입 다물고 말하지 말아요"이다.
> - 침머만 커피하우스 : 커피칸타타가 초연된 독일 라이프치히의 카페로 바흐가 이곳에서 대학생들로 구성된 팀을 지휘하며 정기적으로 음악회를 개최하였다.

(3) 스웨덴

아라비카종 커피를 가장 많이 마시는 국가로 귀족중심의 커피문화에 대한 반발로 커피 금지령을 스톡홀름에서 가졌고 그 이후 국민음료로 커피를 부활시킨 보편 복지의 국가이다.

(4) 독일

열풍식 로스터기 개발과 치커리, 호밀, 보리 등을 이용해서 커피와 비슷한 음료인 대용커피를 개발하였다. 또한, 유기화학자 프리들리프 룽게가 카페인 제거기술을 최초로 개발하여 디카페인 커피인 카페인 프리커피가 출시되었다.

> **Coffee box 멜리타 벤츠**
>
> 커피 종이 여과지를 개발한 여성사업가인 멜리타 벤츠는 1908년 특허 등록 후, 현재 커피 관련 제품을 세계 140개국으로 수출하는 기업으로 성장시켰다.

(5) 영국

영국은 차의 나라로 알고 있지만 원래는 커피의 나라이다. 귀족들이 인도를 지배한 후, 값싼 차를 재배하여 평민과 차별화가 되지 않게 되자 세계대전 후 유럽문화를 도입하면서 커피소비가 늘어나게 되었다.

산업화 초기에는 공장노동자들에게 각성효과가 높은 커피를 제공하면서 불량률이 낮아졌다. 영국은 남녀 노동자들에게 제공하는 커피의 품질을 다르게 하여 여성차별을 했지만 1674년 여성을 대표하는 단체가 제출한 익명의 탄원서를 계기로 여성들에게 커피하우스 출입을 가장 먼저 허용한 나라이기도 하다.

(6) 프랑스

프랑스 혁명 시기에 여성들의 커피하우스 출입을 허용하였다.

> **Coffee box** 커피의 이모저모
>
> 유럽의 커피문화는 후반기에 접어들어 여성이 발전시켰는데 여성의 카페 출입 허용 후, 한층 부드럽고 아름다워진 카페 인테리어와 여성들의 커피 잔에 대한 애착 덕분에 유럽 도자기 산업도 크게 성장하였다.
> - 르 프로코프(Le Procope) : 1689년 파리에서 문을 연 프랑스 최초의 카페
> - 조나단 커피하우스(1801년) : 런던 증권거래소의 모태, 주식거래가 이루어지던 커피하우스
> - 로이드 카페(Lioyd's) : 1691년 에드워드 로이드가 운영한 작은 카페
> - 카페 플로리안(Florian) : 1720년 베니스에서 문을 연 이탈리아 최초 카페
>
> 한편, 독일여성들은 커피하우스 이용이 불가능하였기 때문에 가정에서 여성들만의 커피모임이 형성되면서 핸드 드립 추출 방식이 생겨났다.
> - 카페 크렌첸(Krânzchen) : 커피를 함께 즐기는 이웃집 여인들 사이에서 만들어진 사교클럽
> - 카페 클라취(Kaffee Klatsch) : 잡담모임이라는 뜻으로 남성들이 여성들의 커피모임을 낮추어 부른 말

03 커피나무와 생두(Green Beans)

1 커피나무

커피나무의 원산지는 아프리카이며 꼭두서니과(科 Rubiaceae) 커피속(屬 Coffea)에 속하는 열대산 상록관목으로 열매를 가공하여 커피를 만든다.

커피나무 꽃잎은 흰색이며 재스민향이 나고 5장의 꽃잎, 5개의 수술, 1개의 암술로 구성되어 있다. 커피꽃의 씨방은 두 개의 배젖으로 되어 있고 한 마디에 16~48개 꽃잎이 피어서 개화된다. 커피나무에 달린 열매는 방울 토마토나 체리같은 모습이기 때문에 커피나무 열매를 '커피 체리(Coffee Cherry)'라고 하기도 한다.

커피체리는 겉에서부터 단단한 외과피(Skin), 과육(Pulp), 다갈색의 단단한 내과피(Parchment), 얇은 은색의 종피(Silver Skin) 그리고 씨앗인 생두(Bean)의 순으로 이루어져 있다. 외피는 익어감에 따라 초록색에서 노란색 또는 빨강색으로 점차 변해가며 수확철에는 거무스름할 정도로 빨갛게 익어간다. 과육은 연노란색으로 약간 달고 신맛과 특이한 향을 가지고 있다. 씹을 때의 촉감은 대추와 비슷한 느낌이고 식용으로 먹기에는 과육이 부족한 면이 있다.

커피체리에는 항상 두 개의 생두가 들어 있는 것은 아니다. 수정이 충분하지 못하거나 영양상태가 좋지 못할 때, 또는 가지의 끝쪽에 있는 체리에는 생두 하나만 들어 있는 것을 발견할 수 있는데 이를 배 모양과 같다 하여 피베리 또는 카라콜리(Caracolillo)라고 한다.

커피 역사 초기에는 피베리를 잡맛을 내는 정상적이지 않은 돌연변이 생두라 여겨 생두를

선별할 때 골라내 버렸지만 커피를 볶는 로스터들이 점점 피베리만의 독특하고 진한 맛과 향을 알아보기 시작한 지금은 피베리를 결점두가 아닌 스페셜한 생두로 취급하고 있다.

2 커피 열매

(1) 생두 구조

일반적으로 체리 안에는 두 개의 단단한 씨앗 즉, 파치먼트가 마주보고 있으며, 각각의 속에는 생두가 존재한다. 바깥쪽 한 면은 둥글고, 마주보는 쪽은 평평하다 하여 플랫빈(Flat Beans)이라고 하고 연두색을 하고 있어 'Green Beans'이라고도 한다. 은피(Silver Skin)는 배전할 때 발생하는 Chaff(왕겨, 쓸데없는 것)이며 생두를 나누는 가운데 대칭선을 센터 컷(Center Cut)이라 부른다.

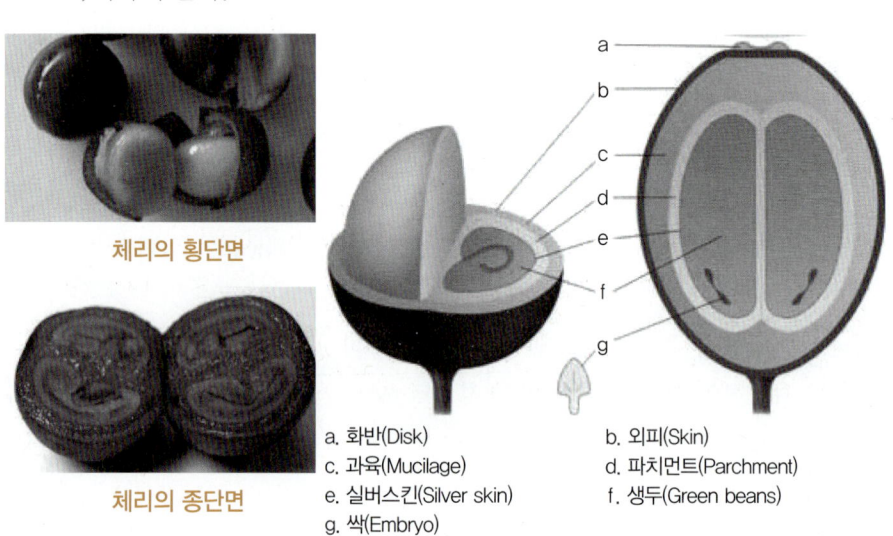

체리의 횡단면

체리의 종단면

a. 화반(Disk)
b. 외피(Skin)
c. 과육(Mucilage)
d. 파치먼트(Parchment)
e. 실버스킨(Silver skin)
f. 생두(Green beans)
g. 싹(Embryo)

(2) 생두 분류

생두는 크기, 재배고도, 결점두 숫자, 맛에 의해 분류할 수 있다.

① 생두 크기에 따른 등급과 규격 분류

  케냐는 생두의 크기에 따라 4등급(AA, A, AB, C)으로 나누지만 최상급은 별도로 이스테이트 케냐(Estate Kenya)라 부른다. 콜롬비아도 생두의 크기에 따라 4등급으로 구분한다.

케냐		콜롬비아	
등급	생두크기	등급	생두크기
AA	17 ~ 18	Supremo(수프리모)	17 이상
A	15 ~ 16	Extra(엑스트라)	15 이상
AB	14 ~ 15	Excelso(엑셀소)	14 이상
C	TT.T.UG 등	Carachol(카라콜)	12 이상

- Supremo : 스크린 No.17 이상의 입자로 정확한 선별을 거치며 카라콜 형태로 전혀 혼합되지 않는 생두의 상급품종이다.
- Extra : 스크린 No.15의 생두로 카라콜 혼입의 상관 없이 양호한 생두를 선별한 것이다.
- Excelso : 수프리모 타입과 엑스트라 타입이 혼합된 품질로 카라콜의 혼합여부는 상관 없으며 수출 표준 상품이다.
- Carachol : 스크린 No.12의 생두로 적절한 선별 과정을 거치며 생산지명을 등급과 합쳐 상품화한다.

② 재배고도에 의한 분류

일반적으로 해발이 높은 곳에서 재배한 커피는 낮은 지대에서 재배한 커피보다 품질이 우수하다.

등급	재배고도
Strictly Hard Bean(S.H.B)	1,600 ~ 1,700m
Hard Bean(H.B)	1,350 ~ 1,500m
Semi Hard Bean(S.H.B)	1,200 ~ 1,350m

* 온두라스, 멕시코 지역

또한, 과테말라지역은 표고분류 7단계로 구분하는데 표고란 바다의 면이나 어떤 지점을 정하여 수직으로 측정한 일정한 지대의 높이이다.

등급	재배고도
Strictly Hard Bean (S.H.B)	약 1,371m
Hard Bean (H.B)	약 1,219 ~ 1,371m
Semi Hard Bean (S.H.B)	약 1,066 ~ 1,219m
Extra Prime Washed (EPW.)	약 914 ~ 1,066m
Prime Washed (PW.)	약 761 ~ 914m
Extra Good Washed (EGW.)	약 609 ~ 761m
Good Washed (GW)	약 609m 이하

* 과테말라 지역

③ 결점두 숫자에 의한 분류

임의로 300~350g의 생두를 샘플링하여 결점두(Defects)개수에 따라 등급을 정한다.

등급	결점두 개수
GRADE 1	0 ~ 3
GRADE 2	4 ~ 12
GRADE 3	13 ~ 25

* 에티오피아, 인도네시아 지역

등급	결점두 개수	
	브라질	New York
NY 2	4	6
NY 2/3	8	9
NY 3	12	13
NY 3/4	19	21
NY 4	26	30
NY 4/5	36	45
NY 5	46	60

 **최상의 생두 생산지역**

콜롬비아 안데스 산맥의 중부 산악 지역인 마니살레스(Manizales), 아르메니아(Armenia), 메델린(Medellin)에서는 최상의 생두를 생산하며 각 지역의 첫 글자를 따서 MAM'S 라는 브랜드로 수출한다. 뉴욕 취급소에서는 이 세 지역의 생두는 서로 교환하여 주고 받는 것이 승인되어 있다.

④ 등급과 입자 크기에 의한 분류

다양한 구멍의 크기를 가진 채(Screen)를 구멍의 지름에 따라 숫자를 부여한 뒤 생두를 통과시켜 어떤 크기의 채를 통과했는지 여부에 따라 등급을 부여한다. 클수록 비싸며 스크린 No. 16 이상이면 우수한 것이다.

	평평한 콩(Flat Bean)	둥근 콩(Peaberry)
특대	No.20 ~ 19 7.94 mm	
대	No. 18 7.14 mm	No. 13 ~ 12
준대	No. 17 6.75 mm	No. 11
보통	No. 16 6.35 mm	No. 10
중	No. 15 5.95 mm	
소	No. 14 5.55 mm	
초	No. 13 5.16 mm	

※ 공식 : 스크린 구멍 지름(mm) = 스크린 No. / 64 * 25.4
　　예) Screen 18 = 생두 크기 7.14mm 이상임

스크린 사이즈는 17/18, 15/16, 13/14 등으로 표시되는데 스크린으로 불리는 판 위에 생두를 올려놓고 흔들어 주면 스크린 사이즈보다 작은 크기의 생두는 구멍을 빠져나가고 큰 크기의 생두는 스크린 판 위에 남는다. 1 스크린은 1/64 inch로 표시하며 약 0.4mm에 해당된다. 가장 적당한 생두 크기로 알려진 스크린 사이즈 17/18은 생두의 폭이 6.75~7mm 임을 의미한다. 생두의 일반적인 스크린 사이즈는 14/64~20/64 inch의 범위 내에 포함된다.

고지대에서 생산된 생두일수록 그 크기가 좀 더 크고 균일하게 밀집되어 있으며 가장 좋은 향을 가지고 있다. 생두의 크기와 균일성은 생두의 품질과 관계가 있으며 스크린 사이즈 등급 분류 체계는 항상 균일한 배전을 할 수 있도록 도와준다.

1/64 inch	mm	분류	멕시코 중앙아메리카	콜롬비아	아프리카 인디아
20	8	Very Large	Superior	Supremo	AA
19.5	7.75				
19	7.5				
18.5	7.25				
18	7	Large		Excelso	A
17	6.75				
16	6.5	Medium	Segundas		B
15	6				
14	5.5	Small	Terceras		C
13	5.25		Caracol		
12	5				
11	4.5	Shells	Caracolli		PB
10	4				
9	3.5		Caracolillo		
8	3				

⑤ 맛에 의한 분류법(브라질)

분류	특성
Strictly Soft	불쾌하거나 자극적이지 않고 부드러운 맛이다.
Soft	잡미와 잡향이 없는 부드러운 맛으로 균형이 있다.
Softish	Soft급에서 조금 부족한 맛이다.
Hard	쓴맛이라기보다는 감의 떫은 맛이 있다.
Rioy	쓴맛이 있고 약간 요오드 냄새가 난다.
Rio	쓴맛의 유무에 구애받지 않는 요오드 냄새가 강하다.

그 외 SCAA(미국 스페셜티 커피협회)에서 권장하는 생두품질관리 요소는 수분(Moisture), 크기(Bean Size), 결점두 수(Number of Defect), 밀도(Density), 색도(Color)이다.

04 커피나무 경작

커피나무는 열대지방에서 성장하며 까다로운 조건으로 인하여 재배환경에 적합한 위도에서만 자라는데 남북 양회귀선(북위 25도, 남위 25도)의 열대성 기후를 가진 80여 개 국가에서 재배된다. 그 지역들은 지구의 중간에 위치한다고 하여 커피벨트(Coffee Belt) 또는 커피존(Coffee Zone)이라고 부른다. 평균기온은 약 20℃로 연간 큰 기온 차가 없으며 강우량은 평균 1,500~1,600mm 이상으로 유기질이 풍부한 비옥토인 화산질 토양으로 배수가 잘 되어야 한다. 또한, 강한 햇빛을 가려주는 키 큰 나무가 있어야 하기 때문에 잎이 넓고 열대지방에서 잘 성장하는 바나나 나무 또는 야자수 나무와 함께 재배하기도 한다.

주요 커피 생산지는 남미지역, 아프리카, 인도네시아가 대표적이고 2012년 기준으로 브라질이 세계 최대 규모를 차지하며 2위는 베트남, 3위는 콜롬비아 순이다.

1 재배 및 정제 방법에 의한 분류

커피 종류	설 명
디카페인 커피 (Decaffeinated Coffee)	정제 과정에서 카페인을 제거한 커피이다.
유기농 커피 (Organic Coffee)	100%에 가까운 친환경적 농법으로 커피를 재배하면서 농약 등의 화학물을 사용하지 않고 정해진 방식에 따라 경작하며 3년에 한 해는 쉬는 등의 방법으로 경작되는 웰빙커피이다.
쉐이드 그로운 커피 (Shade-Grown Coffee)	자연적으로 큰 나무들에 의해서 그늘이 형성되어 친환경적인 재배환경으로 생산하는 방법으로 버드-프렌들리 커피(Bird-Friendly Coffee)라고 부르기도 한다.
페어 트레이드 커피 (Fair-Trade Coffee)	공정무역커피로 다국적 기업이 취하는 커피생두 가격 폭리를 억제하기 위하여 거래되는 커피이다. 우리나라에는 동티모르와 네팔, 히말라야의 커피가 들어오고 있다.
에코 오케이 커피 (Eco-OK Coffee)	무차별한 경작이 아닌 주변 자연의 생태계를 보호하는 경작지에서 재배된 생태계 유지 커피만이 인증서를 받을 수 있다.
파트너쉽 커피 (Partnership Coffee)	농장주와 소비자(커피업자)의 서로간의 신뢰를 바탕으로 소비자는 투자를 하고 질적 요구를 하며, 생산자는 그에 해당하는 성과에 따른 보상을 받는 서로 상부 상조하여 좋은 품질과 원하는 커피를 받을 수 있는 방법으로 릴레이션십 커피(Relationship Coffee)라고도 부른다.

* 유기농 커피, 쉐이드 그로운 커피, 페어 트레이드 커피는 모두 서스테이너블 커피(Sustainable Coffee)라는 개념의 구체적인 실천 방안이다.

2 생두 수확 연도별 분류

커피수확은 일반적으로 1년에 2회 수확이 가능하고 커피 꽃이 피어 열매를 맺기까지 8~10개월이 소요된다. 커피는 한 그루당 2,000여개의 열매를 채취하며 생산되는 생두는 무게가 약 1파운드(약 500g) 정도이다. 생두를 수확 연도별로 분류하여 제각기 다르게 부르는데 명칭은 다음과 같다.

명칭	내용	수확 시기
New Crop	갓 수확한 청록색의 생두	3 개월
Current Crop	수확한지 얼마 안된 녹색의 생두	1년 미만
Past Crop	1년 지난 갈색의 생두	1~2년 미만
Old Crop	2년 이상 지난 진한 갈색의 생두	2년 이후

3 커피콩의 수확방식

	Hand-Picking(Selective Harvesting) 방식	Stripping 방식
방식	잘 익은 체리만을 골라 손으로 하나씩 수확하는 방식이다.	모든 체리를 손으로 훑어 한번에 수확하는 방식이다.
특성	• 여러 번 수확에 따른 인건비 부담이 크다. • 품질이 균일한 커피생산이 가능하다. • 주로 워시드 커피 생산지역에서 이용한다.	• 비용은 절감되나 품질이 떨어진다. • 나무에 손상을 입힌다. • 내추럴 커피나 로부스타 지역에서 이용한다.

05 커피 생산국

대륙별	생산국	대표 브랜드	포장 단위(kg)
카리브해 중앙아메리카	자메이카	블루마운틴	70
	하와이	코나	45
	푸에르토리코	캐리비안마운틴, 얀코, 셀렉토	45
	코스타리카	코랄마운틴, 따라주	69
	과테말라	안티구아 SHB	69
	멕시코	알투라, 리퀴드암바	69
	쿠바	크리스탈마운틴	60
	도미니카	산토도밍고	75
	엘살바도르	SHG, 파카마라	
	온두라스	SHG	
	니카라과	누에바세고비아	
	파나마	보큐테SHB	
	아이티	아이티블루	

대륙별	생산국	대표 브랜드	포장 단위(kg)
남아메리카	콜롬비아	수프리모	70
	브라질	산토스 No. 2, 세라도	60
	볼리비아	AAA	69
	갈라파고스 제도	SHB	
	에콰도르	안데스마운틴, 루비마운틴	
	페루	찬차마요	
	베네수엘라	카라카스	60
아프리카	예멘	모카 마리타, 모카 스마일리	60
	에티오피아	예가체프, 시다모, 하라	60
	케냐	AA	60
	탄자니아	킬리만자로	60
	우간다	부기슈	
	앙골라	엠브리즈, 엠보임, 노보레돈노	
	부룬디	엔고마, AA	
	카메룬	엘러펀트, 롱베리	
	콩고	오리엔탈, 키부	
	코트디브아르	아이보리코스트	60
	르완다	마라다, 버본	60
	마다가스카르	로부스타	
	말라위	엠주주	
	잠비아	테르노바, 카팡가	
	세인트헬레나	유기농	
	남아프리카공화국	나탈	
	짐바브웨	치팡가	
	잠비아	무나리, 치소바, 낭가,무투위라	
아시아	인도네시아	코피루왁, 만델링, 수마트라, 가요마운틴, 슬라웨시토라자	60
	인도	몬순말라바	60
	필리핀	팜시벳, 코피루왁	
	파푸아뉴기니	시그리, 마운트하겐, 아로나, 파라카	60
	태국	반도이창	80
	베트남	콘삭	
	중국	카티모르, 시마모	
	동티모르	에르메라, 아이나로, 리퀴사	
	호주	스카이베리, 마운틴탑	

※자료제공: The Coffee House

06 생두의 맛

1 생두 크기에 의한 맛

생두의 크기는 눈으로 보아도 차이가 많이 나는데 그 이유는 품종, 산지, 생산농가 등 여러 원인이 있다. 커피 맛은 생두의 크기에 따라 좌우되기 때문에 가능한 크기가 균일한 것으로 구입한다. 생두 크기가 큰 것은 스크린 사이즈 No.17에서 No.18 정도이고 배전을 하게 되면 깔끔한 맛이 특징이다. 작은 생두는 배전하면 감칠맛이 있다.

2 산지에 의한 맛

열대지역의 생두 품종의 풍미는 산지와 품종에 따라 다른데 산지별 특성은 다음과 같다.

산지	특성
탄자니아, 하와이(코나), 코스타리카, 파나마	산미를 살리기 위해 강하게 배전하지 않는다. 시티 배전도가 밸런스가 좋다.
브라질, 인도네시아(만델링, 토라자), 케냐	쓴맛을 위해 강하게 배전해야 한다.
과테말라(피베리), 케냐(피베리), 파푸아뉴기니(피베리), 브라질(부르봉 피베리), 카메룬(피베리)	생두가 1개 밖에 없는 피베리는 희소성이 있으며 맛도 향도 농후하다.
브라질(허니 쇼콜라), 콜롬비아, 인도, 파푸아뉴기니	산미와 쓴맛의 균형이 좋고 어떠한 배전에도 적당하다. 블렌딩 시 맛의 기본이 되며 생두의 개성을 이끈다.

3 결점두에 의한 맛

커피의 맛은 크기도 중요하지만, 더 중요한 것은 결점두이다. 이 결점두는 핸드픽으로 골라 내야 하는데 결점두의 유형은 다음과 같다.

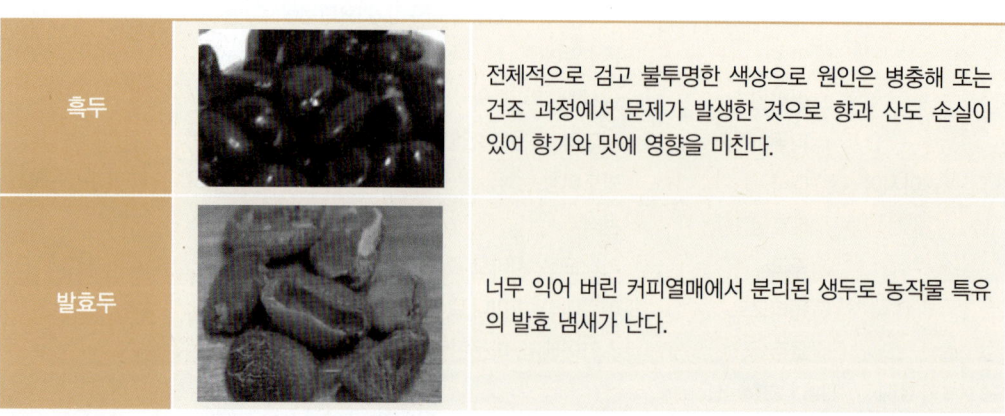

미성숙두		발육 불량으로 완전하게 성숙되지 못한 상태로 생두에 주름이 잡혀있다. 생장에 문제가 있는 것으로 익기 전에 수확한 콩은 쓴맛이 증가하고 산도가 저하되어 풋내가 난다.
기형두		변형되고 주름진 상태로 스트레스를 받아서 열매발육이 덜 된 생두로 향미, 산도가 덜 익은 듯한 느낌이 있다.
연한두		저장과 수송 중에 박테리아가 번식하여 향미가 낮고 고약한 냄새가 난다.
벌레두		강한 쓴 맛이 난다.

07 생두 가공법

커피열매는 수분과 당분이 많아 과육변질의 위험성이 있기 때문에 수확 즉시 가공공정을 거쳐야 하는데 생두를 감싸고 있는 껍질을 벗겨내야 하는 생두 가공방식에는 자연건조방식, 습식방식, 펄프 내추럴방식이 있다.

1 자연건조방식(Dry Process Method, Natural Dry Processing, Unwashed)

커피열매를 수확한 후 펄프 제거 없이 그대로 건조시키는 방법으로 물이 부족하고 햇빛이 좋은 지역에서 주로 이용하는 전통적인 방법으로 내추럴(Natural) 커피라 한다.

커피열매의 불순물을 제거하기 위해 흐르는 물로 세척하고 나무나 콘크리트 바닥에 골고루 펴서 햇볕에 건조시킨 다음 과육을 박피하는 공정을 말한다.

수작업과 키질을 통해 덜 익은 것과 이물질 등을 걸러내고 생두 표면의 오염물질을 물로 세척한 다음 규칙적인 써레질로 생두를 골고루 햇볕에 건조시킨다. 비가 올 경우 건조실에서 45~60℃로 말린다. 생두를 충분히 말리지 않으면 박테리아, 곰팡이, 진균이 생겨 상할 수 있고 너무 건조되면 내피를 벗기는 과정에서 콩이 깨질 수 있기 때문에 맛과 향이 떨어질 수 있다. 대개 3~4주 정도 소요되며 자연건조방식은 단맛과 바디(Body), 자연향을 살릴 수 있는 장점이 있기 때문에 브라질, 에티오피아, 예멘 등에서 주로 이용한다.

대부분 로부스타 생산지에서 사용하며 품질이 좋지 않고 크기가 균일하지 않기 때문에 생산 단가가 저렴하지만 친환경적 가공 방법이다.

2 습식방식(Wet Processing, Washed Method)

커피체리를 씻어내어 커피열매 과육을 제거하고 파치먼트 상태로 발효해서 건조하는 방법이다. 즉, 펄프(Pulper)제거기에서 과육과 씨앗을 분리하여 딱딱한 점액질을 물 속에서 12~36시간 정도 담가서 자가효소로 분해한 뒤 물로 씻어서 말리는 방식을 말한다. 자연건조식보다 높은 산도와 맑고 깨끗한 맛을 내며 이물질과 불량콩이 적어 높은 가격이 책정된다. 생두가 녹색을 띠며 은피가 적은 것이 특징으로 케냐, 탄자니아, 중남미 등에서 이용하고 있다.

대부분의 아라비카 생산국에서 사용하는 건조법으로 품질이 높고 균일한 생두 크기로 신맛과 깔끔한 맛이 나지만 단점은 환경오염을 야기한다는 것이다. 건조과정은 분리-펄핑-점액질 제거-세척-건조 순으로 진행된다.

3 세미드라이(Semi Dry, Semi Washed Process) 또는 펄프 내추럴방식(Pulped Natural)

펄프 내츄럴방식은 비중차이에 따라 마른 체리 등을 제거하기 위해 물 위로 뜨는 것을 선별하고 난 후 스크린 과육 제거기를 사용하여 익은 체리의 펄프는 벗겨내고 동시에 익지 않은 것들은 따로 골라내는 펄핑작업이 이루어진다. 그런 다음 펄프는 개조된 드럼 펄프제거기를 사용해서 파치먼트에서 떼어내는 동시에 익은 모든 체리의 펄프를 벗겨낸다.

수세식과의 차이점은 파치먼트가 발효되거나 씻겨나가는 것이 아니라 점액질이 파치먼트에 달라붙어 있는 채로 곧장 건조된다는 점이다. 가공방식은 1990년대에 기계로 체리를 수확함으로 해서 건조과정 중에 익은 체리와 익지 않은 체리가 뒤섞여 발견되는 것을 없애기 위해서 도입되었고 주로 브라질에서 사용하는 방식이다.

단점은 익지 않은 체리를 다 처리하지 못하기 때문에 선별한 이후에도 계속 찌꺼기가 있다. 생두에 포함되어 있는 60~65%에 달하는 수분 함량을 12%로 낮추기 위해 건조과정을 거쳐야 하는 건조방법은 파티오 건조 방식과 테이블 건조 방식이 있다.

(1) 파티오(Patio)건조 방식

콘크리트, 아스팔트, 타일로 된 건조장을 파티오라고 하며 체리나 파치먼트를 펼쳐 놓은 후 30~40분마다 갈퀴로 뒤집어 골고루 건조가 되도록 한다. 건조기간은 파치먼트 경우는 7~15일, 체리는 12~21일 정도 소요된다.

(2) 테이블(Table)건조 방식

건조대 위에 생두를 펼쳐서 건조하는 방식으로 파치먼트 건조에 주로 사용되며 5~10일 정도 걸린다. 건조 시간을 단축시키고 흙과의 접촉을 통한 오염을 막아 줄 수 있으나 많은 노동력을 필요로 한다.

(3) 기계건조 방식

수분함량이 20% 이하가 되면 생두가 딱딱해지고 검은 색으로 변하는 단계로 수평의 커다란 드럼으로 된 기계 건조기나 수직으로 된 타워형 건조기에서 40℃ 정도의 온도로 건조한다.

08 생두 품종

커피의 향과 맛은 생두를 수확하고 가공하는 방법에 따라 많은 영향을 받는데 생두의 분류 방법으로는 품종에 따른 분류, 상업적 거래방법에 따른 분류가 있다.

1 품종에 따른 분류

생두는 같은 품종이라도 생산 지역에 따라 맛과 향에 차이가 있기 때문에 품종 분류 시 브라질, 탄자니아 등 커피를 생산하는 국가의 지명을 붙이게 된다. 커피에 사용되는 생두는 아라비카, 로부스타, 리베리카로 분류할 수 있으며 최근 들어서는 아라비카종과 로부스타종의 장점만을 취해 만든 아라부스타도 있다. 이 중 대부분의 커피 전문점에서 사용하는 원두는 아라비카종으로 다른 원두에 비해 맛과 향이 뛰어나며 카페인의 함유량도 적다.

[커피의 3대 품종 분류]

구분	1차 분류	2차 분류
품종	아라비카(Arabica)	Mild
		Brazil
	로부스타(Robusta)	Robusta
	리베리카(Liberica)	

(1) 아라비카(Arabica) 품종

전 세계 생산량의 70%를 차지하는 고급 원두의 대명사 아라비카 품종은 에티오피아의 남동 고산지대에서 시작되었다. 아라비카종은 주로 녹색빛을 띠며 타원형으로 납작하고 길쭉한 모습이고 가운데의 홈이 약간 굽어있는 것이 특징이다. 다른 생두에 비해 단맛과 신맛이 강하며 향기가 뛰어난 품종이다.

① 아라비카 품종의 종류

아라비카 종으로는 티피카(Typica)종이 유명하며 변이종으로 버번(Bourbon), 버번종의 변이종인 카투라(Caturra)종이 있다. 브라질의 문도노브(Mundo Novo), 카투라(Caturra), 중앙 아메리카의 티코(Tico), 그리고 산 로몬(San Romon), 자마이카의 블루마운틴(Blue Mountain)도 있으며, 마라고지페(Maragogype)는 일반 생두보다 두 배나 크고 가격은 비싸고 독특한 특징이 없어 생산량이 낮은 편이다. 거래되는 대부분의 아라비카는 티피카(Typica)종이다.

생두 종류	특 징
내셔널(National) 보통(Common)의 미인으로 부름	1927년 프랑스령이었던 기아나에서 브라질에 이식된 최초의 품종이다. 병충해에 약하며, 생산성도 낮다. 생두 모양은 긴 타원형으로 중간정도의 크기이다.
티피카(Typica) 영어의 typical을 의미	재래종으로 아라비카 원종에 가까운 품종이다. 인도네시아, 카리브해, 파푸아뉴기니, 하와이 등 아시아와 중남미 지역에서 재배되며, 주로 그늘 경작법이 이용된다. 병충해에 약하며 콩 모양은 길쭉한 타원형이다. 향과 산미가 좋고, 뒷맛이 달콤하여 명품으로 꼽힌다. 생산성이 낮아 고가에 판매된다. 블루마운틴 및 코나가 티피카 품종이다.
켄트(Kent)	인도 고유 품종으로 티피카의 돌연변이종이다. 병충해에 강하며, 생산성이 높으며 콩은 작은 편이다. 켄트 계통으로는 케냐에서 개발된 K7종이 있다. 이 종은 CLR(커피 녹병)과 CBD(커피 열매병)에 강하고 성장력이 좋다.
마라고지페(Maragogype)	1870년 브라질 마라고지페 시에서 발견된 티피카의 돌연변이종으로 생산성은 낮으나 열매와 생두 크기가 커서 일명 코끼리콩(Elephant bean)이라 한다.
문도노보(Mundo Novo) 영어 표기 New World	1950년 브라질 상파울루에서 발견된 품종으로 버번과 수마트라 섬의 티피카의 자연교배종이다. 환경에 적응을 잘하며 병충해에 비교적 강하다. 브라질의 주력 재배품종이며 신맛과 쓴맛이 적절하게 조화를 이룬다.
아마렐로(Amarello) 영어표기 Yellow	체리가 익으면 노란색으로 변하며 품질이 우수하지 않아 선호하지 않는 품종이다.
버번 베르멜로 (Bourbon Vermelho)	1864년 프랑스령 부르봉섬에서 발견된 품종으로 티피카의 돌연변이종이다. 다른 나무에 비해 키가 커서 수확률도 좋지 않고 커피콩도 작고 단단하다.
버번 아마렐로 (Bourbon Amarello)	버번 베르멜로의 개량종으로 나무의 키는 훨씬 크지만 생산량이 많고 체리는 노란색이다.
카투라 베르멜로 (Caturra Vermelho)	버번의 돌연변이종으로 크기가 작으며 밀식 재배형이다.
카투라 아마렐로 (Caturra Amarello)	버번 베르멜로의 돌연변이종으로 과잉결실현상이 있으며 체리는 노란색이고 크기가 작으며 밀식 재배형이다.
카투아이 베르멜로 (Catuai Vermelho)	문도노보와 카투라 베르멜로의 교배종으로 카투라보다 생산성이 좋다. 크기가 작으며 밀식 재배형태로 생산성이 뛰어나 많이 보급되고 있다.

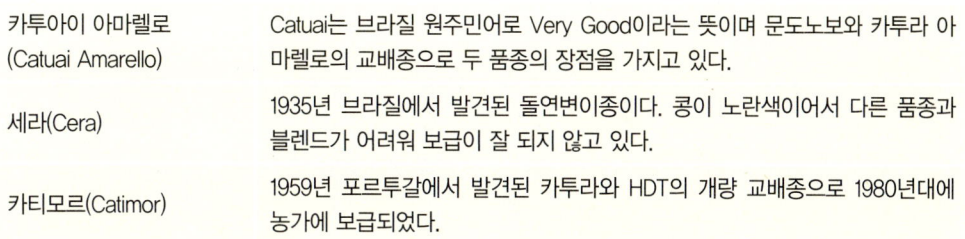

카투아이 아마렐로 (Catuai Amarello)	Catuai는 브라질 원주민어로 Very Good이라는 뜻이며 문도노보와 카투라 아마렐로의 교배종으로 두 품종의 장점을 가지고 있다.
세라(Cera)	1935년 브라질에서 발견된 돌연변이종이다. 콩이 노란색이어서 다른 품종과 블렌드가 어려워 보급이 잘 되지 않고 있다.
카티모르(Catimor)	1959년 포르투갈에서 발견된 카투라와 HDT의 개량 교배종으로 1980년대에 농가에 보급되었다.

- 뉴 아라비카(New-Arabica)

다른 종자를 교배하여 새로운 종자를 만들어 내는 품종이다.

품종명	교배 내용
베리드 콜롬비아(Varied Colombia)	카티모르종 + 카투라종
문도노보(Mundo Novo)	버본종 + 슈마트라종
카투아이(Catuai)	문도노보 + 카투라종
티모르(Timor)	아라비카종 + 로브스타종
카티모르(Catimor)	티모르종 + 카투라종
에스엘 28(SL-28)	아라비카종 + 로부스타종
자바(Java)	버본종 + 켄트종

② 아라비카의 생산 환경

아라비카종은 커피나무를 심은 지 3~4년이 되어야 개화하기 시작하며 5년이 지난 후 생두를 수확한다. 병충해에 약하고 기온이 30도 이상 되면 커피나무에 타격을 받는다. 브라질, 콜롬비아, 멕시코 등 남미지역에서 생산되며 에티오피아의 아비시니고원, 탄자니아, 케냐 등 아프리카 그리고 인도, 인도네시아 등에서도 생산되고 있다. 평균기온은 15~24도 강수량은 1,200~1,500mm 정도의 기후에 적합하며 커피나무의 키는 4~6m 정도이다. 30도 이상의 온도에서는 2~3일이면 죽어버리기 때문에 기온이 낮은 해발 1,000~2,000m 고산지에서 주로 재배된다.

(2) 로부스타(Robusta) 품종

카네포라종에 속하지만 로부스타종으로 더 잘 알려져 있으며 아이보리코스트, 우간다, 인도네시아, 앙골라, 코닐론 등에서 생산되는 품종이다.

아라비카종은 부드러운 맛과 향이 좋아 원두커피로 추출하지만 쓴 맛이 강한 로부스타종은 인스턴트 커피나 블렌딩용으로 사용된다.

① 로부스타의 정의

로부스타는 학명으로 '코페아 카네포라(Coffea Canephora)'라 불리며, '카네포라'보다 '로부스타'란 이름으로 통용된다. 19세기 초, 아프리카 콩고의 남동지역에서 처음 발견되었으며 다른 커피 종과 비교해 볼 때 해발 800m 이하에서 생산이 가능하다. 병충해에 강하며 25~30도 고온과 연 1500~2000mm 강수량에서도 잘 견딘다.

커피나무는 성장할 경우 10m를 넘고 잎의 크기도 크지만 생산의 원활함을 위해 3~4m 정도로만 유지시킨다. 다른 아프리카 커피 열매에 비해 훨씬 더 단단하며 기후변화나 다른 토양에서도 잘 견디는 특징이 있다.

로부스타는 아라비카보다 볼록하고 둥근 것이 특징이며 색상은 푸른 녹색에서 회갈색을 띠고 가운데 홈이 비교적 직선으로 뻗어있다.

② 로부스타의 생산 환경

로부스타는 아라비카에 비하여 뿌리가 얕고 넓게 퍼져있기 때문에 가뭄에 취약하다. 그러나 병충해에 강하고 고온 다습한 환경에 적응을 잘하기 때문에 열대지방에서 많은 생산이 이루어지고 있다. 일부 로부스타는 2년 만에도 수확이 가능하나 일반적으로 심은 지 4~5년 정도가 수확 시기로 적당하며 한번 심어 두면 20년 이상 지속적인 수확이 가능하다. 로부스타는 아라비카보다 크기는 작지만 나무 한 그루당 채취 가능한 커피 열매의 양이 1년간 1~1.5kg 정도로 단위 면적당 생산량이 높다는 이점을 가지고 있다.

아프리카의 코트디부아르에서는 1930년 프랑스인들에 의해 로부스타가 전해졌고 이후 해발 100~400m 사이의 초원에서 많이 재배되고 있다. 또한 1877년 인도네시아에서는 아라비카 나무가 곰팡이 균에 의해 많은 피해를 입게 되었는데 이 때문에 1900년대 부터 인도네시아인들은 네덜란드를 통해 로부스타 종을 얻어 재배하게 되었다. 현재 아프리카, 남아메리카, 동남아시아 등 세계 3대 커피 생산지에서 재배되고 있으며 베트남, 인도, 마다가스카르 등 많은 국가에서 로부스타를 생산중이다. 로부스타는 전 세계 커피 생산량의 30% 정도를 차지하며 생두는 둥글고 진한 갈색이다. 아리비카에 비해 쓴 맛이 강하고 향기가 약하고 두배 정도 카페인 함량이 높기 때문에 주로 향기가 그다지 중요하지 않은 인스턴트 커피와 아이스 커피를 생산하는데 사용된다.

인스턴트 커피가 되기 위해서는 일반적으로 원두가 동결 건조되어 수용성 분말 또는 과립 상태의 커피화가 되는 과정을 거쳐야 한다. 인스턴트 커피는 1901년 미국에서 일본인 화학자 사토리 가토에 의해 처음 발명되었고, 1938년 스위스 네슬레가 네스카페(NesCafe)라는 이름으로 상품화하면서 인스턴트 커피의 대명사가 되었다.

[아라비카종과 로부스타종 비교]

	아라비카종 (넓적한 모양)	로부스타종 (둥근 모양)
기원	아프리카 에디오피아	서아프리카 콩고
생산량	전 세계 생산량 70~75%	전 세계 생산량 25~35%
첫 수확시기	식재 후 3~4년 후	식재 후 3~4년 후
염색체 수	44	22
개화 시기	비온 후	불규칙적
열매	자화수정	타화수정
개화하고 열매가 익는 기간	9개월	10~11개월
열매가 익는 시기	가을	연중
최적 기온(연평균)	15~24도	24~30도
최적 강수량 (연평균, mm)	1,200~1,500	2,000~3,000
카페인 함유량	평균 1.2%	평균 2%
수명	약 50년	평균 20~30년
특성	• Bourbon, Typica 대표 품종 • 타원형의 진초록색 잎 • 나무 높이 4~6m • 토양은 화산재 및 미네랄 • 꽃잎 5~12개, 재스민 향기 • 병충해에 약함, 고지대	• 아프리카 동서부, 동남아시아, 브라질 • 병충해에 강함 • 생산량이 높음 • 인스턴트 커피 및 캔커피 • 병충해에 강함, 저지대

커피품종	아라비카 종				로부스타 종
커피타입	마일드(브라질 외 타입)			브라질	로부스타
가공방법	물 세척법		자연건조	자연건조	자연건조
생산국	특급커피 콜롬비아 과테말라 하와이/케냐 탄자니아	일급커피 멕시코 온두라스 코스타리카 도미니카 에쿠아도르 페루 인도	에티오피아 온두라스 에쿠아도르 페루 도미니카	산토스 마나스 파라나스 리오스 빅토리아	아이보리코스트 우간다 카메룬 자이레 인도네시아 필리핀 베트남 · 태국

리베리카(Riberica)종은 거의 생산되지 않는 품종이며 로부스타종 생산량도 점차 감소하고 있다.

2 상업적 거래방법에 따른 분류

(1) 언워시드 아라비카 커피(Unwashed Arabica Coffee)

자연 건조방식으로 정제된 아라비카종의 커피이며 에티오피아, 페루, 볼리비아, 예멘, 파라과이 등에서 생산된 생두로 상급품부터 저급품까지 다양하다.

(2) 콜롬비아 마일드 커피(Colombia Mild Coffee)

콜롬비아, 케냐, 탄쟈니아 커피의 총칭으로 콜롬비아 커피는 세계에서 가장 안정되어 있으며 상급품은 아라비카 종의 수세식 커피(워시드 커피) 중에서는 단연 최고급인데 이를 가리켜 콜롬비아 마일드라고 부른다.

(3) 마일드 커피(Mild Coffee)

콜롬비아 마일드 커피 외 아라비카종의 수세식 커피의 총칭을 말하며 품질은 상급품에서 저급품까지 있고 양적으로 불안정한 국가가 대부분의 생산국이다.
과테말라, 자마이카, 쿠바, 하이티, 페루, 멕시코, 인도, 온두라스, 코스타리카, 베네수엘라, 파나마, 루완다, 브룬지, 에콰도로, 도미니카, 니카라구아, 페루, 뉴기니아, 짐바브웨이 등이 주요 생산국이다.

(4) 브라질 커피(Brazil Coffee)

현재 브라질은 아라비카종의 주요 생산국으로서 그 해 작황에 따라 커피 시세가 변할 정도의 영향력이 있기 때문에 브라질은 자연 건조식 아라비카종만을 따로 거래하고 있는데 이것을 기준으로 기타의 가격이 결정되는 경우도 있다.

(5) 로부스타 커피(Robusta Coffee)

모든 로부스타 커피는 여기에 해당되며 품질, 등급의 차이가 크기 때문에 가격에서도 최고급품은 최저품의 세배 정도까지 차이를 나타내며 인도네시아, 마다가스카르, 우간다, 아이보리코스트, 카메룬, 필리핀, 도고, 앙골라, 베트남 등이 주요 생산국이다.

09 가공방식에 의한 커피 종류

커피명	설 명
원두커피 (Whole Beans)	배전 된 생두 상태의 커피를 말한다.
분쇄커피 (Ground Coffee)	원두커피를 분쇄한 커피를 말한다.
인스턴트 커피 (Instant Coffee)	원두커피를 분쇄한 후, 증기 또는 열탕을 통과시켜 추출액을 받아 다시 원심분리기에 걸어 입자를 제거한다. 마지막 건조과정에서 풍미가 달라지기 때문에 동결건조나 열을 가하지 않는 건조법도 시도되고 있다.
포드 커피 (POD Coffee)	에스프레소 추출방식의 일회용으로 준비가 된 포드커피는 간편하고 편리하며 분쇄의 불필요와 청소의 편리성이라는 장점이 있다. 하드 포드(Hard POD)와 소프트 포드(Soft POD)로 나눈다.
캡슐커피 (Capsule Coffee)	차세대 커피로 각광받는 커피이며 작은 캡슐에 농축액을 넣어 물에 희석하여 마시는 제품으로 각종 기계와 다양한 커피품목으로 빠르게 성장하고 있다.
필터 팩 커피 (Filter Pack Coffee)	포드(POD)와 티백의 중간 형태로 1회용 팩에 든 커피를 전용머신을 이용하여 추출하는 커피이다.
티백 커피 (Teabag Coffee)	일회용으로 포장된 커피가루를 물에 담가서 우려내는 방식의 커피로 간편하다.
일회용 드립커피 (One Drip Coffee)	컵형과 컵걸이형으로 나눌 수 있는데 가루커피를 드립방식으로 이용하여 마실 수 있는 1회용 제품이다.

10 SCAA(Specialty Coffee Association of America)와 공정무역

공식적인 SCAA Cupping Form을 기준으로 하는 커핑과정을 거친 후 최종 3단계인 생두평가, 커피원두 평가, 커핑 모두 Speciality Coffee로 평가를 받게되는 커피에만 수여되는 일종의 인증커피이다. 시중에 판매되는 커피는 스페셜 커피라고 할 수 없을 만큼 스페셜 커피에 선정되는 기준은 까다롭고 선정된 커피는 합당한 인증서를 발급받는다. SCAA는 Agtron으로 색상 #95(Very Light)부터 색상 #25(Very Dark)까지 8단계로 구분한다.

	SCAA 생두평가	SCAA 원두평가	SCAA 커핑
Specialty Grade	결점두 5개 이내 통과	퀘이커가 1개도 없는 것	커핑점수 85점 이상
Premium Grade	결점두 8개 이내	퀘이커가 3개 이하인 것	커핑점수 80~84점
Commercial Grade	결점두 9개 이상	그 이상인 것	커핑점수 79점 이하

1 SCAA 생두 평가

300~350g의 생두에 대한 결점두 체크를 하는 과정으로 결점두의 정도에 따라 커피의 맛에 영향을 많이 미치는 악성 결점두는 프라이머리 디펙트(Primary Defects)에서 하나라도 발견되면 탈락이 되고 커피맛에 영향을 비교적 덜 미치는 결점두는 세컨더리 디펙트(Secondry Defects)로 분류된다. 프라이머리 디펙트에서는 결점두가 하나라도 발견되면 탈락되고, 세컨더리 디펙트에서는 발견 3개당 점수가 차감된다.

Primary Defects	• Black Bean : 낙하된 체리가 땅속에서 검게 된 생두로 내·외부표면이 검은콩으로 비교적 가볍고 센터 컷이 벌어진 콩이다. • Sour Bean : 붉은 곰팡이가 핀 발효된 콩으로 콩을 잘라보면 시큼한 맛이 나는 콩이다. • Bored Bean : 벌레먹은 콩 • Chuvados : 건조 중에 비맞은 콩 • Bad Dried Bean : 잘못 건조된 콩 • Dry Cherry : 마른껍질에 싸여 있는 콩 • Fungus Damage : 곰팡이에 의해 노란색 또는 붉은색을 띤 콩 • Insect Damage : 벌레에 의해 지름 0.3 ~ 1.5mm 구멍이 난 콩
Secondary Defects	• Parchment : 건조된 파치먼트가 완전히 혹은 부분적으로 감싸고 있는 콩 • Floater : 하얗거나 색이 변하여 가벼워진 콩 • Immature/Unripe : 미성숙하여 덜 익은 콩 • Withered Bean : 건포도와 같이 주름지고 작고 기형인 콩 • Shell : 얇은 껍질을 가진 조개나 귀모양의 기형적인 콩

SCAA는 해마다 각 나라의 커피를 평가하여 등급을 정한 후 소비자에게 추천한다. 중요한 평가 요인은 향기(Aroma), 상큼한 맛(Acidity), 풍미(Flavor), 중후함(Body), 잔향(After Taste)을 평가한다.

> **Coffee box** 브라질 마차도 : Cup of Excellence (컵 오브 엑셀런스)
>
> 주요 커피 생산국에서 특정 연도에 생산된 최고의 커피원두를 심사하는 대회로 브라질을 비롯한 9개국에서 개최하며 각 나라의 최고 커피를 선발한다.
> ◉ 선발내용 : 당도(Sweetness), 산도(Acidity), 입안 감촉(Mouth Feel), 풍미(Flavor), 잔향(After Taste), 균형감(Balance)

2 공정무역 [Fair Trade, 公正貿易]

불공정한 무역으로 발생하는 구조적인 빈곤문제를 해결하기 위해 공정무역은 생산자와 소비자의 상호존중에 기반하여 생산자에게 유리한 조건으로 교역을 하는 무역협력이다. 또 국제무역이 보다 공정하게 이루어지도록 노력하는 사회운동을 말하기도 한다. 전통적 의미의

무역에 대한 대안적 접근으로서의 공정무역은 특히 제3세계의 소외된 지역의 생산자와 노동자에게 보다 좋은 무역조건을 제공하고 그들의 권리를 보장해줌으로써 인류의 지속가능한 발전에 기여하고자 한다. 공정무역은 경제적으로 불이익을 받는 생산자들을 위한 기회의 창출, 투명성과 책임성, 생산능력 배양, 공정한 가격의 지불, 양성평등, 합리적인 노동조건, 환경보호 등의 원칙에 입각하고 있으며 교역품목은 주로 수공예품, 커피, 초콜릿, 코코아, 차, 바나나, 꿀, 면, 와인, 과일 등이다.

공정무역은 1946년 미국의 시민단체인 텐사우전드빌리지가 푸에르토리코의 바느질제품을 구매한 것을 시초로 보고 있으며, 영국에서는 1950년대 후반 옥스팜 상점에서 중국 피난민들이 만든 수공예품을 팔면서부터 시작되었다. 이후 1960년대에 국제기구인 유엔개발계획(UNDP), 세계은행(IBRD), 국제통화기금(IMF) 등이 가난한 나라를 돕는 프로젝트가 실패로 끝나자 전통적인 원조와 개발방식에 회의를 품은 옥스팜과 네덜란드에서 시민운동의 일환인 공정무역조직과 단체를 만들어 본격적인 활동을 시작했다. 이 단체들은 대부분 남반구에 속한 아시아, 아프리카, 남아메리카의 빈곤한 나라에 들어가 풀뿌리 운동을 전개하였으며 가난한 농부와 노동자들이 스스로 조합을 만들어 환경친화적으로 생산물을 생산하도록 교육훈련 및 자금을 지원하였다.

1973년 오가니사이티에는 과테말라에 있는 소농의 협동조합에서 첫번째 공정무역커피를 수입했으며, 이후 수입품목이 차, 카카오, 설탕, 포도주, 과일주스, 견과, 향미료, 쌀 등으로 늘어났다. 1984년에는 제1회 유럽세계상점대회가 열렸고 1987년에는 오스트리아, 벨기에, 프랑스, 독일, 이탈리아, 네덜란드, 스페인, 스위스, 영국 등 9개국 11개 단체들의 연합인 유럽공정무역연합(EFTA)이 설립되었다

11 커피의 성분

생두의 품질을 결정하는 가장 중요한 요소는 맛, 향기, 중후함(Body)에 대한 종합적인 느낌이다. 무역 거래량에서 2위를 차지하는 생두의 교역은, 커피를 선호하는 이유인 카페인에 의해 발생하는 흥분효과 때문이다. 카페인은 알칼로이드의 일종으로 아라비카종의 커피에는 0.8~1.5%, 로부스타종에는 1.6~2.5%가 각각 함유되어 있다. 카페인과 기타 알칼로이드의 작용으로 신체의 순환계 및 신경계에 생리적 효과를 발휘한다. 또 대뇌와 심장 활동을 촉진시켜 이뇨작용을 한다. 다음 표는 커피에 함유되어 있는 성분에 대하여 설명하지만 커피의 성분은 지금도 연구되고 있기 때문에 관련성분에 대한 자료는 항상 변할 수밖에 없다.

주성분	관련성분	성분 효과
카페인	테오브로민	평활근 이완작용 강심, 이뇨, 혈관 확장 중추신경 자극, 뇌간 자극 정신작용, 래디컬 제거작용 항산화작용, 발암억제 스트레스완화
	테오필린	
	파라크산틴	
	테아크린	
	리베린	
	에틸리베린	
트리고넬린	니코틴산	신경세포 축삭, 수상돌기 성장작용 치매개선, 비타민공급
	니코틴산아미드	
클로로겐산 (폴리페놀)	카페오일퀸산	발암억제, 항균활성, DNA메틸화억제, 하이독실래티컬 억제, 래디컬 생성억제, 니트로소아민 생성억제, 항산화작용
	디카페오일퀸산	
	페룰로일퀸산	
	페룰로일퀸산, 카페오일퀸산	
비페놀성 카르본산	포름산	당질 대사촉진 피로회복 위장작용 식욕억제 자양강장 면역력 증진
	말산	
	구연산	
	숙신산	
	글리콜산	
	아세트산	
	젖산	
	인산	
	퀸산	
탄수화물(당류)	단당류	신체활동촉진, 뇌활성화, 신체조직에 포도당 공급 장운동 촉진
	수크로스	
	다당류(아리비노스, 마노스, 글루코스, 갈락토스, 람노스, 자일로스)	
아미노산 단백질	알라린	인체주요 세포구성 혈액재생 세포재생 영양분 공급 생체물질 조정 생리기능 조절
	아르기닌	
	아스파라긴	
	시스테인	
	글루탐산	
	글리신	
	히스티딘	
	이소류신	
	류신	

주성분	관련성분	성분 효과
아미노산 단백질	라이신 메티오닌 페닐알라닌 프롤린 세린 트레오닌 티로신 발린	인체주요 세포구성 혈액재생 세포재생 영양분 공급 생체물질 조정 생리기능 조절
지질	트라이글리세리드 유리 지방산 다이테르펜 에스터 트라이테르펜 유리 디테르펜 인지질 탄화수소 하이드록시트립타마이드 토코페롤	혈관내 콜레스테롤 침착 억제 고지혈증 예방 수면, 면역기능 조절 염증, 혈압 조절 에너지원 신체보호 생체막 구성 비타민 운반
무기물질	Na, K, Mg, Ca, Al, Mn, Fe, Co, Cu, Zn, Cl	신체구조 구성, 근수축, 신경자극 전달, 혈액의 산 염기의 균형, 수분의 공급, 혈액 응고, 심장박동 조절
비타민	지용성(비타민 E, 알파 토코페롤, 베타 토코페롤) 수용성(티아민, 리보플라빈, 니코틴산, 파라독신, 판토텐산, 엽산, 코발라민, 아스코르브산)	혈액순환 개선, 항산화작용, 갱년기 장애 개선 에너지 생성, 신경자극 전달, 동맥경화, 고혈압 예방, 혈액의 산소운반 작용, 적혈구 생성, 질병 면역증가
아로마	페놀류 피놀류 피리딘류 퓨란류 산류	신경안정 스트레스 감소 기분전환
멜라노이딘		인슐린 분비 촉진, 활성산소 제거, 노인성 치매예방

* 생두에 포함되어 있는 유리당 중 가장 함량이 높은 것은 Sucrose이다.
* 당분은 생두의 30% 정도를 차지하며 배전시 커피를 특유의 갈색으로 변하게 하고 향기와 감칠맛을 증대시키는 역할을 한다.

카페인(Caffeine)

카페인은 하얀색의 알칼로이드 성분으로 곤충으로부터 식물을 보호하는 천연 살충제 역할과 중추 신경계를 자극하여 졸음 방지 등 각성효과가 있다. 커피, 녹차, 콜라, 초콜릿, 감기약 등의 다양한 식품에 함유되어 있다.

적당량섭취	• 치매예방 : 카페인은 뇌속 아데노신 2A 수용체를 차단하여 알츠하이머병의 예방과 치료에 관여함 • 지구력 · 근력증가 : 근육의 에너지원인 카페인은 근육활동을 도와 근지구력을 향상시키고 체중조절에 도움 • 암예방 : 커피의 카페인, 폴리페놀, 타이터빈 성분은 황산화 및 항염증 효과
과대량섭취	• 불안, 메스꺼움, 수면장애, 가슴 두근거림 등 발생(심장운동 촉진, 기관지 확장, 혈관수축) • 골다공증(칼슘과 철분흡수 방해, 커피에 저지방우유를 섞어 마심) • 피부노화, 건조증(촉각, 통증과민 반응유발 및 이뇨작용에 의한 탈수현상 발생)

◉ 식약청(식품의약품 안전청) 성인대상 일일 카페인 섭취량은 400mg 이하이다.

상품	캔커피 74mg	인스턴트 커피 12g	원두 커피 200ml	에너지 음료 250ml	홍차 200ml	커피 우유 200ml	자양 강장제 100ml	콜라 250ml	녹차 1티백	초콜릿 30g
카페인량 (mg)	74	69	66	62.5	58.2	47	30	23	23	16

◉ 커피의 카페인 함유량
    디카페인 커피(2잔) : 2~4mg, 에스프레소(1잔) : 100mg

12 우유의 성분

축산물의 가공기준 및 성분규격(2005년 2월 28일 국립수의과학검역원고시 제2005-2호)의 축산물별 기준 및 규격에서 유가공품이라 함은 원유 또는 유가공품을 원료로 하여 가공한 우유류, 저지방우유류, 유당분해우유, 가공유류, 산양유, 발효유류, 버터유류, 농축유류, 유크림류, 버터류, 치즈류, 분유류, 유청류, 유당, 유단백가수분해식품, 조제유류, 아이스크림류, 아이스크림분말류, 아이스크림믹스류 등의 제품을 말한다.

우유는 약 88%가 수분이며 우유의 전고형분은 유지방(Milk Fat)과 유지방을 뺀 무지유고형분(Solids Not Fat : SNF)으로 나누어진다. 또한 우유 가공 시 지방을 분리하면 크림이 생긴다. 나머지 부분을 탈지유(Skim Milk)라 하며 지방을 전혀 제거하지 않은 우유를 전지유(Whole Milk)라 한다.

1 우유류

우유류는 원유 또는 원유에 비타민이나 무기질을 강화하여 살균 또는 멸균처리한 것이거나 살균 또는 멸균 후 유산균, 비타민, 무기질을 무균적으로 첨가한 것, 유가공품으로 원유성분과 유사하게 환원한 것을 살균 또는 멸균처리한 것을 말한다.

2 저지방 우유류

저지방 우유류는 원유의 유지방분을 부분 제거한 것으로 여기에 비타민이나 무기질을 강화한 것을 살균 또는 멸균 처리하였으며 살균 또는 멸균 후 유산균, 비타민, 무기질을 무균적으로 첨가한다. 또는 유가공품을 저지방 상태로 환원하여 각각 살균 또는 멸균 처리한 것을 말한다.

3 유당분해 우유

유당분해 우유는 원유, 우유 또는 저지방 우유를 유당분해효소로 처리하여 유당을 분해 또는 유당을 물리적으로 제거한 것이나 여기에 비타민, 무기질을 강화한 것으로 살균 또는 멸균 처리한 것을 말한다.

4 가공유류

가공유류는 원유 또는 유가공품을 원료로 하여 이에 다른 식품 또는 식품첨가물 등을 가한 후 살균 또는 멸균 처리한 것을 가한 것이거나, 살균 또는 멸균처리 후 식품 또는 식품첨가물 등을 무균적으로 첨가한 것으로 무지유고형분(탈지분유와 성분규격이 같은 것) 4% 이상의 것을 말한다

13 커피의 향기

꽃 향기, 과일 향기 등은 본래부터 효소에 의해서 형성된 향기로 커피에 있는 성분들은 휘발성이 매우 강하다. 커피에서 나오는 냄새에 대해서는 원칙이 있는데 첫째, 커피의 향기는 원인요소에 따른 특징과 분자량에 따른 특징에 의한 이중 구조로 파악할 수 있다. 둘째, 향기에 대한 판단은 일반적으로 경험이나 훈련에 의한 기억에 의존한다. 셋째, 향기는 기체 상태로만 느낄 수 있다는 것이다.

커피 향기의 강도를 나타내는 표현은 풍부한 향기, 부드러운 향기, 진한 향기이다.
건열반응(Pyrolysis)에 의하여 원두에 생성된 향기 성분은 송진향기(Terpeny), 탄내(Carbony), 향신료 향기(Spicy)이다.

[커피 향의 종류]

Cedar	히말리아 삼목의 향	Chocolaty	초콜릿과 같은 향	Clove	클로브와 같은 향
Coffee Blossom	커피 꽃의 향	Coriander Seed	고수풀 열매의 향	Delicate	미묘하고 섬세한 향
Fragrance	배전, 분쇄한 고체의 향	Hazelnut	헤이즐넛 같은 향	Honey	벌꿀 향
Lemon	레몬 껍질을 벗겼을 때 나는 향	Pepper	후추 같은 향	Toast	구운 빵 향

14 커핑(Cupping)

커피 전문가들은 커피의 정확한 맛을 감별하기 위해서 컵 테스트라고 하는 커핑 방법을 사용하는데 이 방법은 품종별 커피의 맛을 비교하여 커피를 감별한 후 취향에 맞는 커피를 찾는 것이다.

초보 단계에서는 4~5종류의 품종을 구분할 수 있지만 나중에는 열 가지 종류까지도 구분할 수 있다. 이러한 일을 하는 직업을 「커퍼(커피 감별사)」라고 부르며 추출된 커피 한잔을 평가하는 커핑은 사람의 오감으로 품질을 평가하는 지극히 주관적인 방법이기 때문에 SCAA에서는 커핑을 할 때의 객관적인 기준을 제시하는 커핑 프로토콜과 커핑 양식을 만들었다.

따라서 커피 감별사는 추출된 커피를 맛, 산미, 바디감, 후미 등의 기준으로 구분한 SCAA의 평가기준에 따라 등급을 부여하여 고급 커피와 보통 커피로 구분한다.

현재 커피를 평가할 때 가장 보편적으로 쓰이는 기준이 SCAA 규정인데 이것은 스페셜티 커피가 보편화되기 시작하면서 좀 더 명확한 기준의 필요성을 느낀 데서 개발되었다.

전문 커퍼가 하는 역할은 커피 생산지에서 출하한 생두에 대해 구입하기 전의 등급을 평가하고, 합리적인 생두 가격을 책정하기 위한 목적으로 커피의 맛과 향의 특성을 세밀하게 분석한다. 커퍼의 역할을 구체적으로 설명하면 커피 향미 맡기, 커피 마시기, 느낌을 설명하기가 주임무인데 커핑을 할 때는 향기를 맡고 맛을 보며 또 입안에서 오물거리며 평소보다 지나치다고 생각될 만큼의 액션을 취하게 된다. 이는 입안의 많은 말초신경이 커피의 성분과 접촉해 커피의 풍미를 더 잘 느끼게 해주기 위해서라고 한다.

커핑은 Fragrance/Aroma(향기), Flavor(풍미), After Taste(잔향), Body(묵직함) 순으로 진행된다.

1 Fragrance/Aroma

커핑의 첫 단계는 커피 향기 평가인데 Fragrance는 가루 상태의 냄새를 맡는 것이고, Aroma는 물에 젖은 상태에서의 커피의 냄새를 맡는 것이다. 이 두 가지는 원두가 얼마나 풍부한 향을 가지고 있느냐를 평가하는 것이다.

2 Flavor

Flavor는 향미를 평가하는 항목으로 물을 부은 후, 약 8~10분이 지나 온도가 70도 정도로 떨어졌을 때 테이스팅을 한다. Flavor는 맛과 향 등 복합성을 고려해 평가해야 하므로 가급적이면 힘있게 입안으로 커피를 빨아들여야 한다.

3 After Taste

After Taste는 앞서 평가한 Flavor의 지속성을 보는 항목으로 커피를 삼킨 후, 혀 뒤끝 부분에서 느껴지며 After Taste가 긍정적인 여운을 남겨야 높은 점수를 받게 된다.

4 Body

커피의 부드러운 느낌을 평가하는 항목으로 보통 혀와 입천장 부분에서 느껴진다. 묵직한 Body가 높은 점수를 받게 되지만 가벼운 Body의 경우에도 청량감을 준다면 마찬가지로 높은 점수를 받는다고 한다. 이것은 가장 기본적인 커핑이며 이외에도 산미, 밸런스, 달콤함은 물론 커피를 머금었을 때 부정적인 요소가 있는지 등 다양한 부분에서 평가되고 있다. 커핑을 할 때 커피의 맛과 향을 표현하는 언어도 매우 다양한데 향기, 맛, 후미, 산미, 묵직함 등을 과일, 꽃, 견과류 등의 사물을 이용하여 자세하게 표현한다. 또한 꽃향기는 재스민, 커피꽃, 장미, 라벤더 등으로 과일향기는 감귤류, 베리류, 사과류 등으로 표현하고 있다. 그리고 아몬드, 땅콩, 옥수수 등의 견과류와 송진담배, 캐러멜, 꿀, 초콜릿, 오이, 마늘, 향나무, 계피, 민트, 바질, 감초 등 다양한 표현으로 커피의 맛을 설명할 수도 있다.

그러나 초보 단계에서는 커피의 질감을 무겁다, 가볍다, 거칠다, 매끄럽다 등으로 표현한다.

> **Coffee box**
>
> **SCAA 커핑 용어**
> - Dry Fragrance : 분쇄된 커피를 치면서 코로 숨을 들이쉬며 느끼는 향
> - Wet Aroma : 커피에 물을 부었을 때 기체상태에서 느껴지는 향
> - Brightness : 경쾌함
> - Flavor : 입에 머금었을 때 느껴지는 맛과 향
> - Body : 입안에 가득히 퍼지는 향(농도)
> - Finish : 커피를 삼킨 후에 입안에 지속되는 느낌
> - Sweetness : 단 맛
> - Clean Cup : 잡스러운 맛이 없는 깔끔한 느낌(투명도)
> - Complexity : 불균형
> - Uniformity : 균일성

15 블렌딩(Blending)

생두는 산지에 의하며 그 특성이나 형태, 맛이 다르다. 한 종류의 원두로 추출해서 음용하는 커피를 스트레이트 커피(Straight Coffee)라고 하는데 스트레이트 커피의 풍미가 기호에 맞으면 좋을 수 있지만 그렇지 않은 경우도 많다. 조화로운 맛을 가진 카페 에스프레소는 한 종류의 생두에서 얻어지지 않는다. 여러 품종의 생두가 각각의 유기적 특성을 살려 조화롭게 혼합되어져야 하는데 이 작업을 블렌딩이라 한다.

> - **블렌딩시 고려해야 할 사항**
>   - 블렌딩을 통하여 커피의 품질을 일정하게 유지시킨다.
>   - 커피의 맛과 향을 다양하고 풍부하게 한다.
>   - 맛의 조화와 개성미를 강조하여야 한다.
>   - 생두의 크기와 건조 상태가 일정한 것을 선택한다.
>   - 생두 각각의 특성을 잘 파악하여야 한다.

특정 나라의 스트레이트 커피가 최고의 커피라고 하지만 커피는 본질적으로 블렌딩하여 마셔야 더욱 더 풍부한 맛과 향을 느낄 수 있다. 또한, 커피를 블렌딩하는 이유는 블렌딩으로 값비싼 유명 커피를 대체하여 비용을 절감할 수 있기 때문이다. 최고의 커피란 여러 종류의 다른 커피 중에서 그 장점만을 서로 잘 배합하여 만든 것이라고 주장하는 커피 애호가들도 많이 있다.

대표적인 블렌딩 커피의 사례인 Mocha Mysore는 Mysore의 부드럽고 풍부한 맛이 다소 떫은 맛의 Mocha와 혼합되어 절묘한 조화를 이룬 좋은 본보기이다. 그러나 여기에는 다분히 상업적인 이유도 내포되어 있다. 커피의 가격을 낮추기 위해서 로부스타 품종의 커피를 아라비카 품종의 커피와 블렌딩하는 경우가 있는데 대부분의 블렌딩 커피는 이러한 경제적인 장점들을 살리기 위하여 블렌딩되고 있다.

블렌딩 커피를 상품화할 때는 맛과 향을 지속적으로 향상시켜 줄 수 있는 블렌딩이 무엇보다도 중요하다. 핀란드의 'Paulig' 스웨덴의 'Gavalia', 'Zeogas'와 'Avid Norquist' 네덜란드의 'Douwe Egberts' 등은 각각 독특한 개성을 지닌 훌륭한 블렌딩 커피들이다.

커피를 처음 마셔보는 사람에게는 아침식사용으로 만든 아프리카 블렌딩 커피나 케냐 커피와 콜롬비아 커피를 블렌딩한 것을 추천한다. 저녁식사 후 마시는 커피로는 같은 품종을 서로 섞어 강배전한 것이 무난하다. 또한 강하지만 맛이 잘 조화된 인도네시아 커피에다 케냐와 코스타리카 커피를 블렌딩하여 마시면 한층 더 우아한 분위기를 연출할 수 있다.

북부 이태리 사람들은 에스프레소용으로 약하게 로스팅하여 신맛이 잘 조화된 거의 포도주 맛에 가까운 커피를 즐겨 마시고, 강한 쓴맛을 즐기는 남부 이태리 사람들은 가장 강하게 배전한 'Continental' 커피를 즐긴다. 강한 향을 지닌 커피를 강배전하여 블렌딩하면 처음에는 쓴맛이 느껴지지만 한번 입에 적응이 되면 감미로움을 느낄 수 있다.

Coffee box — 원두의 배합 기준

- 기본으로 하는 원두를 결정하여 다른 원두를 혼합하여 커피 향미의 밸런스를 취하는 방법
- 특성이 상이한 다른 원두를 조합하며 향미의 폭을 조정하는 방법
- 특성이 유사한 원두를 조합하며 커피 전체의 맛을 정리한 후 개성있는 원두를 사용하여 포인트를 주는 방법

원두를 혼합하기 전 먼저 양질의 원두를 사용해야 한다. 그래서 다양한 종류의 단품 원두의 향미를 알고 있어야 하며 배전 단계에서 변화하는 각각의 원두 향미를 이해하고 있어야 한다. 예를 들어 많이 사용하고 있는 대표적인 블렌딩은 다음과 같다.

- 산미를 추구하는 배합 : 콜롬비아 3, 브라질 3, 모카 2, 과테말라 2
- 쓴맛을 추구하는 배합 : 콜롬비아 3, 브라질 3, 킬리만자로 2, 로부스타 2
- 향미를 추구하는 배합 : 콜롬비아 4, 브라질 2, 만데린 2, 과테말라 2
- 일반적인 배합 : 콜롬비아 4, 브라질 3, 모카 2, 로부스타 1

16 원두 보관 및 포장

1 원두 보관

커피는 식품이기 때문에 시간이 경과되면서 산패된다. 특히 배전 과정을 거친 원두는 그 직후부터 산화가 시작되고 맛과 향이 차츰 감소되기 마련이다. 따라서 장시간 보관할 때는 다른 식품들처럼 냉동상태로 보존하는 것이 좋다. 냉동 보관할 경우 신선도를 분별할 수 없게 됨으로 부득이하게 커피를 냉동 보관했을 경우에는 커피를 마실 때 원두를 꺼낸 후 습기가 다 제거될 때까지 방치한 다음 개봉하여 사용하며 개봉한 후에는 상온에서 보관한다. 그러나 원두의 본래의 맛과 향을 제대로 즐기기 위해서는 필요한 양만 구입하는 것이 가장 중요하며 일단 개봉해서 사용하기 시작한 원두는 가급적 빨리 소모하는 것이 좋다.

(1) 원두의 신선도 저해 요인

① 산소
　불포화지방산을 함유하고 있는 원두는 산소와 닿는 순간 산패가 진행되며 산패가 되면 담배냄새가 나기 때문에 가능하면 공기와의 접촉을 피해야 한다.

② 습도
　공기 중의 수분은 산패를 촉진하는 촉매역할을 하며 향미를 떨어뜨린다.

③ 자외선
　자외선은 조직을 파괴하여 불안정한 상태의 원두를 더욱 불안정하게 만든다.

(2) 원두의 보관상태

중배전한 후 원두의 품질변화를 살펴보면 배전 후 10~30일 사이의 원두가 최상의 상태이다. 배전강도에 따라 약간의 차이는 있지만 배전 후 2개월이 지나면 급격한 품질저하가 나타난다. 따라서 사용하고 남은 원두는 잘 보관할 필요가 있는데 60일 이전에 사용할 커피는 숙성시킨 후 냉장보관하는 것이 좋고, 그 이후까지 사용해야 할 커피는 -40도 이하로 냉동 보관하는 것이 바람직하다. 커피의 신선도에 따라 크레마의 품질이 달라지기 때문에 우선은 커피전문가가 신선한 원두를 선택하는 것이 좋은 에스프레소 추출의 기본적인 전제조건이 된다.

(3) 생두 보관

커피 생산지에서는 껍질과 생두의 분리과정을 거쳐 실버스킨에 싸여 있는 생두 상태로 보관하고 선별을 거쳐 출하하게 된다.

창고는 생산지와 인접한 곳에 위치하고 있으며 습도조절이 용이하고 산소량이 적고 높은 고도에 위치하는 것이 좋다. 보관 시 생두의 손상을 최소화해야 하는데 생두의 손상과 잘못된 보관은 생두의 생화학 반응을 발생시켜 커피의 맛이 거칠어지고 나쁜 질의 풍미를 낼 수 있어 주의해야 한다.

출하를 앞둔 생두는 색깔, 밀도, 크기에 따라 선별과정을 거쳐 등급을 매긴다. 생두의 두께, 넓이, 길이 등을 체크하는 스크린 테스트를 거쳐 공기분사를 통해 생두의 밀도를 구분하고 컨베이어 벨트 위에서 숙련공이 결점두를 선별한다. 고급 생두의 마지막 단계는 표면을 잘 닦아 윤을 내는 과정으로 이 과정을 거쳐 출하한다.

① **크기** : 생두의 크기가 클수록 고급이며 가격도 비싼 편이다. 생두의 크기는 길이가 아니라 '폭'이다. 스크린20(Screen#20)이 가장 크다.

② **밀도** : 조직이 치밀하여 밀도가 높을수록 맛과 향이 좋은 고급커피이다. 해발 1,000~1,800m 고지대에서 자란 커피가 조직이 단단하고 치밀하다.

③ **색상** : 아라비카종은 청록색을 띠고 맑고 투명한 느낌이 난다. 색깔이 탁하고 황색일 수록 낮은 등급의 로부스타종이다.

④ **수분함량** : 미국 스페셜티 커피협회(SCAA)의 기준에서 표준수분함량은 13% 미만이다. 그 이상이면 곰팡이 번식이 쉽고 나쁜 냄새가 스며들수 있으며, 10% 미만일 경우 오래된 생두일 수 있다.

⑤ **결점두와 이물질** : 커피 재배과정이나 가공과정에서 생긴 비정상적인 생두로 전체적인 품질을 떨어뜨릴 수 있다. 검은콩, 변색콩, 곰팡이콩, 마른콩, 벌레먹은 콩, 깨진콩, 미성숙콩, 돌이나 나무줄기 등이 해당된다.

생두의 보관은 온도와 습도, 통풍이 가장 중요하며 최적의 보관은 직사광선을 피하고 섭씨 20도, 습도는 40~50%를 유지하고 통풍이 잘되는 곳이 좋다. 바닥은 캔버스를 이용하여 온도가 전달되지 않도록 해야 하며 장마철에 곰팡이가 피어나지 않도록 각별히 주의해야 한다.

(4) 생두 상표 표시 방법

출하 과정은 보관과 운반을 쉽게 하기 위해서 포대에 담아 포장하고 온도와 습도변화, 외부 압력으로부터 생두를 보호하기 위해 마로 제작한다. 보통은 60kg단위로 포장하지만 나라마다 조금씩 포장량이 다르다. 포대에는 생두의 품질을 알 수 있는 정보가 표시되는데 생산국가명, 생산년도, 생산농장명, 가공방식, 품종, 등급, 마켓명, 하역지 등이 표기된다.

① 브랜드 커피명칭 표시 방법
  예) 브라질(생산국명), 세하도(마켓명), 다테라(농장명), 워시드(가공방식), SHB(등급), Full City(배전도)

② 생산지역 명칭을 브랜드 이름으로 표시 방법
  예) 콜롬비아 MAM는 생산지역인 마데린, 아르마니아, 마니잘레스의 앞 글자를 따서 명칭으로 사용한다.

③ 선적항의 이름을 상품명으로 하는 표시 방법
  예) 예멘 모카는 과거 예멘의 선적항 이름인 모카에서 온 것이다. 산토스 버본은 산토스는 항구명, 버본은 커피품종 명칭이다.

④ 재배환경에 따라 인증된 표시 방법

오가닉 커피 (Organic Coffee)	친환경 재배방법 중 하나로 유통, 저장, 커피재배, 배전 등 전단계에서 인공적인 가공이나 화학비료를 사용하지 않는 유기농 커피이다.
셰이드 그로운 커피 (Shade-Grown Coffee)	일명 Bird-Friendly Coffee로 커피나무 주변에 다른 여러 종의 작물을 심어 새들도 서식할 수 있는 환경를 만들어주는 환경보호자들의 주장에 부응하기 위해 경작하는 커피이다.
페어 트레이드 커피 (Fair-Trade Coffee)	공정거래 무역커피라는 뜻으로 국제적으로 결정된 합리적인 가격으로 커피를 판매하는 자에게 부여되는 공증방식이다.
에코 오케이 커피 (Eco-Ok Coffee)	열대우림동맹에서 파견된 검사관이 농장 일꾼들의 복지문제까지 평가기준에 넣어 평가하며 커피재배로 인해 주변에 파급되는 영향이 올바른지 등 재배환경영향을 평가한다.
서스테이블 커피 (Sustainable Coffee)	환경영향평가를 기준으로 작업환경, 안정적인 가격, 노동자 복지 등 광범위한 기준에 부합되는 커피 생산자에게 부여하는 훈장으로 SCAA기준에 부합한다.

2 원두 포장(Packing)

포장용기는 비닐, 캔, 밀폐용기, 도자기 등으로 하면 좋고 보관환경은 실온, 냉장과 냉동보관 등이다. 그러나 가장 좋은 방법은 10일 정도 마실 분량씩만 신선한 원두를 구입하고 실온에 보관해서 마시는 것이다. 한꺼번에 많은 양을 구입하지 않도록 하고 선물 등으로 원두가 많아질 경우 나중에 들어온 것 즉, 가장 신선한 것을 마시도록 한다.

냄새를 맡으면 신선한 것은 향긋한 커피향이 강하고 시간이 지날수록 향이 약해지고 더 시간이 지나면 산패가 일어나면서 담배 냄새가 난다.

시각적으로는 핸드드립으로 커피를 추출할 경우 바로 신선도를 알 수 있는데 신선한 커피일 경우 처음 물을 부을 때 상당히 많이 부풀어 오른다. 오래된 커피는 물에 스며들지 않고 물과 커피가루가 따로 논다.

원두를 분쇄한 후 3시간만 지나도 부풀어 오르지 않기 때문에 마시기 전에 마실 분량만큼만 분쇄하여 사용하는 것이 좋다. 원두를 분쇄하지 않더라도 배전 후 10일에서 2주 정도 지난 원두를 사용하면 부풀어 오르지 않는다. 일반적으로 원두는 배전 후 10일에서 2주 정도 안에 다 마시는게 좋다.

생산과 공정의 모든 단계에서 엄선되어 섞여지고 볶아낸 커피는 냉각과정으로 들어가게 되는데, 이 냉각과정에는 2가지 방법인 수냉식(Water Cooling Type)과 공냉식(Air Cooling Type)이 있다. 수냉식은 차가운 물에 의해 식히는 방법이며, 공냉식은 차가운 공기에 의해 식히는 방법을 말한다. 최근에는 수냉식에 비해 커피의 성분이 덜 빠져 나가는 공냉식을 많이 선호하고 있다.

냉각과정을 거친 커피는 최종적으로 포장에 들어간다. 원두가 커피 잔에 담겨 그 효과를 발휘하기까지 본래의 특성들을 간직할 수 있도록 하는 것이 포장의 목적이다. 그렇지 못할 경우 아무리 잘 가공된 커피라도 순식간에 맛을 잃어버리게 되고 만다. 볶은 커피는 공기 중에 노출되면 원두가 지니고 있는 향이 이산화탄소와 함께 휘발성이 되고, 공기에 포함되어 있는 산소와 습기에 노출되면서 산화되기 마련이다.

그럼에도 불구하고 상업적으로 이용되고 있는 많은 포장 용기들은 단단히 밀봉되지 않아서 공기와 가스가 쉽게 나오고 들어간다. 이 상태로 몇 주가 지나면 질적인 저하를 가져오게 되고, 신선도와 향의 손실로 인해 커피의 품질도 급격히 떨어지고 만다. 신선도를 오래 지속시키는 방법으로는 밸브포장, 진공포장, 질소포장 등 세 가지 기술이 주로 사용되고 있다.

(1) 밸브포장(Valve Packing)

밸브포장은 커피 제조 및 유통과정에서 가장 보편적으로 사용되는 방식이다. 아로마 밸브(Aroma Valve), 후레쉬 밸브(Fresh Valve)라고 말하지만, 공기가 한 방향으로만 이동할 수 있다는 의미에서 원웨이 밸브(One Way Valve)라고 부르기도 한다. 커피 포장지에 이 밸브를 달아 놓으면 밸브구멍을 통해 내부의 기체는 외부로 나올 수 있는 반면 외부의 공기는 내부로 들어갈 수 없게 된다.

(2) 진공포장(Vacuum Packing)

진공포장은 금속제 용기에 분쇄된 커피를 진공으로 포장하여 신선도를 오래 보존하는 방법으로 가장 오랫동안 사용한 포장방식이다. 최근에는 금속제 용기 대신 가스가 투과하지 못하는 복합 필름을 많이 사용한다. 진공포장에서는 내부공기를 얼마나 완벽하게 빼내고 차단하느냐 하는 진공도가 가장 중요한 관건이 된다.

(3) 질소포장(Nitrogen Packing)

포장재 속의 공기를 없애고 질소가스를 채우거나 내부의 공기 자체를 질소로 치환하여 보존기간을 늘린 방법을 질소포장이라고 한다. 질소포장을 할 때에는 내부의 산소함량이 1.0% 미만이 되도록 완전하게 치환하는 것이 중요하다. 불활성 기체인 질소가스는 산소의 유입을 근원적으로 차단하기 때문에 원두의 산화를 최대한 억제할 수 있지만 알루미늄 캔을 주로 사용하므로 비용이 많이 든다.

Chapter 01 예상문제 커피학 개론

01 커피의 유래 및 역사, 문화

001
음료는 알코올성과 비알코올성이 있다. 커피는 어디에 속하는 음료인가?
가. 기호음료 나. 영양음료
다. 청량음료 라. 탄산음료

002
서유견문에서 우리가 숭늉을 마시듯 서양인은 커피를 마신다고 소개한 인물은?
가. 유길준 나. 김준
다. 서상길 라. 이준

003
우리나라 왕 중에서 커피를 처음 접한 인물은?
가. 순종 나. 고종
다. 헌종 라. 인종

004
현재 덕수궁에 있는 건물로 고종이 연회 행사를 하던 장소는?
가. 근정전 나. 정관헌
다. 덕수정 라. 혜궁헌

005
1895년 독일여성 손탁이 운영한 손탁호텔에서 영업한 최초의 카페이름은?
가. 정동구락부 나. 카페로얄
다. 카페아리아 라. 명동구락부

006
커피 발전과정에 관한 설명 중 사실과 다른 것은?
가. 네덜란드는 커피나무를 식민지인 베트남에다 심어 수입원으로 하였다.
나. 한국 최초의 커피하우스는 서울 덕수궁 부근의 손탁호텔이다.
다. 미국은 보스턴 차 사건을 계기로 영국의 홍차 대신 커피를 마셨고 이로 인해 커피는 독립운동의 수단이 되었다.
라. 서구사회에서 카페는 정치 및 문화 등 정보를 교환하는 모임의 장소이다.

007
현재 브라질이 최대 커피생산국이 되도록 기여한 사람은?
가. 프란체스코 드 멜로 팔헤타
나. 플라톤
다. 헤겔
라. 프랑코 메로

008
유럽국가 중 처음으로 식민지인 인도네시아에서 커피나무를 경작한 나라는?
가. 스페인 나. 네덜란드
다. 독일 라. 프랑스

009
원산지 에티오피아로부터 커피가 전파되어 최초로 경작을 시작한 나라는?
가. 인도 나. 예멘
다. 네덜란드 라. 인도네시아

정답 001 가 002 가 003 나 004 나 005 가 006 가 007 가 008 나 009 나

Chapter 01 예상문제 — 커피학 개론

010
커피의 발견지인 아비시니아(Abyssinia)지역은 현재 아프리카의 어느 지역인가?

가. 에티오피아
나. 예멘
다. 가봉
라. 남아프리카 공화국

011
커피의 발견은 여러 가지 전설로 전해져 오는데 해당되지 않는 전설은?

가. 칼디
나. 오마르와 공주
다. 마호메트와 가브리엘
라. 아르와르

012
커피를 처음으로 음용하기 시작한 종교는?

가. 천주교   나. 기독교
다. 이슬람   라. 유대교

013
커피를 사탄의 음료라고 하다가 세례를 통하여 기독교인도 마실 수 있게 한 교황은?

가. 클레멘트 8세   나. 클레멘트 7세
다. 클레멘트 6세   라. 클레멘트 5세

014
네덜란드 식민지로 네덜란드인이 처음으로 커피나무를 경작한 나라는?

가. 인도네시아   나. 인도
다. 베트남   라. 필리핀

015
루이 14세에게 커피묘목을 선물하여 유럽지역에 커피를 전파하는데 기여한 나라는?

가. 이탈리아   나. 프랑스
다. 네덜란드   라. 독일

016
1773년에 발생한 사건으로 영국의 식민지였던 미국이 홍차 대신에 커피를 마시게 된 계기가 된 사건은?

가. 독립 홍차 사건   나. 보스턴 차 사건
다. 남북전쟁   라. 뉴욕 차 사건

017
인스턴트 커피와 핸드드립 커피 추출 방법을 개발한 나라는?

가. 일본   나. 독일
다. 예멘   라. 이탈리아

018
고종황제가 러시아공사관에서 커피를 마시게 된 역사적인 배경은?

가. 신미양요   나. 을미사변
다. 동학혁명   라. 아관파천

019
우리나라 최초의 커피하우스를 운영한 호텔은?

가. 손탁호텔   나. 반도호텔
다. 조선호텔   라. 신라호텔

020
커피의 어원 중 오스만제국에서 유래된 아랍어로 '힘'을 뜻하는 어원은?

가. 카와(Qwhwa)   나. 분나(Bunna)
다. 코바(Cova)   라. 커피(Coffee)

정답 010 가 011 라 012 다 013 가 014 가 015 다 016 나 017 가 018 라 019 가 020 가

021
우리나라에서 처음으로 커피를 부르게 된 명칭이 아닌 것은?

가. 양탕국　　　나. 가차
다. 가배차　　　라. 코피

022
커피열매가 발견된 아프리카 에티오피아에서 부르는 커피의 명칭은?

가. 분나(Bunna)　　나. 카와(Qwhwa)
다. 커피(Coffee)　　라. 코바(Cova)

023
터키어로 커피의 명칭을 어떻게 명명하는가?

가. 카베(Kahveh)　　나. 카와(Qwhwa)
다. 분나(Bunna)　　라. 코바(Cova)

024
아라비아 의사인 라제스(Rhazes)가 커피를 약리효과로 기록하면서 붙인 명칭은?

가. 분춤(Bunchum)　　나. 카와(Qwhwa)
다. 분나(Bunna)　　라. 코바(Cova)

025
와인과 유사한 음료를 마시던 풍습으로 아라비아 와인이라 불렸던 커피의 명칭은?

가. 가차　　　나. 카와
다. 가배　　　라. 코피

026
과육 제거 후 배전하여 물로 끓여 마시는 커피로 지금도 예멘사람들이 부르는 명칭은?

가. 키쉬르　　나. 가차
다. 가배　　　라. 코피

027
커피 어원이 국가별로 바르게 연결된 것은?

가. 터키 – Cezve
나. 아라비아 – Coffee
다. 에디오피아 – Kaffa
라. 폴란드 – Briki

028
1400년 무렵 커피열매를 이용하여 음료수를 개발한 나라는?

가. 예멘　　　나. 이탈리아
다. 미국　　　라. 에티오피아

029
1600년경 인도의 마이소어(Mysore) 산간지역에서 커피를 재배한 이슬람 승려는?

가. 아드리아
나. 피터 반 브레이크
다. 클레멘트 8세
라. 바바 부단

030
남아메리카, 중앙아메리카, 멕시코 등 커피재배 원조가 된 국가는?

가. 프랑스　　나. 네덜란드
다. 이탈리아　라. 독일

031
1730년 인도네시아 자메이카에서 커피재배를 시작한 나라는?

가. 영국　　　나. 네덜란드
다. 이탈리아　라. 독일

정답　021 라　022 가　023 가　024 가　025 나　026 가　027 다　028 가　029 라　030 가　031 나

커피학 개론

032
문헌상 커피를 최초로 마시고 커피를 우리 음에 가까운 가비(加菲)로 표현한 사람은?

가. 유길준   나. 윤치호
다. 이상   라. 고종

033
개화기 시절 프랑스의 상인인 부래상이 소개한 커피의 명칭은?

가. 코피   나. 양탕국
다. 까베   라. 커피

034
일본식 용어로 우리나라의 다방에 해당하는 명칭은?

가. 끽다점   나. 꺽다점
다. 꼭다점   라. 깩다점

035
1911년 한국인 박정애에 의해 최초로 운영된 다방과 유사한 명칭은?

가. 아내다옥   나. 종로다옥
다. 부인다옥   라. 명동다옥

036
1913년에 커피를 최초로 순 한글로 표기한 신문은?

가. 국민보   나. 인간보
다. 시민보   라. 한성보

037
1914년 일본인 오쿠보타가 경영한 최초의 공식적인 카페는?

가. 옥동카페   나. 명동카페
다. 경동카페   라. 탑동카페

038
1927년 우리나라 최초의 영화감독 이경손이 종로 관훈동에 개점한 다방은?

가. 카카듀   나. 난다랑
다. 탑동카페   라. 비너스

039
1929년 종로 2가 YMCA 부근에 위치한 끽다점으로 이것이 바뀐 다방 이름은?

가. 브라질다방   나. 멕시코다방
다. 이태리다방   라. 영국다방

040
우리나라 다방 문화의 르네상스는 몇 년대인가?

가. 1920년대   나. 1930년대
다. 1940년대   라. 1950년대

041
1930년대 미쓰코시 백화점 옥상정원에 최초의 노천카페가 있었는데, 이것은 현재 어느 백화점인가?

가. 현대백화점
나. 롯데백화점
다. 신세계백화점
라. 애경백화점

042
1945년 해방이 되면서 오픈한 고전음악 전문다방 명칭은?

가. 봉선화   나. 수선화
다. 채송화   라. 연송화

정답 032 나 033 나 034 가 035 다 036 가 037 라 038 가 039 나 040 나 041 다 042 가

043
문인들의 모임장소로 1946년 박목월, 조지훈, 박두진의 청록집이 발간된 장소는?

가. 뷰티블 다방　　나. 아트 다방
다. 플라워 다방　　라. 러브 다방

044
1950년대 서울이 수복되면서 명동에 가장 먼저 문을 연 클래식 음악다방은?

가. 모나리자 다방
나. 돌체 다방
다. 모닝 다방
라. 굿모닝 다방

045
1950년대에 등장한 커피에 계란 노른자를 넣어서 마시는 한국식 커피는?

가. 모닝커피　　나. 수복커피
다. 한국커피　　라. 문화커피

046
1960년대 5.16 군사혁명 이후 수입커피 판매 금지를 한 이유는?

가. 외화 낭비　　나. 카페인 중독
다. 집회 장소　　라. 이성 교제

047
1970년대 커피문화가 아닌 것은?

가. 연인들에게는 약속과 추억의 장소
나. 대학가의 미팅 장소
다. 음악다방 전성시대
라. 민주화 운동 장소

048
1980년대 커피문화가 아닌 것은?

가. 민주화 운동과 다방
나. 야간 통행금지로 인한 심야다방 성행
다. 음악다방과 디스코 열풍
라. 에스프레소 커피

049
1979년 커피와 스낵을 함께 제공한 최초의 프랜차이즈 커피하우스는?

가. 자뎅　　나. 난다랑
다. 해비치　　라. 나이스데이

050
다방, 과자점, 패스트푸드 등을 휴게음식점으로 통합시킨 식품위생법 개정연도는?

가. 1991년　　나. 1992년
다. 1993년　　라. 1994년

051
1999년 서울 신촌 1호점을 개점한 미국의 커피전문점 프랜차이즈는?

가. 커피빈　　나. 스타벅스
다. 엔제리너스　　라. 할리스

052
2000년대 이후의 우리나라 커피문화가 아닌 것은?

가. 고급감성 문화형 커피
나. 이탈리아식 농축된 카페 에스프레소 소비
다. 길을 걸으면서 마시는 Take-Out 커피문화
라. 한국식 퓨젼 커피 소비

정답　043 다　044 가　045 가　046 가　047 라　048 라　049 나　050 다　051 나　052 라

053
16세기 독일의 의사인 '레온하르트 라우볼프'가 커피를 소개한 여행기는?

가. 유럽여행 나. 서방여행
다. 동방여행 라. 예멘여행

054
「동방여행」에서 커피를 소개한 내용 중 아랍에서 커피를 부르는 명칭은?

가. 카우베 나. 코우베
다. 카페   라. 키우베

055
13세기 처음으로 커피를 마신 수도승이 속한 이슬람교의 신비주의적 종파는?

가. 수매파 나. 수피파
다. 수도파 라. 수도회

056
커피가 유럽에 정착하게 된 요인이 아닌 것은?

가. 사적인 자리에서 편하게 즐길 수 있는 음료로 발전하였기 때문이다.
나. 교황의 커피 세례로 인하여 종교적인 정당성을 획득하였다.
다. 전쟁의 영향으로 포도주 재배지역 축소 및 맥주의 대안으로 커피가 주목 받게 되었다.
라. 초기부터 여성들의 안식처로 카페가 성업하였기 때문이다.

057
유기화학자 프리들리프 룽게가 카페인 제거기술을 최초로 개발하여 디카페인 커피인 카페인 '프리' 커피가 출시된 나라는?

가. 독일   나. 영국
다. 프랑스 라. 이태리

058
커피 종이 여과지를 개발한 독일 여성사업가는?

가. 캘리타 벤츠   나. 칼리타 벤츠
다. 멜리타 벤츠   라. 하리오 벤츠

059
산업화 초기 공장노동자들에게 각성효과가 높은 커피를 제공하면서 불량품이 낮아졌고 여성들에게 커피하우스 출입을 가장 먼저 허용한 나라는?

가. 미국   나. 영국
다. 브라질 라. 이탈리아

060
다음 중 커피칸타타(Coffee Cantata)에 대한 설명이 아닌 것은?

가. 바흐가 당시 유행하던 커피를 소재로 작곡한 곡
나. 내용은 커피를 못 마시게 하는 아버지와 커피를 마시겠다는 딸의 대화
다. 원제목은 "가만히 입 다물고 말하지 말아요"이다.
라. 독일여성을 위한 곡이다.

061
다음 중 설명이 잘못된 내용은?

가. 카페 크렌첸 : 커피를 함께 즐기는 이웃집 여인들 사이에서 만들어진 사교클럽이다.
나. Krânzchen : 지인들을 집으로 초대하여 커피와 다과를 나누며 담소를 즐겼던 여성 사교 모임의 독일식 표현이다.
다. 카페 클라취(Kaffee Klatsch) : 잡담모임이라는 뜻으로 남성들이 여성들의 커피모임을 낮추어 부르는 말이다.
라. 유럽의 커피문화는 초창기부터 남성보다 여성이 발전시켰다.

정답 053 다 054 가 055 나 056 라 057 가 058 다 059 나 060 라 061 라

062
1689년 파리에서 문을 연 프랑스 최초의 카페는?

가. 르프로코프(Le Procope)
나. 조나단 커피하우스
다. 로이드 카페(Lioyd's)
라. 카페 플로리안(Florian)

063
1680년에서 1778년까지 오픈한 런던 최초 커피하우스는?

가. 르프로코프(Le Procope)
나. 조나단 커피하우스
다. 로이드 카페(Lioyd's)
라. 카페 플로리안(Florian)

064
1691년 에드워드 로이드가 운영한 작은 카페는?

가. 르프로코프(Le Procope)
나. 조나단 커피하우스
다. 로이드 카페(Lioyd's)
라. 카페 플로리안(Florian)

065
1720년 베니스에서 문을 연 이탈리아 최초의 카페는?

가. 르프로코프(Le Procope)
나. 조나단 커피하우스
다. 로이드 카페(Lioyd's)
라. 카페 플로리안(Florian)

066
브라질 마차도의 Cup of Excellence의 원두 평가 내용이 아닌 것은?

가. 당도(Sweetness)
나. 산도(Acidity)
다. 입안 감촉(Mouth Feel)
라. 카페인(Kaffein)

02 커피나무와 생두

067
식물학적으로 본 커피 품종에 대한 설명으로 잘못된 내용은?

가. 커피나무는 꼭두서니과(科) 코페아속(屬)에 속하는 다년생 상록 쌍떡잎식물이다.
나. 코페아 아라비카는 자가수분을 하며 대표적인 품종에는 티피카, 버번 등이 있다.
다. 코페아 카네포라(Coffea Canephora)는 흔히 리베리카라고 한다.
라. HdT(Hibrido de Timor)는 아라비카와 로부스타의 교배종이다.

068
다음 생두(Green Bean)생산국과 대표적인 브랜드와 연결이 잘못된 것은?

가. 자메이카 - 블루마운틴
나. 하와이 - 코나
다. 예멘 - 모카 마리타
라. 베트남 - 만델링

 자메이카의 블루마운틴, 하와이의 코나, 예멘의 모카 마리타 는 세계 3대 명품 커피라고 한다.

정답 062 가 063 나 064 다 065 라 066 라 067 다 068 라

Chapter 01 예상문제  커피학 개론

069
커피나무에 관한 내용이 틀리게 설명된 것은?

가. 브라질은 모판에서 1년간 발육시킨 묘목을 토양에 이식시킨다.
나. 센터컷이 곡선형은 아라비카종이고 로부스타종은 센터컷이 직선형이다.
다. 저지대에서 생산되는 생두가 고지대에서 생산되는 생두보다 짙은 녹색을 띤다.
라. 커피 꽃의 개화를 위해서는 몇 달 동안의 건기를 꼭 필요로 한다.

070
커피나무에 관한 설명 중 바른 것은?

가. 커피나뭇잎은 둥근형이고 두께는 매우 얇다.
나. 찬바람, 건조하고 뜨거운 바람, 약간의 서리는 커피 재배에 적합하다.
다. 커피나무는 2년이 지나면 키가 1.5~2m까지 자라지만 꽃은 맺지 않는다.
라. 모종 후 수확이 가능하려면 3년 이상 지나야 한다.

071
커피나무에 관한 식물학적 내용을 바르게 설명한 것은?

가. 커피나무는 꼭두서니과 커피속에 속하는 상록수로 남아메리카 페루가 원산지이다.
나. 아라비카품종은 평균 3%, 로부스타종은 약 1%의 카페인을 함유하고 있다.
다. 아라비카품종은 연평균 강우량 1,500~2,000mm와 충분한 햇빛을 받아야 한다.
라. 아라비카품종은 커피나무를 심은지 3~4년이 되어야 개화하기 시작하며 5년이 지난 후 생두를 수확한다.

072
커피나무에 관한 식물학적 내용을 바르게 설명한 것은?

가. 커피나무는 꼭두서니과 커피속에 속하는 상록수로 남아메리카 브라질이 원산지이다.
나. 아라비카품종은 평균 3%, 로부스타품종은 약 1%의 카페인을 함유하고 있다.
다. 로부스타종은 연평균 강우량 2,000~3,000mm와 연평균 기온 24~30도가 최적환경이다.
라. 커피 꽃은 흰색이고 재스민 향이 나며 꽃잎은 7장이다.

073
식물학적 특성에 대한 커피의 설명으로 올바른 내용은?

가. 커피 열매의 색상은 품종에 따라 붉은색과 노란색이다.
나. 커피 꽃은 흰색이며 꽃잎은 아라비카종은 5장이고 로부스타종은 6장이다.
다. 일반적으로 커피 내과피 안에는 한 개의 생두가 들어 있지만 두 개 일 수도 있다.
라. 아라비카종의 열매 숙성 기간은 생산지와 관계없이 6~9개월이다.

074
커피나무에 관한 내용 중 바르게 설명된 것은?

가. 커피나무의 원산지는 아프리카이며 꼭두서니과 커피속에 속하는 열대산 상록관목으로 열매를 가공하여 커피를 만든다.
나. 커피 열매는 길이 15~18mm의 타원형으로 파치먼트라고 부른다.
다. 아라비카종은 평균 3%, 로부스타종은 약 1%의 카페인을 함유하고 있다.

정답 069 다 070 라 071 라 072 다 073 가 074 가

라. 아라비카종의 경우 연평균 강우량 1,500~
2,000mm와 충분한 햇빛을 받아야 한다.

075
커피나무에 관한 내용 중 설명이 잘못된 것은?

가. 자연상태에서 아라비카종은 자가수분을 하고 로부스타종은 타가수분을 한다.
나. 커피열매에는 생두가 두 개씩 있는 것이 일반적이다.
다. 커피열매는 품종에 관계없이 붉은 색이다.
라. 아라비카종 커피나무 잎은 로부스타종에 비해 작고 길쭉하며 짙은 녹색을 띤다.

076
커피나무의 생육 조건에 대한 설명으로 맞는 것은?

가. 커피나무 경작은 북위 25도와 남위 25도의 열대성 기후를 가진 80여 개 국가에서 재배된다.
나. 커피생육은 아프리카지역에서만 가능하다.
다. 일반적으로 고지대에서 재배되는 커피나무일수록 생산량이 많다.
라. 커피 재배에 적합한 토양은 배수가 잘 되지 않는 점토질 토양이 좋다.

077
커피나무에 대한 설명 중 옳지 않은 것은?

가. 일반적으로 파치먼트 상태의 씨앗을 심지만 브라질은 모종을 심는다.
나. 아라비카종 커피나무의 이식밀도는 성장한 것을 기준으로 3,000~3,500그루/ha이다.
다. 아라비카종 커피나무 한 그루에서 일 년간 생두의 수확량은 1파운드 정도이다.
라. 아라비카종의 주요 생산국은 콩고, 가나, 인도네시아 등이다.

078
커피 품종에 대한 내용 설명이 아닌 것은?

가. 아라비카종은 타가수분을 하며 대표품종에는 티피카, 버번 등이 있다.
나. HdT품종은 아라비카와 로부스타의 교배종으로 콩이 크다.
다. 커피나무는 꼭두서니과(科) 코페아 속(屬)에 속하는 다년생 상록 쌍떡잎식물이다.
라. 코페아 카네포라는 로부스타(Robusta)품종을 말한다.

 동티모르 HdT(Hibrido de Timor) : 동티모르섬에서 1927년경에 발견된 아라비카와 로부스타 교배종

079
커피열매는 형태학적으로 어떤 종류로 분류되는가?

가. 장과　　　　나. 핵과
다. 견과　　　　라. 건과

080
커피 열매(Coffee Cherry)에 대한 내용 중 틀린 것은?

가. 커피열매는 과육, 점액질, 파치먼트, 은피, 생두로 구성되어 있다.
나. 커피열매의 생두 개수는 반드시 2개가 아닐 수도 있다.
다. 커피열매의 수확은 품종별로 생산량이 다르다.
라. 커피열매 첫 수확기간은 로부스타종이 아라비카종보다 길다.

정답　075 다　076 가　077 라　078 가　079 나　080 라

081
커피 열매(Coffee cherry)에 대한 설명 중 틀린 것은?

가. 커피열매는 색이나 형태가 체리와 비슷하여 Coffee Cherry라 부른다.
나. 체리의 껍질 안쪽에 과육이 있고 속껍질 안에 두 개의 생두가 있다.
다. 커피열매에 생두가 한 개가 들어 있는 경우가 있는데 이것을 피베리라고 한다.
라. 일반적으로 커피열매에는 생두가 두 개 들어 있다.

082
커피 열매의 명칭으로 틀린 것은?

가. Whole Bean Coffee : 원두를 말한다.
나. Grinder Bean Coffee : 생두를 볶은 콩을 말한다.
다. Green Bean Coffee : 생두를 말한다.
라. Ground Coffee : 분쇄된 원두를 말한다.

083
커피에 관련된 용어 설명이 아닌 것은?

가. 플레이버(Flavor)는 커피를 마신 후 혀에 남아있는 커피의 잔류 성분의 향기이다.
나. 커피열매의 구조는 외피, 과육, 내과피, 은피, 생두이다.
다. 데미타세(Demitasse)는 에스프레소용 잔으로 30~50㎖정도의 커피를 담을 수 있다.
라. 모카(Mocha) 명칭은 예멘에서 생산되는 커피나 초콜릿이 들어간 음료에 이용된다.

084
생두의 등급을 결정하는 기준이 아닌 것은?

가. 생두의 크기
나. 생두의 조밀도
다. 생두의 함수율
라. 생두의 재배기간

085
생두의 품질을 결정하는 요인은?

가. 배전도, 배전방식, 품종
나. 생두품종, 재배고도, 가공방식
다. 압력, 추출 시간, 추출 액량
라. 물의 종류, 품종, 보관방법

086
커피 생두의 등급 분류 기준 방법이 아닌 것은?

가. SCAA 분류법은 수분, 크기, 결점두 수, 밀도, 색도이다.
나. 브라질은 결점두 및 불량두의 수량으로 평가하여 분류한다.
다. 케냐는 생두의 재배 고도에 의해서 품질을 분류한다.
라. 과테말라는 생두의 재배 고도에 의해서 품질을 분류한다.

087
커피 생산국과 분류 기준이 올바르게 연결된 것은?

가. 인도네시아 : SHG
나. 에티오피아 : SHB
다. 과테말라 : SHB
라. 온두라스 : G1

088
커피 등급을 분류하는 방법 기준이 다른 나라는?

가. 케냐
나. 과테말라
다. 온두라스
라. 멕시코

정답 081 나 082 나 083 가 084 라 085 나 086 다 087 다 088 가

089
생두(Green Beans)를 평가하는 방법 중 틀린 것은?

가. 생두의 색상과 크기가 균일할수록 품질이 좋은 등급에 속한다.
나. 결점두가 없을수록 품질이 좋은 등급에 속한다.
다. 생두의 청결도는 품질 평가에 중요한 요소이다.
라. 발육이 부실한 미성숙두는 평가항목에서 제외시킨다.

090
생두(Green Beans)를 평가하는 일반적 기준으로 틀린 것은?

가. 생두의 청결도는 품질 평가에 중요한 요소이다.
나. 결점두가 없을수록 품질이 좋은 등급에 속한다.
다. 생두의 크기가 클수록 좋은 등급으로 취급된다.
라. 일반적으로 저산지대보다 고산지대에서 재배된 생두가 품질이 양호하다.

091
생두(Green Beans) 평가 방법이 아닌 것은?

가. 생두는 색상 및 크기가 균일할수록 좋은 등급이다.
나. 결점두 숫자에 따라 등급이 정해지기도 한다.
다. 은피 제거 여부는 가장 중요한 평가 요소이다.
라. 결점두가 없을수록 품질이 좋은 등급에 속한다.

092
생두 품질의 평가를 잘못한 내용은?

가. 색상은 청록색일수록 좋은 품질이다.
나. 결점두가 없으면 좋은 품질이다.
다. 저지대에서 재배된 생두가 좋은 품질이다.
라. 생두가 크면 좋은 품질이다.

093
생두의 평가 기준 중 틀린 것은?

가. 결점두는 벌레먹은 생두보다 품질이 우수하다.
나. 일반적으로 뉴 크롭(New crop)이 품질이 우수하다.
다. 생두가 크면 클수록 좋은 품질이다.
라. 일반적으로 저산지대보다 고산지대에서 재배된 생두의 품질이 양호하다.

094
다음 중 고급 생두의 기준에 해당되지 않는 것은?

가. 밀도가 조밀하다.
나. 색상은 밝은 청록색이다.
다. 수분함량은 12% 정도이다.
라. 저지대에서 생산되는 생두이다.

095
색상이 청록색 계열로 나타나는 생두의 특성은?

가. 쓴 맛이 매우 강렬하다.
나. 신맛이 매우 약하다.
다. 수분이 많이 포함되어 있다.
라. 짠맛을 느낀다.

정답 089 다 090 가 091 다 092 다 093 가 094 라 095 다

096
맛에 의한 생두 분류에서 매우 우수한 브라질산 등급은?

가. Strictly Soft 나. Hard
다. Soft 라. Medium

097
생두 분류법에서 재배지역의 표고에 의한 방법이 아닌 것은?

가. AA 나. SHB
다. EGW 라. PW

098
생두(Green Beans)의 품질 기준 분류에 해당 되지 않는 것은?

가. 생두 크기 나. 재배 고도
다. 결점두 숫자 라. 생두 색깔

099
생두(Green Beans)에 대한 설명이 아닌 것은?

가. 생두는 고산지대에서 재배될수록 신맛과 향이 뛰어나다
나. 고지대보다 저지대는 기계적으로 수확이 가능하므로 대량생산이 가능하다.
다. 아라비카종은 저지대, 로부스타종은 고산지대에서 재배된다.
라. 화산지역의 토양은 미네랄이 풍부하여 커피나무 성장에 도움을 준다.

100
생두(Green Beans)의 크기에 의한 특성을 잘못 설명한 것은?

가. 생두가 작으면 깔끔한 맛이 있고 크면 감칠 맛이 있다.
나. 마라고지페는 생두의 크기가 크고 티피카 품종은 크기가 작다.
다. 커피 맛은 되도록 크기가 균일한 것이 양질의 품종이다.
라. 생두의 크기는 눈으로 식별이 가능하다.

101
생두의 밀도에 관한 내용은?

가. 생두의 밀도가 조밀하지 않으면 생두 배전은 어렵다.
나. 생두의 밀도가 높을수록 커피의 맛과 향이 풍부하다.
다. 일반적으로 생두의 밀도 평가 기준은 없다.
라. 생두의 크기가 작으면 밀도가 조밀하지 않다.

102
생두의 크기를 선별하는 스크린 사이즈에 대한 설명 중 틀린 것은?

가. 스크린 사이즈는 17/18, 15/16, 13/14 등으로 표시된다.
나. 1 스크린은 1/64 inch로 표시하며 약 0.4 mm에 해당된다.
다. 가장 적당한 생두 크기는 13/14를 의미한다.
라. 생두의 일반적인 스크린 크기는 14/64 inch에서 20/64 inch의 범위에 있다.

103
1 스크린은 1/64 inch로 표시하는데 mm로 환산하면?

가. 약 0.4 mm
나. 약 0.5 mm
다. 약 0.6 mm
라. 약 0.7 mm

정답 096 가 097 가 098 라 099 다 100 가 101 나 102 다 103 가

104
생두의 품질에 영향을 미치는 요인이 아닌 것은?

가. 테루아 나. 생두 가공 방법
다. 재배기술 라. 커피문화

 테루아(Terroir) : 생두재배에 필요한 자연환경

105
'Partnership Coffee'의 설명이 아닌 것은?

가. Relationship Coffee라 부른다.
나. 농장주와 커피업자의 상호간의 신뢰로 파트너가 된다.
다. 소비자는 투자를 하고 질적 요구를 할 수 있다.
라. 무차별한 경작이 아닌 주변 자연의 생태계까지 보호한다.

106
파치먼트 커피란 무엇인가?

가. 미가공 상태의 커피열매(Coffee Cherry)를 말한다.
나. 외과피와 과육을 제거한 생두를 말한다.
다. 내과피가 남아있는 상태의 생두를 말한다.
라. 탈곡을 한 후 얻어진 생두 상태를 말한다.

107
생두의 표피를 감싸고 있는 얇은 껍질을 무엇이라 하는가?

가. Parchment 나. Skin
다. Mucilage 라. Silver Skin

108
생두의 가운데 골처럼 파인 부분을 무엇이라 하나?

가. Center Cut 나. Path
다. Silver Skin 라. Hole

109
생두 피베리(Peaberry)에 대한 내용이 아닌 것은?

가. 커피열매에 한 개의 생두만 들어 있는 콩을 말한다.
나. 수정이 충분하지 못하거나 영양상태가 좋지 못할 때 발생한다.
다. 정상적인 생두와 구별하는 방법은 모양이 둥글다.
라. 배전을 하여도 맛과 향이 없는 결점두이다.

110
파치먼트 커피에 대한 설명 중 옳은 것은?

가. 수확한 후 아직 가공되지 않은 상태의 체리를 말한다.
나. 커피 체리의 가공과정에서 발효과정을 거친 커피를 말한다.
다. 발효가 끝나고 세척한 후 파치먼트가 남아 있는 상태의 커피를 말한다.
라. 건조과정까지 마친 탈곡 후의 생두를 말한다.

111
커피나무 가지 끝에 있으며 커피열매에 생두가 하나씩만 들어 있는 콩의 명칭은?

가. 피베리(Peaberry)
나. 플랫빈(Flat bean)
다. 원베리(Oneberry)
라. 탑베리(Topberry)

정답 104 라 105 라 106 다 107 라 108 가 109 라 110 다 111 가

Chapter 01 예상문제 — 커피학 개론

112
다음 중 피베리에 대한 설명으로 옳은 것은?

가. 케냐어로 카라콜리로(Caracolillo)라고 한다.
나. 일반 콩과 품질이 비슷하나 맛은 없다.
다. 커피열매 안에 한 개의 생두가 들어 있는 경우로 결점두는 아니다.
라. 피베리의 발생원인은 유전적 결함 및 인위적인 재배가 원인이다.

113
피베리(Peaberry)에 대한 적합한 설명이 아닌 것은?

가. 스페인어로 카라콜리로(Caracolillo)라고 한다.
나. 달팽이 모양의 생두 형태이다.
다. 가지 끝에 달린 커피열매로 모양이 아주 둥글어 육안으로 식별이 가능하다.
라. 결점두이기 때문에 품질이 좋지 않아 거래가 되지 않는다.

114
한 개의 생두를 가지고 있는 커피콩의 명칭은?

가. 원베리
나. 에스베리
다. 피베리
라. 플랫빈

115
생두는 보통 두개가 서로 마주보고 있는데 명칭은?

가. 트윈 빈(Twin Bean)
나. 투 빈(Two Bean)
다. 플랫 빈(Flat bean)
라. 홀 빈(Whole bean)

116
커피열매에 세 개의 생두가 들어 있다면 명칭은?

가. 트리오 빈(Trio Bean)
나. 쓰리 빈(Three Bean)
다. 트라이앵글러 빈(Triangular Bean)
라. 트리플 빈(Triple Bean)

117
생두의 크기를 선별하는 스크린 사이즈(Screen Size)에 대한 내용이 아닌 것은?

가. 생두의 등급분류 방법이다.
나. 생두의 크기가 크면 스크린 사이즈 숫자도 크다.
다. 콜롬비아 수프리모 등급은 스크린 사이즈 15번이다.
라. 피베리의 기준점은 스크린 사이즈 13번이다.

118
생두의 1 스크린 사이즈는 몇 인치(inch)인가?

가. 1/54 inch
나. 1/64 inch
다. 1/74 inch
라. 1/84 inch

해설 1 스크린 사이즈는 1/64 inch이며 약 0.4mm이다. 아프리카의 스크린 사이즈는 19 이상이면 AA등급, 17~18이면 A등급, 15~16이면 B등급이다. 콜롬비아에서는 17 이상이면 수프리모, 15~16이면 엑셀소라고 하는데 생두의 일반적인 스크린사이즈는 14~19 범위 내에 있고, 피베리는 13, 마라고지페는 20~22이다.

119
Screen No. 18의 생두 크기는 몇 mm 인가?

가. 6.35mm
나. 6.75mm
다. 7.14mm
라. 7.94mm

정답 112 다 113 라 114 다 115 다 116 다 117 다 118 나 119 다

03 커피나무 경작

120
커피나무가 경작되는 커피벨트(커피 존) 방위는?

가. 남반구 35도 – 북반구 30도
나. 남반구 25도 – 북반구 25도
다. 남반구 30도 – 북반구 25도
라. 남반구 25도 – 북반구 30도

121
커피나무 경작의 자연환경 중 커피나무 성장에 가장 나쁜 영향을 미치는 요인은?

가. 강수량
나. 고도
다. 서리
라. 온도

122
생두 보관 환경요인 중 가장 위해 조건이 되는 요인은?

가. 일조량
나. 강수량
다. 습도
라. 온도

123
커피나무 성장 조건에 대한 설명 중 틀린 것은?

가. 개화할 때까지 많은 강우량이 필요하다.
나. 수확 시기에는 건조한 기후가 필요하다.
다. 직사광선이 내리쬐는 지역이 좋다.
라. 그늘을 만들어 주는 지역이 좋다.

124
커피나무를 재배하기 위한 자연환경이 아닌 것은?

가. 화산성 토양과 같이 유기질 성분이 필요한 지역이 좋다.
나. 점토질 토양으로 물이 항상 고여 있어야 한다.
다. 대체적으로 고지대의 커피나무 성장은 좋은 품종을 생산한다.
라. 개화시기에는 풍부한 강우량이 필요하고 수확시기에는 건조한 기후가 필요하다.

125
커피나무 재배에 관한 설명으로 적합하지 않은 것은?

가. 유기질이 풍부한 화산질 토양은 커피나무 성장에 좋다.
나. 씨앗을 파종해서 싹이 돋는데 40 ~ 50일 정도 소요된다.
다. 커피나무 잎은 단풍나무처럼 가을에는 붉은색으로 변한다.
라. 발아 후 3 ~ 4년이 지나면 개화되고 열매를 맺는다.

126
커피 재배에 관한 설명으로 바르지 못한 것은?

가. 커피 경작지는 배수가 잘되고 미네랄이 적당히 함유된 토양이 좋다.
나. 다른 농작물과 함께 심거나 다른 농작물과 번갈아가며 커피 농사를 짓기도 한다.
다. 로부스타종은 강수량 연 2000mm 이하, 연평균 기온 약 24℃ 이하인 지역에서 재배된다.
라. 로부스타종은 아라비카종보다 질병에 강하다.

127
커피나무의 생육 조건에 대한 설명으로 맞는 것은?

가. 생두 품종은 에티오피아가 최고이다.
나. 커피벨트와 와인벨트는 동일하다.
다. 고산지대에서 재배되는 커피나무일수록 생산량이 많다.
라. 배수가 잘 되고 약알칼리성 토양은 성장에 좋다.

정답 | 120 나 | 121 다 | 122 다 | 123 다 | 124 나 | 125 다 | 126 다 | 127 라

128
커피나무의 생육 조건에 대한 설명으로 맞는 것은 어느 것인가?

가. 커피 생육은 우리나라 강원도가 적합하다.
나. 생두의 밀도가 조밀할수록 배전 후 원두는 깊은 맛과 향을 표현한다.
다. 밀도가 높고 향미가 강한 커피를 생산하려면 일교차가 작아야 한다.
라. 저지대에서 재배되는 커피나무일수록 생산량이 적다.

129
커피나무의 경작에 보편적으로 이용되고 있는 방법은?

가. 배양법
나. 파종법
다. 접붙이기법
라. 모종법

130
친환경적으로 커피나무를 재배하면서 경작을 3년에 한 해는 쉬는 커피는?

가. Eco-Ok Coffee
나. Organic Coffee
다. Fair-Trade Coffee
라. Partnership Coffee

131
커피나무의 그늘 경작법에 대한 설명 중 틀린 것은?

가. 그늘 경작 방법으로 생산된 원두를 Shade-Grown Coffee 라고 한다.
나. 나무의 그늘을 이용하여 커피나무의 일조량을 적게 하여 생두의 밀도를 높인다.
다. 이 방법으로 경작된 커피를 Bird-Friendly Coffee 라고 부른다.
라. 농약과 화학물을 사용하지 않는다.

132
'Bird-Friendly Coffee'란 무엇인가?

가. 새들이 즐겨찾는 나무와 함께 경작된 생두에서 추출된 커피이다.
나. 인삼재배처럼 그늘막을 이용하여 재배된 생두에서 추출된 커피이다.
다. 커피나무의 개량 및 다수확을 목적으로 일정기간 그늘막을 설치하였다.
라. 일조량을 적게 하기 위하여 키가 큰 나무들의 그늘 아래에서 경작된 커피이다.

133
뉴 크롭(New Crop)생두란 무엇인가?

가. 갓 수확한 청록색의 생두이다.
나. 1년 지난 갈색의 생두이다.
다. 2년 이상 지난 진한 갈색의 생두이다.
라. 수확한지 얼마 안된 녹색의 생두이다.

134
수확연도를 기준으로 2년 이상 된 진한 갈색의 생두는?

가. Old Crop
나. New Crop
다. Current Crop
라. Past Crop

135
올드 크롭(Old Crop) 생두란 무엇인가?

가. 수확은 2년에 한번씩 한다.
나. 수확 시기는 1년 미만이다.
다. 재배 및 분류방법에 의한 분류 생두이다.
라. 2년 이상 지난 갈색의 생두이다.

정답   128 나   129 나   130 나   131 라   132 라   133 가   134 가   135 라

136
New Crop 생두의 밀도에 대한 설명 중 옳은 것은?

가. 생두가 고밀도일수록 배전은 쉽다.
나. 밀도가 높을수록 커피의 맛과 향이 좋지 않다.
다. 일반적으로 고지대에서 재배된 커피나무의 생두는 고밀도이다.
라. 생두 크기와 생두의 밀도는 정비례한다.

137
커피 열매에서 생두를 분리하는 방법 중에서 습식방식(Wet Processing)과 관계없는 것은?

가. 많은 실버스킨   나. 풍부한 물
다. 일정한 생두 품질   라. 아라비카 품종

138
커피와 관련된 내용 중 틀린 설명은?

가. 로부스타종은 동남아시아에서 주로 생산하고 있다.
나. 커피벨트는 북반부 25도와 남반부 25도 사이 국가이다.
다. 아라비카종은 브라질과 콜롬비아 등 중남미에서 주로 생산하고 있다.
라. 아라비카종 원산지는 예멘의 모카이다.

139
커피 열매 수확 방법의 설명이 틀린 것은?

가. Stripping방식은 품질이 좋은 체리의 수확 방식이다.
나. Hand-picking방식은 품질이 좋은 체리의 수확 방식이다.
다. Stripping방식은 한 번에 모든 체리를 훑어 수확하는 방법이다.
라. Hand-picking방식은 빨간 열매를 선별하여 수확하는 방식이다.

140
커피 열매를 수확하는 방식에 대한 내용이 아닌 것은?

가. 핸드피킹 방식은 잘 익은 체리만 선택적으로 수확하기에 유리한 방법이다.
나. 스트리핑 방식은 한 번에 모든 체리를 훑어 수확하는 방법이다.
다. 핸드피킹 방식의 대표적인 국가는 브라질, 콜롬비아 등 중남미이다.
라. 스트리핑 방식은 인건비 부담이 적다.

141
커피열매를 수확하는 방법 중 스트리핑 방식을 잘못 설명한 것은?

가. 핸드피킹 방식에 비해 인건비 부담이 매우 적다
나. 커피열매와 나뭇잎 등의 이물질이 혼합되어 수확된다.
다. 워시드 커피를 생산하는 지역에서 주로 사용하는 수확 방법이다.
라. 훑어내는 방식이기 때문에 중요한 것은 수확시기를 잘 선택해야 한다.

142
커피 열매를 수확하는 스트리핑(Stripping)방식을 잘못 설명한 것은?

가. 주로 고급품종 생두를 수확하는 방식이다.
나. 커피체리와 함께 잎, 가지 등 이물질이 섞일 수 있다.
다. 핸드피킹 방식보다 수확 시간을 단축할 수 있다.
라. 핸드피킹 방식에 비해서 인건비 부담을 줄일 수 있다.

정답   136 다   137 가   138 라   139 가   140 다   141 다   142 가

 **Chapter 01 예상문제** 커피학 개론

143
커피열매를 수확하는 방법 중 스트리핑(Stripping) 방식에 대하여 잘못된 것은?
가. 인건비 절감 나. 수확시간 단축
다. 생산성 감소 라. 선별적인 수확

144
커피열매 수확 방법인 Hand-Picking 설명이 틀린 것은?
가. 잘 익은 체리만을 손으로 직접 따는 방법으로 Selective Picking이라고 한다.
나. 브라질에서 사용하는 방법으로 에티오피아를 제외한 모든 나라가 사용한다.
다. 고품질의 생두 수확에 비하여 인건비가 많이 든다.
라. 에티오피아에서 사용하는 방법으로 고비용이 든다.

145
핸드소팅(Hand Sorting)에 대한 적합한 설명은?
가. 손으로 생두의 크기를 측정하는 작업이다.
나. 손으로 생두에 포함된 결점두를 제거하는 작업이다.
다. 손으로 생두의 상태를 파악하는 작업이다.
라. 손으로 잘익은 체리만을 골라 따는 수확 방법이다.

146
생두를 수확 연도별로 분류한 명칭이 잘못된 것은?
가. New Crop 나. Past Crop
다. Future Crop 라. Old Crop

147
생두의 수확 연도별 분류 중 Past Crop이란?
가. 생두 수확연도가 1년 지난 갈색의 생두이다.
나. 생두 수확연도가 2년 지난 갈색의 생두이다.
다. 생두 수확연도가 3년 지난 갈색의 생두이다.
라. 생두 수확연도가 4년 지난 갈색의 생두이다.

148
커피열매의 수확 방법 중 스트리핑(Stripping)에 대한 내용이 틀린 것은?
가. 잘익은 열매만 손으로 선택해서 수확하는 방법이다.
나. 모든 열매를 손으로 훑어 내는 수확 방법이다.
다. 인건비는 절감되지만 생두 품질은 떨어진다.
라. 내추럴커피 또는 로부스타종 재배지역에서 이용하는 수확 방법이다.

149
커피열매의 수확 방법 중 Selective Harvesting이란?
가. 다른 이름으로 Hand-Picking 수확 방법이라 한다.
나. 모든 체리를 손으로 훑어 내는 수확 방법이다.
다. 커피나무에 손상을 입힌다.
라. 품질이 균일한 생두 생산이 불가능한 방법이다.

정답 143 라 144 나 145 나 146 다 147 가 148 가 149 가

04 커피 생산국

150
커피열매가 재배되지 않는 나라는?

가. 베트남　　나. 중국
다. 미국　　　라. 인도네시아

151
생두 생산국에 대한 설명으로 옳은 것은?

가. 브라질 생두는 양적으로 볼 때 세계 2위이고 품질은 낮다.
나. 코스타리카에서 생산되는 생두 중 가장 유명한 것은 코나 엑스트라펜시이다.
다. 콜롬비아는 생두의 크기에 따라 Supremo, Extra 등 4등급으로 구분한다.
라. 케냐 생두는 결점두에 따라 AA, A, B 등으로 등급을 표기한다.

152
생두 대표 브랜드명과 생산지가 틀리게 연결된 것은?

가. 탄자니아 – 킬리만자로
나. 예멘 – AA
다. 코스타리카 – 코랄마운틴
라. 에티오피아 – 예가체프

153
다음 중 생두 대표 브랜드명과 잘못 연결된 것은?

가. 에티오피아 – 모카
나. 하와이 – 코나
다. 콜롬비아 – 수프리모
라. 인도네시아 – 수마트라

154
대표적인 생두 브랜드와 연결이 바르지 않은 것은?

가. 인도네시아 – 루왁
나. 브라질 – 수프리모
다. 자메이카 – 블루마운틴
라. 베트남 – 콘삭

155
대표적인 생두 브랜드와 연결이 바르지 않은 것은?

가. 자메이카 – 블루마운틴
나. 멕시코 – 알투라
다. 예멘 – 안티구아
라. 인도 – 몬순 말라바

156
국가별로 생두를 분류하는 방법이 틀린 것은?

가. 표고에 의한 등급 분류 – 멕시코, 과테말라, 엘사바도르, 온두라스, 코스타리카
나. 스크린 사이즈에 의한 분류 – 콜롬비아, 탄자니아, 케냐
다. 500g당 결점두 숫자에 의한 분류 – 에디오피아, 페루
라. 스크린사이즈와 결점두 숫자에 의한 분류 – 브라질, 인도네시아, 베트남, 쿠바, 자메이카

해설 나라별 생두 분류법
1. 표고에 의한 등급 분류 : 멕시코, 과테말라, 엘사바도르, 온두라스, 코스타리카
2. 스크린 사이즈 : 콜롬비아, 탄자니아, 케냐.
3. 300g당 결점두 수 : 에디오피아, 페루
4. 스크린사이즈 + 결점두 수 : 브라질, 인도네시아, 베트남, 쿠바, 자메이카
에디오피아는 300g당 결점두 수에 따라 8등급으로 구분하는데 결점두 3개 이하이면 Grade 1부터 결점두 수 340개 이상인 Grade 8등급까지이다.

정답　150 다　151 다　152 나　153 가　154 나　155 다　156 다

커피학 개론

157
남아메리카 지역의 생두 나라가 아닌 것은?

가. 콜롬비아 나. 베네수엘라
다. 온두라스 라. 페루

158
콜롬비아 생두의 주요산지가 아닌 것은?

가. 아르메니아(Armenia)
나. 메델린(Medellin)
다. 세라도(Cerrado)
라. 마니살레스(Manizales)

159
콜롬비아의 생두크기에 따른 4등급에서 수프리모(Supremo)등급은?

가. 스크린 No.15 이상으로 카라콜의 혼합과는 상관이 없다.
나. 스크린 No.17 이상의 입자로 정확한 선별을 거친 카라콜(피베리) 형태가 없는 생두다.
다. 카라콜 혼합여부와 상관없이 생두 수출 표준상품이다.
라. 스크린 No.12의 생두로 적절한 선별과정을 거쳐 생산지명을 등급과 함께 상품화한다.

160
과테말라, 멕시코, 온두라스 국가에서 재배되는 고도에 의한 등급이 아닌 것은?

가. S.H.B. 나. H.B.
다. E.P.W. 라. E.G.G.

161
결점두 숫자에 의해서 생두 등급을 분류하는 국가는?

가. 브라질 나. 에티오피아
다. 케냐   라. 콜롬비아

162
MAM'S 브랜드로 수출되는 콜롬비아 안데스산맥의 중부 산악지대가 아닌 곳은?

가. 마니살레스 나. 아르메니아
다. 메델린   라. 알마니아

163
미국 하와이의 대표적인 생두 브랜드명은 무엇인가?

가. 코나   나. 블루마운틴
다. 캐리비아마운틴 라. 셀렉토

164
카리브해, 중앙아메리카 생두 생산 국가가 아닌 것은?

가. 파나마 나. 도미니카
다. 볼리비아 라. 쿠바

165
아시아 지역 파푸아뉴기니 국가에서 생산되는 생두 브랜드가 아닌 것은?

가. 시그리 나. 마운트하겐
다. 파리카 라. 만델링

166
아시아 지역 국가 중 생두가 생산되지 않는 나라는?

가. 일본 나. 베트남
다. 호주 라. 동티모르

167
브라질 국가에서 생산되는 생두에 대한 내용이 잘못된 것은?

가. 브라질 국민의 커피소비량이 너무 많아서

정답 157 다 158 다 159 다 160 라 161 나 162 라 163 가 164 다 165 라 166 가

수출량은 매우 적다.
나. 세계 커피 생산량 1위로서 보통 세계 교역량의 30% 이상을 차지하는 나라이다.
다. 생두 등급은 결점두에 따라 NY3, NY5, NY7 등으로 구분된다.
라. 주요 생두 브랜드명은 산토스, 세라도가 있다.

168
과테말라에서 생산되는 생두의 상품명 등급인 SHB(Strictly Hard Bean) 또는 HB(Hard Bean)는 무슨 뜻인가?

가. 생두의 크기   나. 생두의 결점두 개수
다. 생두의 재배 고도 라. 생두의 색상

- Guatemala Antigua Organic : 화산지대가 많은 과테말라 커피의 특징은 다른 커피보다 Smoky(연기가 타는 듯한 향기)한 맛이 강하며 전체적으로 부드러운 가운데 톡쏘는 듯한 초콜릿같은 달콤함이 있다.
- 과테말라 필라델피아 : 부드럽고 순한 향이 있는 격조 높은 풍미와 강한 신맛이 있고 쓴 맛이 적다. 재배량도 한정되어 있으며 더 단단하고 맛 또한 커피 중의 최고급 커피이다.

169
과테말라 국가 커피에 대한 설명으로 틀린 것은?

가. 대표적인 브랜드는 블루마운틴이다.
나. 과테말라는 중앙아메리카에 위치한다.
다. 재배지의 고도에 따라 등급을 나누는데 SHB가 최상급이다.
라. 커피산업 종사자는 인구의 약 25%이다.

170
에티오피아에서 생산된 생두가 아닌 것은?

가. 예가체프   나. 하라
다. 시다모   라. 킬리만자로

171
아프리카 케냐 생두에 대한 설명 중 맞지 않는 것은?

가. 생산하는 생두품종은 대부분이 아라비카종이다.
나. 물부족으로 커피열매의 가공방법은 주로 건식법을 이용하고 있다.
다. 생두의 등급 표시는 생두크기에 따라 4등급으로 나눈다.
라. 100% 버번 품종인 아라비카종만 취급하는데 인공교배품종이다.

172
동남아시아지역인 인도네시아 생두에 대한 설명이 아닌 것은?

가. 일년 내내 커피 수확이 가능한 나라이다.
나. 생두 등급은 300g 중 결점두 수에 따라 Grade 1, 2, 3으로 나눈다.
다. 아라비카종보다 로부스타종 재배를 많이 한다.
라. 대표적인 브랜드 생두에는 몬순말라바, 시그리, 파라카 등이 있다.

173
아프리카지역 에티오피아 생두에 대한 설명이 아닌 것은?

가. 커피나무가 처음 발견된 나라이다.
나. 생두 300~350g 중 결점두에 따라 등급 G1, G2, G3로 구분한다.
다. 아프리카에서는 최고의 아라비카종 수출국이다.
라. 에티오피아는 네덜란드 식민지로 커피문화가 발전하였다.

정답 167 가 168 다 169 가 170 라 171 라 172 라 173 라

174
남미지역의 콜롬비아 생두에 대한 설명이 아닌 것은?

가. 커피의 가공은 습식법만을 사용한다.
나. 생두의 등급을 크기에 따라 수프리모, 엑스트라, 엑셀소, 카라콜로로 구분한다.
다. 1972년 커피나무 경작자의 권익을 위해 FNC가 설립되었다.
라. 주요산지는 세라도(Cerrado)이다.

175
고급생두인 산마르코스 타라수(San Marcos Tarrazu) 브랜드 생산국은?

가. 코스타리카   나. 자메이카
다. 우간다   라. 콩고

176
법적으로 로부스타종 재배가 안되는 나라는?

가. 코스타리카   나. 자메이카
다. 우간다   라. 콩고

177
세계 커피 시장에 관한 설명 중 맞지 않는 것은?

가. 대한민국은 인스턴트커피의 사용량이 감소하는 추세이다.
나. 국민 1인당 커피를 가장 많이 마시는 나라는 핀란드이다.
다. 한국은 믹스커피 시장은 변함없이 증가하고 있고 원두커피의 소비는 20대 연령에서 즐긴다.
라. 원두커피인 스페셜티 커피는 전세계에서 지속적으로 성장하고 있다.

178
커피에 관련된 모카(Mocha)의 의미가 잘못 설명된 것은?

가. 아프리카 예멘에서 생산되는 생두명
나. 초콜릿 음료
다. 아프리카 예멘의 항구이름
라. 블랙초콜릿이 아닌 흰 초콜릿의 음료

179
모카(Mocha)의 의미가 잘못 설명된 것은?

가. 옛날 예멘의 수출 항구명
나. 예멘 생두의 총칭
다. 생두 품종명
라. 초콜릿 음료

05 생두의 맛

180
신맛이 적고 바디감이 있으며 독특한 향을 느낄 수 있는 인도산 커피는?

가. 숙성커피
나. 유기농커피
다. 로부스타커피
라. 몬순말라바커피

181
생두 크기에 의한 맛 차이에 영향이 미치지 않는 요인은?

가. 품종   나. 산지
다. 생산농가   라. 배전도

182
산미를 살리기 위해서 시티 배전을 해야 하는 산지가 아닌 것은?

정답 174 라 175 가 176 가 177 다 178 라 179 다 180 라 181 라 182 라

가. 하와이 코나　　나. 파나마
다. 탄자니아　　　라. 브라질

 중배전에는 미디엄, 하이, 시티배전이 포함되는데 쓴맛과 신맛이 균형있게 있으며 감칠맛으로 맛의 느낌이 깨끗하다.

183
쓴맛을 위해 강하게 배전하지 않는 생두 생산국은?

가. 에티오피아　　나. 인도네시아
다. 케냐　　　　　라. 브라질

184
피베리 산지에 해당되지 않는 나라는?

가. 브라질　　　　나. 과테말라
다. 케냐　　　　　라. 콜롬비아

185
킬리만자로(Killimanjaro)로 대표되며 유럽에서는 '커피의 신사', '영국 왕실의 커피'로 칭송받는 생두 생산국은?

가. 콜롬비아　　　나. 인도
다. 브라질　　　　라. 탄자니아

186
병충해 또는 건조과정에서 문제가 발생하여 향과 산도 손실이 있는 결점두는?

가. 흑두　　　　　나. 벌레두
다. 기형두　　　　라. 미성숙두

187
습기에 의하여 생두에 하얀 곰팡이가 생긴 결점두를 무엇이라 하는가?

가. 흑두　　　　　나. 발효두
다. 미성숙두　　　라. 연한생두

188
결점두에 대한 설명 중 옳지 않은 것은?

가. 벌레 먹은 생두는 강한 쓴 맛이 난다.
나. 벌레가 먹거나, 부서져 모양이 불규칙한 생두이다.
다. 검은 색, 갈색, 덜 성숙한 듯한 녹색 등으로 색깔이 불규칙한 생두이다.
라. 생두에 속이 빈 생두를 쉘빈(Shell Bean)이라 하는데 향과 맛이 일품이다.

189
결점두(Defect Beans)와 발생 원인이 잘못 연결된 것은?

가. 취급 부주의로 인하여 Shells Bean(조개 모양 두)으로 생성된 생두
나. 수확 및 선별 과정에서 Twigs(나뭇가지)가 발견된 생두
다. 늦은 수확과 토양을 장시간 접촉하면서 Black Beans(흑두) 생성
라. 미성숙 상태의 수확과 조기 수확으로 Unripe Beans(미성숙두) 생성

190
탈곡(Hulling)을 잘못해서 발생하는 결점두는?

가. Dried Pod　　나. Unripe Beans
다. Black Beans　라. Insert Damage

191
배전하더라도 커피의 향미에 문제가 되는 생두가 아닌 것은?

가. 발효가 심하게 된 생두
나. 백화현상이 있는 생두
다. 곰팡이가 핀 생두
라. 동남아시아 생두

정답　183 가　184 라　185 라　186 가　187 라　188 라　189 가　190 가　191 라

Chapter 01 예상문제 커피학 개론

192
곰팡이가 핀 원두로 건조가 잘 되지 않거나 습기가 높은 장소에 보관한 원두는?

가. Mouldy Beans
나. Immature Beans
다. Parchment Beans
라. Malformed Beans

06 생두 가공법

193
카페에스프레소 추출방식의 일회용으로, 원두 분쇄가 필요 없는 가공 커피는?

가. 인스턴트커피 나. 포드(POD)커피
다. 캡슐커피 라. 일회용 드립커피

194
생두 크기를 선별하는 용어로 맞는 것은?

가. Hulling 나. Cleaning
다. Polishing 라. Screening

195
고급 품종인 블루마운틴, 코나 등 생두에서 은피를 제거하는 작업 과정은?

가. Hulling 나. Polishing
다. Cleaning 라. Screening

 해설
- Polishing : 은피를 제거하는 과정으로 상품가치를 높이기 위한 선택과정이다. 주로 고급 커피인 자메이카 블루마운틴, 하와이 코나 커피에 사용한다.
- Hulling : 워시드 커피의 파치먼트를 제거하는 과정이다.
- 자연건조법(건식법, 내추럴커피) : Drying – Hulling – Cleaning – Grading의 과정으로 과육제거나 발효, 세척과정이 없이 바로 건조한다. 풍부한 일조량이 필요하고 결점두와 이물질이 많아 품질이 균일하지 못하다. Hara, Mandelling, Sidamo, Brazil에서 사용한다.

- 물세척법(습식법) : Washing – Pulping – Fermentation – Washing – Drying – Hulling – Cleaning – Grading의 과정으로 콜롬비아, 이가체프와 같은 대부분 마일드 품종을 가공할 때 사용한다. 생두가 깨끗하며 품질이 균일하고 결점두가 적다.

196
생두를 가공하는 방식에 관한 내용 중 옳은 것은?

가. 생두의 가공방식에는 자연건조방식, 습식방식, 펄프드 내추럴 방식 등이 있다.
나. 습식방식에 의해 가공된 생두는 결점두가 많다.
다. 습식방식은 커피열매를 물로 씻은 후 파치먼트를 제거하는 방식이다.
라. 자연건조방식은 파치먼트를 제거한 후 씨앗을 다시 세척한 다음 건조시키는 방식이다.

197
생두 가공법 중 습식방식의 작업처리 순서는?

가. Pulping → Fermentation → Washing → Drying → Hulling → Cleaning → Grading
나. Pulping → Fermentation → Washing → Hulling → Drying → Grading → Cleaning
다. Pulping → Fermentation → Drying → Washing → Hulling → Cleaning → Grading
라. Pulping → Hulling → Drying → Fermentation → Washing → Grading → Cleaning

198
생두를 얻기 위해 커피 과육에서 껍질을 벗겨내는 가공 방식에 해당하지 않는 것은?

가. 자연건조방식 나. 습식방식
다. 세미드라이방식 라. 드라이방식

정답 192 가 193 나 194 라 195 나 196 가 197 가 198 라

199
생두를 건조하는 과정이 아닌 것은?

가. 생두를 건조시키는 장소를 파티오(Patio)라 한다.
나. 생두를 자주 뒤집어 주는 이유는 균일하게 건조하기 위해서이다.
다. 테이블 드라이 또는 머신 드라이방식은 파치먼트보다 체리 건조에 주로 쓰인다.
라. 머신 드라이방식보다 테이블 드라이 방식이 인건비가 많이 소요된다.

200
건조과정에 대한 다음 설명 중 틀린 것은 어느 것인가?

가. 커피열매의 과육을 제거하는 방법은 크게 두 가지 방법, 습식법과 건식법이 있다.
나. 건식법은 보통 50℃의 열풍으로 3일 정도 건조한다.
다. 습식법은 현대적인 방법으로 건식법에 비해 비용이 많이 든다.
라. 건식법은 좋은 품질의 커피를 얻을 수 있어 대부분의 아라비카 생산국에서 사용한다.

201
습식법을 이용한 생두 가공 과정이 아닌 것은?

가. 물이 풍부한 중남미 지역에서 사용하는 가공 방식이다.
나. 물의 부력을 이용하여 생두를 선별한다.
다. 발효조에서 약 30시간 정도 발효시키면 pH가 3.8~4.0 범위로 내려간다.
라. 주로 로부스타종에 이용되는 가공 방식이다.

202
습식방식(Washed Method)에 대한 설명 중 옳은 것은?

가. 습식방식 가공으로는 고급품종이 불가능하다.
나. 아시아 지역의 로부스타종에 많이 이용되는 가공방식이다.
다. 신맛과 바디감이 강한 커피를 맛볼 수 있다.
라. 발효조에서 약 30시간 정도 발효시키면 pH가 3.8~4.0 범위로 내려간다.

203
생두의 가공 방법 중 습식방식의 공정 순서는?

가. 커피열매수확 → 분리 → 과육제거 → 파치먼트 선별 → 세척 → 발효 → 건조 → 보관
나. 커피열매수확 → 분리 → 과육제거 → 발효 → 세척 → 건조 → 파치먼트 선별 → 보관
다. 커피열매수확 → 분리 → 과육제거 → 발효 → 파치먼트 선별 → 세척 → 건조 → 보관
라. 커피열매수확 → 분리 → 과육제거 → 파치먼트 선별 → 발효 → 건조 → 세척 → 보관

204
생두 가공 방법 중 펄프드 내추럴 가공(Pulped Natural Process)에 대한 설명이 아닌 것은?

가. 물로 가볍게 씻고 외피를 파치먼트에서 분리
나. 브라질에서 주로 사용하는 가공방식
다. 체리의 과육이 붙어있는 상태에서 건조
라. 커피향이 풍부한 생두

정답 199 다 200 라 201 라 202 라 203 나 204 가

Chapter 01 예상문제 — 커피학 개론

205
생두를 발췌하는 과정 중 건식방식의 정제과정이 아닌 것은?

가. 커피열매의 숙성 정도에 따라 건조 일수를 차별화한다.
나. 수확한 과실을 건조장에서 넓게 펴고 수분함량이 20%이하가 될 때까지 건조시킨다.
다. 건조되면서 생두품질이 결정되기 때문에 배전도와는 전혀 무관하다.
라. 건식방식은 아라비카종 및 로부스타종에 사용된다.

206
생두의 가공법 중에 자연건조 방식의 내용은?

가. 단맛과 풍부한 바디감, 자연적인 향을 살릴 수 없다.
나. 가공공정 순서는 농장주 능력에 따라 다르다.
다. 물이 부족하고 햇볕이 좋은 지역에서 이용된다.
라. 건식법으로 생산된 커피를 마일드 커피라 부른다.

207
생두 가공법 중에 자연건조 방식에 대한 설명은?

가. 습식법에 비해 좋은 품질의 커피를 생산할 수 있다.
나. 수확한 커피열매를 건조시킨 후 생두를 분리한다.
다. 수확한 커피열매에서 생두를 분리 한 후 건조시킨다.
라. 미성숙두를 모아서 숙성시킨 후에 건조한다.

208
자연건조방식의 가공과정에 대한 설명 중 틀린 것은?

가. 습식법 생두에 비해 신맛이 더 강하고 단맛은 약하게 느껴진다.
나. 물이 부족한 브라질, 예멘, 에티오피아 등에서 사용하는 가공법이다.
다. 50℃의 열풍에서 약 3일간 건조하는 기계 건조 방식도 병행한다.
라. 수분이 20%이하까지 햇볕에 건조하며 건조일수는 숙성에 따라 다르다.

자연건조방식은 생두를 열매상태로 그대로 건조하기 때문에 열매의 단맛 성분이 커피에 잘 스며들도록 건조처리 과정을 거친 후 과육부분과 파치먼트를 제거하는 방식으로 신맛보다 단맛이 강하다.

209
커피열매 건조 방법으로 적합한 내용은?

가. 특별한 가공방식은 없지만 무조건 햇볕에 말려야 한다.
나. 자연건조방식은 대부분 로부스타종 지역에서 사용하며 친환경적인 가공법이다.
다. 습식법은 커피열매를 세척 후 분리하지 않고 그대로 건조시킨다.
라. 브라질은 생산량의 100%가 건식법으로 습식법보다 생두 손상이 적다.

210
과일류의 풍미, 흙냄새, 강한 바디감을 느끼는 Natural Coffee의 가공방식은?

가. Pulped Natural Process
나. Dry Process
다. Semiwashed Process
라. Washed Process

정답 205 다 206 다 207 나 208 가 209 나 210 나

211
Washed Coffee와 Natural Coffee 에 대한 설명이 아닌 것은?

가. Natural Coffee는 생산단가가 저렴하지만 친환경적 가공 방법으로 탄생한다.
나. Washed Coffee는 품질이 높고 균일한 생두 크기로 신맛이 난다.
다. Washed Coffee는 신맛이 좋으며 향이 좋고 바디가 강하다.
라. Natural Coffee는 단맛과 쓴맛이 좋으며 복합적인 맛을 느낄 수 있다.

212
Semi-Dry 생두 가공방식의 특성이 아닌 것은?

가. 커피체리 수확 후 껍질을 제거하여 곧바로 건조시키는 가공방법이다.
나. 커피의 점액질이 그대로 생두에 흡수되어 풍부한 단맛을 형성한다.
다. 주로 브라질에서 사용하는 방법으로 생산량이 증가하는 가공방법이다.
라. 주로 멕시코에서 사용하는 방법으로 생산량이 증가하는 가공방법이다.

07 SCAA와 공정무역

213
SCAA기준 생두 등급 분류의 Specialty Coffee는 생두 몇 g에 결점두 몇 개인가?

가. 300g, 5개 이하   나. 300g, 7개 이하
다. 200g, 5개 이하   라. 200g, 7개 이하

214
SCAA의 생두를 관리하는 품질관리 요소가 아닌 것은?

가. 수분함량   나. 생두 크기
다. 결점두 개수   라. 생두 형태

215
SCAA의 생두 평가 기준이 아닌 것은?

가. Specialty Grade : 결점두 5개 이내
나. Premium Grade : 결점두 8개 이내
다. Commercial Grade : 결점두 9개 이상
라. General Grade : 결점두 10개 이상

216
SCAA에 따른 스페셜티 커피 생두의 적정 수분 함유율은 몇 %인가?

가. 7% 이하   나. 7~9%
다. 10~13%   라. 15% 이상

 해설 워시드 생두 수분함유율(10~12%), 내추럴 생두 수분함유율(10~13%)

217
SCAA 기준에 의한 결점두 중 커피 맛과 향에 가장 영향을 덜 미치는 것은?

가. Black Bean   나. Dry Cherry Bean
다. Sour Bean   라. Shell Bean

218
SCAA 분류법 중 Specialty Grade의 등급기준의 설명에 해당하지 않는 것은?

가. 300g 안에 결점두가 6개 이상은 허용되지 않는다.
나. 미성숙된 커피열매가 아니어야 한다.
다. 생두의 허용 수분 함유율은 10% 이내이다.
라. 산도, 아로마, 플레이버, 바디감 중 한 가지 이상의 특성은 있어야 한다.

정답 211 다 212 라 213 가 214 라 215 라 216 다 217 라 218 다

219
SCAA의 Cupping Form을 기준으로 하는 커핑 과정 후 거치는 3단계 과정이 아닌 것은?

가. 생두평가 나. 원두평가
다. 커핑   라. 테이스팅

220
SCAA 분류법 중 Agtron(애그트론)의 수치가 가장 낮은 등급은?

가. Very Light 나. Medium
다. Light   라. Dark

221
SCAA 분류법 중 Agtron(애그트론)에 대한 설명이 아닌 것은?

가. 원두 색상으로 배전도를 측정하는 기계이다.
나. 생두 색상을 측정하는 기계이다.
다. 애그트론은 총 8단계로 구분한다.
라. Agtron은 미국 네바다주에 위치한 Agtron사에서 만든 분광광도계이다.

 Agtron은 배전된 원두의 색상을 구분하는 커피색도계이다.

222
배전의 8단계 분류 중 이탈리안 배전(Italian Roast)에 해당하는 SCAA 분류 명칭은?

가. Medium Roast
나. Moderately Dark Roast
다. Dark Roast
라. Very Dark Roast

223
SCAA 커피 품질 평가(Coffee Cupping) 중 평가하지 않는 항목은 어느 것인가?

가. Body : 입안에 가득하게 퍼지는 향
나. Wet Aroma : 물을 부어 기체에서 느끼는 향
다. Bitterness : 입안에 번지는 쓴맛
라. Dry Fragrance : 분쇄된 커피의 향

224
공정무역(Fair Trade)에 대한 설명이 잘못된 것은?

가. 선진소비국과 후진생산국이 농산물의 안정적인 생산기반과 수급에 공헌하고 있다.
나. 생산국의 농작물가격 폭락에도 일정 가격 이상을 지급한다.
다. 공정무역 가맹국가나 단체에게 일정 품질의 농작물을 공급한다.
라. 공정무역은 형식적인 제도하에 운영되는 민간무역이다.

225
농가의 삶의 질을 개선하여 안정적으로 체계적인 시스템에 의하여 공급되는 커피는?

가. Fair Trade Coffee
나. Organic Coffee
다. Beauty Coffee
라. Quality Coffee

08 생두 품종

226
생두(Green Beans)품종 연결이 잘못된 것은?

가. Catuai(카투아이) : 문도노보 + 버번
나. Bourbon Vermelho(버번 베르멜로) : 티피카(Typica)의 돌연변이 품종
다. Typica(티피카) : 재래종인 아라비카 원종에 가장 가까운 품종
라. Java(자바) : 버번 + 켄트

정답 219 라 220 라 221 나 222 라 223 다 224 라 225 가 226 가

227
티피카(Typica)품종 생두에 대한 내용이 아닌 것은?

가. 주로 그늘 경작법이 이용된다.
나. 병충해에 약하며 콩모양은 길쭉한 타원형이다.
다. 영어로 Typical을 의미하지만 품종은 아라비카종이 아니다.
라. 자메이카 블루마운틴과 하와이 코나는 티피카 종이다.

228
티피카(Typica) 품종에 대한 다음 설명 중 틀린 것은 어느 것인가?

가. 아라비카원종에 가까운 품종으로서 콩 형태는 길고 좋은 향과 신맛을 가지고 있다.
나. 티피카의 돌연변이종으로 마라고지페가 있으며 일명 코끼리콩이라 한다.
다. 커피열매가 익으면 노란색으로 변하며 품질이 우수하지 않다.
라. 자메이카 블루마운틴과 하와이 코나가 대표적인 티피카(Typica)종이다.

229
1864년 프랑스령 부르봉섬에서 발견된 티피카의 돌연변이 품종은?

가. 버번 베르멜로(Bourbon Vermelho)
나. 카투아이(Catuai)
다. 수마트라(Sumatra)
라. 문도노보(Mundo Novo)

230
1959년 포르투갈에서 발견된 카투라와 Hdt의 개량된 교배종은?

가. 카투라(Caturra)
나. 켄트(Kent)
다. 문도노보(Mundo Novo)
라. 카티모르(Catimor)

231
생두가 성숙하면서 노란색으로 변하는 품종은?

가. 문도노보   나. 아마렐로
다. 버번   라. 수프리모

232
인도 고유의 품종이고 티피카 돌연변이종으로 병충해에 강하며 생산성이 많은 종은?

가. 부르봉   나. 게이샤
다. 켄트   라. 파카마라

233
생두 품종을 지속적으로 개량하는 목적은?

가. 병충해에 강하면서 생산량이 많은 품종 개발
나. 키가 작은 커피나무 개량
다. 색상이 다양한 품종 개량
라. 소규모 경작이 용이한 품종 개량

234
커피에 대한 내용으로 맞는 것은?

가. 생두품종의 기원은 아프리카이다.
나. 생두는 포대에 담아 유통하며 커피 생산국들은 모두 80Kg 단위의 백을 사용한다.
다. 동남아시아는 로부스타종, 아프리카는 아라비카종으로 명확하게 구분된다.
라. 우리나라는 커피콩 수입시 생두보다 원두를 선호한다.

정답 227 다 228 다 229 가 230 라 231 나 232 다 233 가 234 가

235
산미를 살리기 위해서 강하게 배전하지 않는 생두 산지가 아닌 것은?
가. 탄자니아 나. 파나마
다. 하와이 라. 브라질

236
커피 품종 종류가 상이한 것은 무엇인가?
가. 티피카(Typica) 나. 버본(Bourbon)
다. 카투라(Caturra) 라. 세라(Cera)

237
아라비카품종의 특징이 아닌 것은?
가. 전세계 생두 생산량의 약 75%를 차지한다.
나. 아로마, 바디감, 새콤한 맛 등이 다른 품종에 비하여 풍부하다.
다. 병충해에 약하다.
라. 동남아시아에서 많이 재배된다.

238
로부스타품종의 특징이 아닌 것은?
가. 대부분 인스턴트 커피에 많이 사용한다.
나. 거칠고 쓴 맛이 강하다.
다. 병충해에 강하다.
라. 우리나라에서 즐겨 마시는 품종이다.

239
다음 서술한 내용이 틀린 것은?
가. 아라비카종에 비해 로부스타종은 커피열매 숙성 기간이 짧다.
나. 아라비카종에 비해 로부스타종은 일반적으로 바디감이 강하다.
다. 아라비카종에 비해 로부스타종은 카페인 함량이 많다.
라. 아라비카종에 비해 로부스타종은 병충해에 강하다.

240
아라비카품종(Coffea Arabica)의 원산지는?
가. 예멘 나. 케냐
다. 에티오피아 라. 모카

241
아라비카품종의 생산 환경이 아닌 것은?
가. 해발 800m 이하의 지대에서 재배된다.
나. 커피나무의 높이는 4~6m 정도이다.
다. 적절한 일조량이 필요하다.
라. 연간 평균기온 약 15~24℃, 연간 평균 강우량 1,200~1,500mm이다.

242
아라비카품종의 생산 환경이 아닌 것은?
가. 연간 평균기온 약 15~24℃, 연간 평균 강우량 1,200~1,500mm이다.
나. 유기질이 풍부한 화산성 토양이 적당하다.
다. 구릉지가 좋으며 동남쪽 방향이 적당하다.
라. 고도가 높을수록 재배에 적합한 이유는 추운 지대일수록 좋기 때문이다.

243
아라비카 품종에 대한 설명으로 부적합한 것은?
가. 원산지는 에티오피아이며 식물학자 칼 폰 린네에 의해 학계에 등록되었다.
나. 품종으로 티피카와 버번, 카투라, 문도 노보, 블루마운틴 등이 있다.
다. 일명 코페아 카네포라(Coffea Canephora)라 부른다.
라. 전세계 생두 생산량의 약 75%를 차지한다.

| 정답 | 235 라 | 236 라 | 237 라 | 238 라 | 239 가 | 240 다 | 241 가 | 242 라 | 243 다 |

244
아라비카종 커피에 관한 내용 중 사실과 다른 것은?

가. 아라비카종은 로부스타종에 비해 볼록하고 둥근 모양을 가지고 있다.
나. 아라비카종은 연간 기온차가 적은 고도 1,000m 이상의 고지대에서 주로 재배한다.
다. 커피나무는 기온이 5℃ 이하이면 냉해 피해가 있다.
라. 약 15~24℃로 기온차가 없으며 연평균 강우량은 1,200~1,500mm 정도면 발육에 좋다.

245
아라비카종의 특징은 무엇인가?

가. 인스턴트나 블렌딩(Blending)용으로 사용된다.
나. 우간다, 인도네시아, 앙골라 등에서 재배된다.
다. 병충해에 강하며 강수량에도 잘 견딘다.
라. 단맛과 신맛이 강하며 향기도 좋고 뛰어난 품종이다.

246
아라비카종의 특성을 잘못 설명한 것은?

가. 단맛과 신맛이 강하며 향미가 탁월하다.
나. 해발 1,000m 이상의 고산지대에서 재배된다.
다. 고급커피에 해당되는 품종이다.
라. 우간다, 앙골라 등에서 재배된다.

247
아라비카종인 티피카의 카티모르(Catimor)종의 설명이 아닌 것은?

가. 티피카의 돌연변이종이다.
나. 1980년대에 농가에 보급되었다.
다. 카투라와 HDT의 개량교배종이다.
라. 1959년 포르투갈에서 발견된 품종이다.

해설 카티모르종은 HDT와 Caturra의 교배종으로 병충해에 강하며 신맛과 함께 뒷맛은 짠맛을 느낄 수 있다. 1959년 포르투갈에서 발견되었고 1980년대에 농가에 보급된 왜소종이다.

248
아라비카종인 카투아이(Catuai)종의 설명이 아닌 것은?

가. 문도 노보와 카투라의 교배종이다.
나. 밀식재배형태로 생산성이 뛰어나 많이 보급된 품종이다.
다. Catuai는 브라질 원주민어로 Very Good 이라는 의미이다.
라. 매년 생산이 가능하며 나무키가 다른 품종에 비해 매우 크다.

249
영어표기는 New World이고 1950년 브라질 상파울루에서 발견된 티피카 교배종은?

가. 티피카(Typica)
나. 카투라(Caturra)
다. 문도노보(Mundo Novo)
라. 켄트(Kent)

250
로부스타종의 특징이 아닌 것은?

가. 카네포라의 변이종으로 아프리카 콩고에서 처음 발견되었다.
나. 한번 심어두면 20년 이상 지속적으로 수확이 가능하다.
다. 전세계적으로 재배되는 품종이다.
라. 병충해에 강하며 인도네시아, 우간다, 앙골라 등에 넓게 재배되고 있다.

정답 244 가 245 라 246 라 247 가 248 라 249 다 250 다

# Chapter 01 예상문제 / 커피학 개론

251
로부스타종에 대한 설명 중 틀린 것은?

가. 병충해에 강하며 동남아 지역에서 주로 재배되고 있다.
나. 품질이 좋지 않기 때문에 생산량이 거의 없다.
다. 풍미는 낮지만 재배가 쉬우며 생산량이 많다.
라. 원두 추출수율이 높기 때문에 인스턴트용으로 많이 사용된다.

252
로부스타종에 대한 설명으로 적합한 것은?

가. 열매는 자화수정을 한다.
나. 전세계 생산량의 약 25~35%이다.
다. 연평균 기온 24~30℃, 연평균 강우량 1,500~2,500mm 환경에서 재배된다.
라. 카페인 함량이 적어 아라비카종보다 생산을 많이 한다.

253
로부스타종과 관련이 없는 것은?

가. 1895년도에 발견되어 학계에 보고되었으며 원산지는 에티오피아이다.
나. 염색체 수는 22개이다.
다. 커피열매 숙성기간은 약 10~11개월 정도이며 열매가 연중 익는다.
라. 병충해에 강하며 저지대에서 성장한다.

254
로부스타종의 교배품종은 무엇인가?

가. 켄트(Kent)
나. 카투라(Catura)
다. 이카투(Icatu)
라. 문도노보(Mondo Novo)

255
로부스타품종이 처음으로 발견된 나라는?

가. 콩고　　　　　나. 인도네시아
다. 에티오피아　　라. 가봉

256
품질 좋은 커피 한잔을 추출하는데 해당사항이 없는 것은?

가. 바리스타 재능　나. 배전도
다. 결점도　　　　라. 색상

257
원두를 구매할 경우 중요하게 생각되는 것은?

가. 원두의 품종과 국가명
나. 원두의 품질과 품종
다. 원두의 품종과 배전도
라. 원두의 품질과 신선도

09 커피의 성분

258
입안에서 느껴지는 지방함량에 따른 촉감 순서는?

가. Buttery > Creamy > Smooth > Watery
나. Creamy > Buttery > Smooth > Watery
다. Buttery > Smooth > Creamy > Watery
라. Smooth > Creamy > Buttery > Watery

259
커피의 다음 성분들 가운데, 마시기 전 커피의 향을 느끼게 하는 성분은?

가. 비휘발성 액체 상태의 유기 성분
나. 지질 같은 비용해성 액체와 수용성 고체 물질
다. 케톤이나 알데히드 계통의 휘발성분
라. 에스테르 화합물

정답　251 나　252 나　253 가　254 다　255 가　256 가　257 라　258 가　259 가

260
커피에 쓴맛을 부여하는 알칼로이드 물질은?

가. 테오브로민 나. 나린진
다. 휴물론 라. 카페인

261
커피의 쓴맛 성분이 아닌 것은?

가. 퀴닉산(Quinnic acid)
나. 트리고넬린(Trigonelline)
다. 카페인(Coffeine)
라. 글루코스(Glucose)

 커피의 쓴맛의 카페인 기여도는 10~30% 정도에 불과하기 때문에 카페인이 쓴맛의 주원인이라고 생각하기 힘들다. 카페인 이외 쓴맛 성분은 트리고넬린(Trigonelline), 클로로제닉 산(Chlorogenic acid)와 같은 폴리페놀 화합물이다. 그리고 로스팅 과정에서 생성되는 Cyclic peptides, aminohexose feductones와 같은 화합물이다.

262
생두의 트리고넬린(Trigonelline)의 설명이 아닌 것은?

가. 배전에서 거의 열분해되며 향취와 비타민의 니코틴산이 생성된다.
나. 카페인(Caffeine)의 약 25%의 쓴맛을 나타내는 성분이다.
다. 베타인의 일종으로 N-methyl betaine 이라고 한다.
라. 생두에서만 다량 함유되어 있다.

263
커피 세 잔을 마시면 몸에 좋다는 폴리페놀성분의 설명이 아닌 것은?

가. 커피의 대표적인 황산화 물질이다.
나. 클로로젠산은 폴리페놀의 일종이다.
다. 세포의 노화를 촉진하는 활성산소의 활동을 억제한다.
라. 의학적으로 명확하게 설명되지 않는 커피 성분이다.

264
생두의 무기질 성분 중 추출률의 판정에 이용되는 무기질 성분은?

가. Mg 나. Ca
다. Na 라. K

265
커피 추출액에 함유되어 있는 무기질 성분 중 가장 많이 함유되어 있는 성분은?

가. 나트륨 나. 인
다. 칼륨 라. 칼슘

266
커피를 많이 마시면 가장 많이 보충해 주어야 할 영양소 및 무기질은?

가. 칼륨 나. 칼슘
다. 비타민 B 라. 인산나트륨

267
커피의 타닌류 성분 설명이 아닌 것은?

가. 무색의 폴리페놀 성분의 총칭이며 식물의 갈변 원인 중 하나이다.
나. 물에 잘 녹지 않아 혀의 점막 단백질을 응고시켜 강한 단맛을 내게 한다.
다. 중합되거나 산화되면 물에 녹지 않아 떫은 맛이 없어진다.
라. 클로로겐산, 카테킨류가 이에 속한다.

정답 260 라 261 라 262 라 263 라 264 라 265 다 266 나 267 나

 커피학 개론

268
커피가 산소와 반응하여 품질이 열화되는 산화반응을 일으키는 커피의 성분은?

가. 포화지방산 나. 단백질
다. 탄수화물 라. 불포화지방산

269
커피향과 맛에 관계가 있고 아라비카에는 12~16%가 들어있는 커피내의 주요 성분은?

가. 지방성분 나. 카페인
다. 클로로젠산 라. 타닌

 Chlorogenic Acid는 카페산에 퀸산이 결합한 산으로 과일, 채소에 포함되어 있는 쓴맛을 가지는 대표적인 페놀의 하나로 폴리페놀옥시데이스에 의해 산화되어 갈색을 띤다.

270
커피 맛을 표현하는 용어 중 향기로 지각할 수 있는 용어의 총칭으로 사용되는 것은?

가. Aroma 나. Bouquet
다. Flavor 라. Fragrance

271
입에서 느껴지는 커피 맛의 무게감과 촉감에 대한 용어는?

가. Aroma 나. Body
다. Flavor 라. Acidity

272
생두(Green Bean)에 가장 많이 함유되어 있는 성분은?

가. 단백질 나. 지질
다. 탄수화물 라. 무기질

273
생두의 화학성분 중에 항산화 효능을 보유한 성분으로 옳은 것은?

가. 아세트산 나. 글루탐산
다. 클로로젠산 라. 옥살산

274
원두에서 가장 많이 발생하는 가스의 주성분은?

가. 탄산가스(CO_2) 나. 질소가스(N_2)
다. 일산화탄소(CO) 라. 산소(O_2)

275
생두에 함유되어 있는 산화칼륨, 산화 인, 산화마그네슘 등의 커피의 맛은?

가. 단맛 나. 짠맛
다. 신맛 라. 쓴맛

276
커피의 바디(Body)감에 관한 내용이 바르게 설명된 것은?

가. 커피의 산도(Acidity)를 나타내는 용어로 산도가 높은 커피일수록 바디가 강하다.
나. 향기를 나타내는 용어로 약배전 할 커피에서 더욱 강하게 느낄 수 있다.
다. 커피를 마신 다음 혀에 남아 있는 커피의 향기를 말한다.
라. 입 안에서 느껴지는 촉감과 관련이 깊은 용어로 커피의 지방 성분에 의해 느껴진다.

277
생두에 함유된 탄수화물은 유리당류와 다당류로 나누어 지는데 틀리게 설명한 것은?

가. 커피생콩의 유리당류는 배전커피의 갈색이나 향기의 형성에 크게 영향을 미친다.
나. 커피생콩의 유리당류에 속하는 주성분은 Sucrose이다.
다. 커피생콩의 유리당류의 함량은 로부스타종보다 아라비카종에 많다.
라. 커피생콩의 유리당류의 함량은 배전 후에도 거의 감소되지 않는다.

정답 268 라 269 가 270 나 271 나 272 다 273 다 274 가 275 나 276 라 277 라

278
생두에 함유되어 있는 유리당류에 대한 설명 중 바르게 설명한 것은?

가. 유리당류 중 글루코오스(Glucose)의 함량이 가장 많다.
나. 유리당류는 배전과정에서 커피의 갈색이나 향의 형성에 크게 영향을 미친다.
다. 유리당류는 아라비카종에 비하여 로부스타종에 더 많이 함유되어 있다.
라. 생두의 수세 및 발아 시에도 유리당류의 함량은 변화되지 않는다.

279
생두(Green bean)에 함유된 유리아미노산에 대하여 잘못 설명한 것은?

가. 커피생콩의 함량은 약 0.3~0.8%로서 배전 콩 향기의 형성에 중요한 성분이다.
나. 일부 아미노산은 배전 중 쓴맛 성분과 결합하여 갈색색소 성분으로 변화된다.
다. 로부스타종의 경우 미숙한 콩과 성숙한 콩의 함량이 비슷하다.
라. 커피생콩에 함유된 유리아미노산은 배전과정 중 거의 열분해로 소실된다.

280
생두에 함유된 유리아미노산에 대하여 잘못 설명한 것은?

가. 커피생콩에 함유된 유리아미노산은 로스팅 과정 중 거의 변화되지 않는다.
나. 로부스타 종은 미숙 콩에 비하여 완숙 콩에 함량이 많다.
다. 아라비카 종은 미숙 콩과 완숙 콩의 함량이 비슷하다.
라. 커피생두의 함량은 약 0.3~0.8%로서 원두 향기의 형성에 중요한 성분이다.

281
생두의 지질 각 부위에 함유되어 있는 지방산 중 가장 많이 함유되어 있는 것은?

가. Oleic acid, Linolenic acid
나. Palmitic acid, Linoleic acid
다. Stearic acid, Arachidonic acid
라. Behenic acid, Arachidic acid

282
커피 원두에 없는 비타민은 어느 것인가?

① 나이아신(Niacin)
② 판토텐산(Pantothenic acid)
③ 비타민 B_1(Thiamin)
④ 비타민 C(Ascorbic acid)

가. ①, ③   나. ②, ③
다. ③, ④   라. ①, ②

283
마이야르(Mailliard) 반응에 의해 갈색을 나타내는 식품이 아닌 것은?

가. 커피   나. 홍차
다. 위스키   라. 흑사탕

284
색소에 대한 설명 중 옳지 않은 것은?

가. β-카로틴은 체내에서 분해되어 비타민 A로 전환된다.
나. 클로로필은 테트라피롤(Tetrapyrrole) 구조를 가진다.
다. 카로티노이드(Carotinoid)는 우유, 난황, 당근 등에 존재한다.
라. 안토시아닌(Anthocyanin)은 산성에서 청색으로 변화한다.

정답 278 나 279 다 280 가 281 나 282 다 283 다 284 라

 커피학 개론

285
커피의 색상과 관련이 없는 성분은?
가. 캐러멜 나. 카페인
다. 타닌   라. 멜라노이딘

286
커피가 공기 중의 산소와 반응하면 변패되는 자동산화반응이 발생하는데 커피의 어떤 성분에 의하여 이와 같은 현상이 일어나는가?
가. 아미노산   나. 포화지방산
다. 카페인   라. 불포화지방산

 지방이 분해되면 지방산과 글리세롤로 분해되는데 지방산은 포화지방산과 불포화지방산으로 나눈다. 커피가 하루만 지나도 좋지 않은 냄새가 나는 것은 커피 속에 포함되어 있는 불포화 지방산이 산화되면서 발생하는 냄새이다.

287
생두(Green Beans)에 함유된 카페인에 대하여 잘못 설명한 것은?
가. 커피 생콩의 Purine 염기류에 속하며, 품종 및 재배지에 따라서 함량 차이가 크다.
나. 카페인 함량이 아라비카종은 로부스타종에 비하여 약 2배 이상 함유되어 있다.
다. 카페인 이외의 Theobromine 등은 로부스타종 미숙과에서만 함유되어 있다.
라. 커피나무의 종자뿐만 아니라 잎에도 소량 함유되어 있다.

288
카페인에 관한 설명 중 틀린 것은?
가. 일반적으로 아라비카품종에 비해 로부스타품종에 카페인 함유량이 높다.
나. 카페인은 건강에 좋은 성분으로 많이 섭취할수록 좋다.
다. 카페인은 중추신경계 자극을 통한 각성효과가 있다.
라. 카페인은 이뇨작용이 있으며 간암 예방에도 좋다.

289
커피 성분인 카페인에 관한 내용 중 부적절한 것은 어느 것인가?
가. 카페인은 융점이 238℃이며 물에 잘 녹는다.
나. 커피의 백탁현상을 방지하고, 카페인과 클로로겐산의 복합체의 응집을 피하기 위하여 얼음에 뜨거운 커피를 넣어 냉각시킨다.
다. 냉커피를 만들 때 뜨거운 커피에 얼음을 넣으면 백탁현상이 일어나는데, 이것은 저온에서 잘 녹지 않는 카페인과 클로로겐산의 복합체가 응집, 석출하기 때문이다.
라. 커피의 쓴맛은 대부분 카페인 때문이다.

290
커피에 함유된 카페인의 역할이 아닌 것은?
가. 중추신경계의 자극을 통한 각성 효과
나. 신장의 혈액량 증가에 의한 이뇨 효과
다. 위액분비 저하 효과
라. 피로회복 효과

291
카페인 함유량이 많은 순서로 적합한 것은?
가. 인스턴트커피(1잔) 〉에스프레소(1잔) 〉녹차(1티백) 〉디카페인커피(1잔)
나. 에스프레소(1잔) 〉인스턴트커피(1잔) 〉녹차(1티백) 〉디카페인커피(1잔)
다. 인스턴트커피(1잔) 〉녹차(1티백) 〉에스프레소(1잔) 〉디카페인커피(1잔)
라. 인스턴트커피(1잔) 〉에스프레소(1잔) 〉디카페인커피(1잔) 〉녹차(1티백)

정답 285 나 286 라 287 나 288 나 289 라 290 다 291 가

292
디카페인 커피(Decaffeinated Coffee)에 대한 설명 중 틀린 것은?

가. 카페인 제거 방식은 독일에서 가장 먼저 개발하였다.
나. 용매추출법은 카페인 이외의 성분도 추출되는 단점이 있다.
다. 초임계 추출법으로 카페인의 선택적 추출이 가능하다.
라. 가공 과정에서 생두조직에 손상을 입히기도 하지만 커피향은 손실되지 않는다.

293
디카페인 공정 중에서 물 추출법이 가장 많이 사용되고 있는데 이 공정의 장점이 아닌 것은?

가. 추출속도가 빠르기 때문에 회수 카페인의 순도가 높다.
나. 유기용매가 직접 생콩에 접촉하지 않기 때문에 안전하다.
다. 수증기 증류에 의하여 용매를 제거할 필요가 없기 때문에 경제적이다.
라. 카페인의 선택적 추출이 가능하나 설비에 따른 비용이 많이 드는 단점이 있다.

294
디카페인 커피의 제조과정을 설명한 내용인데 어떤 종류의 추출법을 설명한 것인가?

- 추출속도가 빨라 회수 카페인의 순수도가 높다.
- 가장 많이 사용되는 디카페인의 제조 과정이다.
- 용매가 직접 생두에 닿지 않아 안전하고 경제적인 방법이다.

가. 초임계 추출법   나. 증류 추출법
다. 물 추출법   라. 용매 추출법

295
카페인을 제거한 디카페인 커피에 대한 설명 중 틀린 것은?

가. 카페인 제거 방식은 물, 이산화탄소 등을 이용한다.
나. 가공과정 중 커피 향의 손실이 있다.
다. 카페인이 100% 제거된다.
라. 가공과정은 생두조직을 손상시킨다.

296
커피에 함유된 카페인의 역할이 아닌 것은?

가. 중추신경계의 자극을 통한 각성효과
나. 신장의 혈액량 증가에 희한 이뇨효과
다. 피로회복 효과
라. 위액분비 저하효과

297
커피 산패에 대한 설명 중 바른 것은?

가. 커피가 공기 중에 산소와 결합하여 맛과 향이 변화하는 것을 말한다.
나. 산패를 막기 위해 원두를 냉장고에 보관하고, 분쇄 후 즉시 추출하는 것이 좋다.
다. 강배전된 원두는 약배전된 원두보다 서서히 산화된다.
라. 멜라노이딘이 형성되면서 진행되는 과정이다.

298
지방의 산패 형태가 아닌 것은?

가. 가수분해형   나. 케톤형
다. 산화형   라. 탄산형

정답 292 라 293 라 294 다 295 다 296 라 297 가 298 라

299
다음 우리 몸에 이로운 불포화 지방산은?

가. 라우르산　나. 리놀레산
다. 스테아르산　라. 팔미트산

300
원두와 산소분자에 의해 일어나는 자동산화반응에서 자동산화가 쉬운 것은?

가. 포화지방산　나. 카로티노이드 색소
다. 질산　　　　라. 카페인

 불포화지방산(Unsaturated fatty acid) 종류는 리놀산, 리놀레산, 아라키돈산이 있으며 포화지방산은 라우린산, 팔미틴산, 스테아린산이 있다.

301
1965년 남아프리카에서 분리된 Ochratoxin A (오크라톡신 A)에 대한 설명이 아닌 것?

가. 마이코톡신(곰팡이 독)이다.
나. 커피와 같은 농작물에서 오염된다.
다. 발암추정 물질로 분류한다.
라. 우리나라는 2011년 수입된 원두에서 검출되었다.

302
생두 배전도에서 볶음정도가 강한 강배전 단계에서 생성되는 향기는?

가. 고소한 향기(Malty)
나. 허브향기(Hub)
다. 사탕 향기(Candy)
라. 초콜릿 향기(Chocolate)

303
생두의 갈색색소 형성에 대한 설명 중 틀린 것은?

가. 생두에 함유되어 있는 탄수화물의 캐러멜화에 의한 것이다.
나. 아미노산과 환원당 간의 마이야르 반응에 의한 것이다.
다. 갈색색소는 저분자물질로 구성된다.
라. 클로로겐산이 자당의 열 분해물과 반응하여 갈색색소를 형성한다.

304
다음 중 커피의 갈색 색소의 형성 반응이 아닌 것은 어느 것인가?

가. 생두에 5~10% 함유된 자당(Sucrose)의 캐러멜화(Caramelization)
나. 아미노산 및 환원당 사이의 마이야르 반응(Maillard reaction)
다. 단백질, 다당류 혹은 클로로겐산(Chlorogenic acid)류, 트리고넬린(Trigonelline) 분해물질들이 결합된 고분자 혼합물
라. 커피생두에 함유된 불포화지방산의 자동산화반응

305
생두를 배전하게 되면 향미, 나이아신(Niacin)이 생성되는 성분은?

가. 카페스톨(Cafestol)
나. 카페인(Caffeine)
다. 트리고넬린(Trigonelline)
라. 칼륨(Potassium)

306
생두를 강하게 볶으면 파괴되지만 황산화 작용이 강한 폴리페놀의 일종은?

가. 카페인　　나. 클로로제닉산
다. 나이아신　라. 칼륨

정답 299 나 300 나 301 라 302 가 303 다 304 라 305 다 306 나

307
배전두에 약 40% 함유되어 있고 체내의 지방합성에 관여하며 칼로리 소비를 증가하는 것은?

가. 카페인 나. 클로로제닉산
다. 나이아신 라. 칼륨

308
커피의 무기성분 약 4% 중 40%를 차지하며 활기찬 몸의 상태를 유지하는 성분은?

가. 카페인 나. 클로로제닉산
다. 나이아신 라. 칼륨

309
커피가 인체에 미치는 영향이 아닌 것은?

가. 중추신경계를 자극하여 정신을 맑게 한다.
나. 위를 자극하여 위액의 분비를 촉진시킨다.
다. 이뇨제의 역할을 하여 소변의 양을 증가시킨다.
라. 심장박동수를 감소시켜 진정의 효과를 나타낸다.

310
커피가 건강에 미치는 효과를 설명한 것 중 틀리게 설명한 것은 어느 것인가?

가. 커피는 체내의 지방을 분해하는 다이어트 촉진 효과가 있다.
나. 카페인은 스트레스를 감소시키는 효과가 있다.
다. 커피는 아로마테라피(향기치료)로 활용될 수 있다.
라. 커피는 활성산소 증가 효과를 가지고 있다.

311
커피가 인체에 미치는 작용이 아닌 것은?

가. 신경흥분 작용 나. 이뇨작용
다. 소화액 분비 작용 라. 혈압강하 작용

312
원두에 함유된 트리고넬린(Trigonelline)에 대하여 잘못 설명한 것은?

가. 카페인의 약 25%의 쓴맛을 나타내는 성분이다.
나. 강배전에서의 쓴맛의 영향은 매우 미미하다.
다. 열에 불안정하여 180도로 가열한 후 45분 후 약 60% 소멸된다.
라. 베타인(Betaine)의 일종은 아니지만 N-methyl betaine이라 한다.

 트리고넬린은 열에 불안정하며 180도로 가열하면 처음에는 천천히 진행되다가 15분 후에는 분해가 촉진하여 45분 후에는 60% 정도 사라진다. 230도에서의 분해는 급속히 진행하여 15% 정도 남는다. 강배전에서의 쓴맛의 영향을 주는 요소 중에서 트리고넬린이 미치는 영향은 아주 미미하다.

313
커피를 마신 후 인체에서 나타날 수 있는 생리적 현상이 아닌 것은?

가. 혈압 변동은 없으나 심장에서 혈액량을 많이 방출한다.
나. 머리가 맑아지고 감각이 예민해진다.
다. 위액분비가 억제되어 소화가 잘 안 된다.
라. 소변을 자주 보고 싶어진다.

314
커피에 첨가되는 설탕과 유지방의 열량비율에 대한 설명 중 옳은 것은?

가. 유지방 1g의 열량이 설탕 1g보다 크다.
나. 설탕 1g의 열량이 유지방 1g보다 크다.
다. 설탕 1g과 유지방 1g의 열량은 동등하다.
라. 설탕 1g은 유지방 1g보다 3배 이상의 열량을 가진다.

정답 307 다 308 라 309 라 310 라 311 라 312 라 313 다 314 가

# 예상문제 커피학 개론

315
다음 괄호 안에 들어갈 인물은?

> 졸음을 쫓고 집중력을 모으는데 탁월한 효과가 있는 커피는 많은 예술가들로부터 사랑을 받았다. 특히 프랑스의 문호 (　　)는(은) '인간희극'등의 대작을 남긴 위대한 작가인데, 매일 12시간동안 약 80잔의 커피를 마시면서 글을 썼다고 한다. 아마도 이 초인적인 작가 (　　)에게 커피는 두뇌 노동의 근원이 되었을 것이다.

가. 발자크　　나. 스탕달
다. 바흐　　　라. 베토벤

10 우유의 성분

316
우유의 영양적 가치를 설명한 것 중 맞는 것은?

가. 칼슘 풍부　　나. 비타민 D 풍부
다. 철분 풍부　　라. 유당이 적음

317
우유에 함유되어 있는 고형물 중에서 가장 많이 함유되어 있는 성분은?

가. 카제인　　나. 칼슘
다. 유당(젖당)　　라. 철

318
우유에 함유되어 있는 고형물 성분인 유당의 설명이 맞지 않는 것은?

가. 유당(락토오스)은 우유에 있는 당분의 이름이다.
나. 유당불내증은 소화가 잘 되는 현상이다.
다. 유당은 젖당(Lactose)라 한다.
라. 유당은 포유류의 초유 속에 많다.

319
스팀을 이용하여 우유거품을 만들 때 거품을 형성하는 우유의 가장 중요한 성분은?

가. 지방　　나. 단백질
다. 비타민　　라. 칼슘

320
우유 단백질에 속하는 성분이 아닌 것은?

가. 카제인
나. 베타-락토글로불린
다. 오브알부민
라. 락토페린

321
일반적인 우유살균법으로 가장 많이 사용하고 있는 살균법은?

가. 저온 살균법
나. 고온 단시간 살균법
다. 장시간 살균법
라. 초고온 순간 살균법

322
우유를 40℃ 이상으로 가열할 때 만들어지는 표면의 얇은 피막의 주성분은?

가. 베타-락토글로불린
나. 카제인
다. 칼슘
라. 알파-락트알부민

323
뜨거운 커피에 커피크림을 첨가하면 표면에 털 조각이 떠다니는 것 같은 응고 현상은?

가. 우모현상　　나. 단청현상
다. 유당현상　　라. 유동현상

정답　315 가　316 가　317 다　318 나　319 나　320 다　321 나　322 가　323 가

324
우유를 가열함으로써 일어나는 변화 중에서 틀린 설명은?

가. 우유에 가스가 더 많이 발생한다.
나. 칼슘의 일부는 용액상태에서 콜로이드 상태로 이전된다.
다. 효소가 불활성화된다.
라. 황화수소가 발생한다.

325
크림의 우모현상(Feathering)을 일으키는 우유 중의 성분은?

가. 지질　　　　나. 유청 단백질
다. 무기질　　　라. 유당

> **해설** 크림의 우모현상(feathering of cream)은 뜨거운 커피에 커피크림을 첨가하면 커피의 표면에 작은형태의 털 조각이 떠다니는 응고현상으로 유지방을 16~22% 함유한 크림을 테이블크림이라하며 이것을 일반적으로 커피크림이라 한다. 무기질에는 칼슘, 인, 철, 요오드 등이 있으며 생체유지에 반드시 필요한 영양소이다.

326
우유를 희게 보이게 하는 성분은?

가. 카제인　　　나. 유청단백질
다. 무기질　　　라. 비타민

327
우유에 들어있는 칼슘의 흡수를 촉진하는 우유 중의 성분은?

가. 불포화지방산　나. 무기질
다. 포화지방산　　라. 유당

328
우유를 고온에서 가열할 때 생기는 가열취의 원인이 되는 유청단백질은 어느 것인가?

가. 베타-락토글로불린
나. 카제인
다. 락토페린
라. 알파-락트알부민

329
무균질 우유에 대한 설명 중 옳은 것은 어느 것인가?

가. 병원성 세균을 완전히 사멸시킨 우유이다.
나. 지방구 크기를 작게 분쇄시키지 않은 우유이다.
다. 초고온 살균법으로 처리한 우유이다.
라. 우유의 유당을 분해하여 다른 유해한 세균을 자라지 못하게 처리한 우유이다.

330
우유 음용시 소화불량 및 속이 거북해지는 현상인 유당불내증 설명 중 틀린 것은?

가. 유당불내증은 대개 유전적 현상이다.
나. 한국인의 대부분은 후천성 유당불내증 현상을 보인다.
다. 한국인은 우유를 잘 소화시키지 못하는 경향이 많다.
라. 백인이나 동양인보다 아프리카인이 우유를 더 잘 소화한다.

331
우유의 표면장력을 바르게 설명한 것은?

가. 우유는 순수한 물보다 표면장력이 높다.
나. 우유의 온도가 증가하면 표면장력도 증가한다.
다. 탈지유는 전유보다 표면장력이 낮다.
라. 표면장력이 낮으면 거품이 잘 일어난다.

정답　324 가　325 다　326 가　327 라　328 가　329 나　330 라　331 라

11 커피의 향기

332
커피 잔 세척 후 남을 가능성이 있는 냄새는?

가. 비린냄새 나. 탄냄새
다. 누린냄새 라. 새콤한냄새

333
우리가 느끼는 커피향에 대한 내용이 아닌 것은?

가. 커피의 향은 액체가 아니라 기체상태에서 맡을 수 있다.
나. 커피 향기는 일반적으로 분자량이 작을수록 날카롭고 거칠게 느껴진다.
다. 커피의 향은 원두에 포함되어 있는 다양한 성분에 대한 느낌이다.
라. 커피에 포함되어 있는 모든 향을 맡기 위해서는 많은 훈련이 필요하다.

334
우리가 느끼는 커피의 향을 만들어 내는 반응이 아닌 것은?

가. 효소작용 나. 갈변반응
다. 건열반응 라. 효모작용

 광합성에 의해서 생성되는 효소는 체내에 필요한 각종 영양소이다. 생두가 자라는 환경인 떼루아에서 토양에 효소작용이 큰 역할을 한다.

335
갓 볶은 커피에서 자주 느낄 수 있는 효소 작용에 의하여 생성된 향기가 아닌 것은?

가. 꽃향기(Flowery)
나. 고소한 향기(Fruity)
다. 허브향기(Herby)
라. 귤향기(Citrus-like)

336
갓 볶은 원두의 효소작용에서 만들어지는 커피향기가 아닌 것은?

가. 채소 향기 나. 과일 향기
다. 초콜릿 향기 라. 꽃향기

337
배전한 커피향기에서 건류반응에 의해 풍기는 향기가 아닌 것은?

가. 송진향(Resinous)
나. 캐러멜향(Caramelly)
다. 향신료향(Spicy)
라. 탄향(Carbony)

338
커피열매가 건조되면서 풍기는 효소작용의 향기가 아닌 것은?

가. Rubbery
나. Fermented
다. Earthy
라. Musty

339
커피 향의 주된 성분은?

가. 카페인 성분
나. 케톤과 알데히드계통의 휘발성 성분
다. 타닌 성분
라. 카페놀과 에스테르 성분

340
커피의 향미를 표현하는 용어가 아닌 것은?

가. Flowery 나. Fruity
다. Herby 라. Musty

정답 332 가 333 나 334 라 335 다 336 다 337 나 338 가 339 라 340 라

341
우리가 즐기는 커피의 향기가 변하는 원인이 아닌 것은?

가. 커피열매 수확시기가 적절하지 못하면 흙냄새가 날 수 있다.
나. 장기저장하면 효소작용으로 유기성분이 감소하면서 짚냄새 및 나무냄새 맛이 난다.
다. 배전속도가 느리면 Green, 배전속도가 빠르면 Scorched의 향미가 나게 된다.
라. 원두가 장시간 되면 마일드한 맛과 깊은 맛이 나지 않는다.

342
커피의 향미품질 평가에 대한 SCAA의 기준이 아닌 것은?

가. 커핑을 위한 커피추출은 침지법을 사용한다.
나. 물과 커피의 비율은 물 150㎖에 생두 7.25~8.25g을 사용한다.
다. 물은 반드시 정제된 물을 사용한다.
라. 커피성분이 2~3%가 추출되도록 10분 정도 기다린다.

343
생두의 배전도에 따라 표출되는 커피향이 아닌 것은?

가. Green(풋내)
나. Flat & Baked(밋밋한 향)
다. Tipped Flavor(탄내)
라. Vapid

344
커피의 향미(Flavor)에 대한 설명이 아닌 것은?

가. 중요한 커피의 품질 결정 요소로 오로지 맛과 향에 대한 느낌만 말한다.
나. 배전을 통한 갈변반응으로 휘발성 성분이 발생하여 구수한 향기가 노출된다.
다. 배전할 때 가열하는 온도와 시간에 따라 향미성분이 다르다.
라. 향미평가는 관능검사로 실시되며 후각과 미각, 촉각 세단계로 구분한다.

345
Cupping에서 분쇄된 원두의 향미를 표현하는 용어는?

가. Bouquet　　나. Aroma
다. Fragrance　라. Flavor

346
Cupping에서 분쇄된 원두를 뜨거운 물에 부어서 표출되는 향미의 용어 표현은?

가. Aroma　　나. Fruity
다. Honey　　라. Nutty

347
추출된 커피를 평가하는 용어 중 틀린 것은?

가. AROMA : 추출액의 향
나. BALANCE: 여러 풍미의 복합적인 느낌
다. BOUQUET : 후각으로 느끼는 맛의 인상
라. THICK : 모양으로 느끼는 인상

정답　341 다　342 라　343 라　344 가　345 다　346 가　347 라

Chapter 01 예상문제 커피학 개론

348
추출한 커피의 전체 향기로 코의 후각 점막에서 가스와 증기 상태로 느끼는데 볶은 커피 향 종류가 아닌 것은?

- 가. Fragrance
- 나. Aroma
- 다. Aftertaste
- 라. Acidity

349
추출된 커피의 향미를 표현하는 용어가 아닌 것은?

- 가. Nutty
- 나. Pepper
- 다. Honey
- 라. Garnish

350
추출된 커피의 향기 무게를 표현하는 용어가 아닌 것은?

- 가. Point : 산뜻한
- 나. Firm : 빈약한
- 다. Rich : 풍부한
- 라. Smooth : 가벼운 중량감

351
추출된 커피향미의 부정적인 표현이 아닌 것은?

- 가. Bitter
- 나. Brackish
- 다. Creosoty
- 라. Buttery

352
카페인 추출방법이 아닌 것은?

- 가. Direct Contact
- 나. Swiss Water Process
- 다. German CO_2 Process
- 라. Japan N Process

353
추출된 커피향미가 최상으로 상품화되기 위한 내용은?

- 가. 품종에 따라 커피열매 수확시기를 잘 조절한다.
- 나. 가능한 일조량을 길게 하여 수분을 완전하게 없앤다.
- 다. 커피나무 재배는 유기농법으로 해야 한다.
- 라. 건조방법은 무조건 건식으로 해야 한다.

354
추출된 커피의 향미를 평가하는 순서를 바르게 나열한 것은?

- 가. 향, 느낌, 맛
- 나. 향, 맛, 느낌
- 다. 맛, 향, 느낌
- 라. 느낌, 향, 맛

355
추출된 커피의 맛과 향을 표현한 용어에 대한 설명이 아닌 것은?

- 가. Sound : 풍미에 결함이나 오염이 없는
- 나. Winey : 와인과 같은 질감
- 다. Grassy : 잡초 냄새
- 라. Garden : 과일 익은 냄새

정답 348 라 349 라 350 나 351 라 352 라 353 가 354 나 355 라

12 커핑(Cupping)과 블렌딩(Blending)

356
커피 테스트 전문가의 커핑(Cupping)에 대한 잘못된 내용은?

가. 품종별 커피의 맛을 비교하여 취향에 맞는 커피를 찾는 방법이다.
나. 커핑(Cupping) 전문가를 커퍼(Cupper)라 한다.
다. 커핑은 Fragrance/Aroma, Flavor, After Taste, Body 순이다.
라. 커피의 향은 아로마와 부케 향으로 나눈다.

357
커핑(Cupping) 용어가 아닌 것은?

가. Fragrance
나. After Taste
다. Aroma
라. Buquet

358
커핑(Cupping)에 사용되는 용어설명이 잘못된 것은?

가. Fragrance : 커피가루의 향
나. Aroma : 커피가루의 향
다. After Taste : 커피를 마신 후에 남는 여운
라. Flavor : 입속에 커피를 머금었을 때 후각과 미각으로 느껴지는 감각

359
커핑에서 온수를 부었을 때 커피가 부풀어 오른 후의 향기의 평가는?

가. Body 　　　나. Crust
다. Aroma 　　라. Buquet

360
커핑에서 물 부은 후 3~5분 사이에 컵 상층부의 커피막을 깨서 맡는 향 용어는?

가. Crust 　　　나. Break
다. Fragrance 　라. Uniformity

361
커핑(Cupping)에 대한 진행내용이 아닌 것은?

가. 커핑을 하기 위해서는 평가하고자 하는 생두를 강배전한다.
나. 커피가 우러날 때 저으면서 코를 가까이 대고 추출 향을 평가한다.
다. 코를 가까이 대고 볶은 커피의 특성과 강도를 평가한다.
라. 커피를 입안에 머금고 향기, 맛, 바디감 등을 평가한다.

362
생두가 아니라 이미 배전한 원두를 블렌딩하는 방법이 아닌 것은?

가. 원두는 신선하고 좋아야 하며 각 원두의 특성을 정확하게 파악하여야 한다.
나. 원두는 블렌딩에 적합하게 배전하며 유사한 맛이 있는 원두의 배합은 피한다.
다. 브라질 등 짙은 맛이 있는 원두를 베이스로 특성 있는 원두를 배합한다.
라. 다중의 배합이 좋고 1:1:1식의 배합은 개성 있는 맛을 도출한다.

363
품종이 상이한 생두를 혼합하여 새로운 맛과 향을 창출하는 작업은?

가. Blending 　　나. Cupping
다. Tasting 　　　라. Mixing

| 정답 | 356 라 | 357 라 | 358 나 | 359 나 | 360 가 | 361 가 | 362 라 | 363 가 |

Chapter 01 예상문제 — 커피학 개론

364
배전된 원두를 블렌딩할 경우 틀린 내용은?

가. 배전 단계 분류는 생두 품종 분류보다 중요하다.
나. 배전도에 따라 특성이 있기 때문에 배전 단계를 분류해야 한다.
다. 혼합을 하더라도 반드시 한 종류 이상은 좋은 품질이어야 한다.
라. 생두가 부족하면 다른 품종을 사용한다.

365
생두(Green Beans)를 블렌딩할 경우 잘못된 것은?

가. 생두를 특성별로 분류해야 한다.
나. 생두의 품질 중 한 종류 이상은 좋아야 한다.
다. 배전에 따른 특성별로 분류해야 한다.
라. 생두의 확보는 매우 중요하다.

366
블렌딩(Blending)할 생두의 배합 비율이 아닌 것은?

가. 배전 후 블렌딩 방법은 단종별로 원두의 특성을 이해한 후 배전 후에 혼합한다.
나. 생두의 생산고도와 경도를 파악한 후 배전 후에 파악한다.
다. 배전 후 블렌딩법은 비율조절 어려움으로 유사한 생두의 경도끼리 블렌딩 후 배전한다.
라. 생두배합 비율은 커피전문가의 일반적인 지식으로 진행한다.

367
단종커피(Straight Coffee)배전에 대한 내용이 아닌 것은?

가. 배전도의 적합성
나. 배전시간 단축
다. 최고 품질 커피
라. 어려운 생두 확보

13 원두 보관 및 포장

368
생두 및 원두를 숙성(Aging)하는 이유가 아닌 것은?

가. 갓 볶은 원두는 이산화탄소 배출이 많아 숙성이 필요하다.
나. 독특한 맛을 내기 위해서 생두 숙성은 필요하다.
다. 생두의 숙성은 와인처럼 오래되면 될수록 향이 좋은 커피를 추출한다.
라. 생두에서의 숙성이 가능한 품종은 티피카(Typica)종만 가능하다.

369
생두의 보관 창고 환경으로 적절한 곳은?

가. 햇볕과 통풍이 잘되는 시원한 장소
나. 가급적 건조보다는 습한 장소
다. 온도가 높아 생두 숙성을 도와주는 장소
라. 간접광선보다 직사광선이 좋아 곰팡이 번식을 억제하는 장소

정답 364 라   365 다   366 라   367 다   368 다   369 가

370
커피 관련 재료를 보관하는 냉동고 및 냉장고의 관리에 대하여 잘못된 것은?

가. 냉동고 및 냉장고의 온도는 주기적으로 측정
나. 자극적인 식품과 분리 보관
다. 자극성 있는 식품과 분리하여 보관 불필요
라. 일주일에 1회 이상 청소 및 소독 실시

371
커피 추출 관련 식재료의 재고관리 보관을 위한 원칙은?

가. 선입선출법(FIFO)
나. 선입후출법(FILO)
다. 후입선출법(LIFO)
라. 후입후출법(LILO)

372
생두의 신선도를 저하시키는 요인은?

가. 질소
나. 포장
다. 온도
라. 품종

373
커피 추출 관련 식재료 보관에 적합한 냉장고와 냉동고의 온도는?

가. 냉장고 : 5℃ 이하   냉동고 : -18℃ 이하
나. 냉장고 : 6℃ 이하   냉동고 : -19℃ 이하
다. 냉장고 : 7℃ 이하   냉동고 : -20℃ 이하
라. 냉장고 : 8℃ 이하   냉동고 : -21℃ 이하

374
생두를 장기간 보관할 경우 일어나는 현상이 아닌 것은?

가. 생두에 함유된 지질 Ph가 증가한다.
나. 저장기간이 길수록 생두의 색상은 녹청색에서 갈색으로 변화된다.
다. 생두의 Ph는 보관 기간과 무관하다.
라. 저장은 생두의 색상, 풍미, Ph의 변화에 영향을 미친다.

375
일반적으로 분쇄하지 않은 원두를 포장하는 이유는?

가. 이산화탄소의 배출을 줄여서 커피 향미를 향상시킨다.
나. 원두를 분쇄하면 산화가 빨리 촉진되기 때문이다.
다. 이산화탄소 배출을 막아서 신맛을 향상 시킨다.
라. 분쇄되지 않은 원두가 좋은 성분이 많기 때문이다.

376
원두 포장방법 중 가장 오랫동안 보관할 수 있는 것은?

가. 질소포장
나. 진공포장
다. 밸브포장
라. CO_2포장

정답 370 다 371 가 372 다 373 가 374 다 375 나 376 가

Chapter 01 예상문제 - 커피학 개론

377
원두포장 방법이 아닌 것은?

가. 진공 포장
나. 질소 포장
다. Lock & Lock포장
라. 밸브 포장

378
원두의 포장기술이 아닌 것은?

가. 진공 포장
나. O_2 포장
다. 가스치환 포장
라. 밸브 포장

379
저장 과정 중 원두 변질에 대한 내용이 아닌 것은?

가. 저장 중 향기 성분은 휘발하여 감소하기 시작한다.
나. 향기성분끼리 저장 중 화학적으로 반응하여 향기가 감소하기 시작한다.
다. 산화작용으로 향기성분이 변화하는 것은 산소이다.
라. 산화작용으로 향기성분이 변화하는 것은 산소가 아니다.

380
원두의 신선도를 유지하는 요인이 아닌 것은?

가. 산소
나. 수분
다. 온도
라. 배전도

381
원두의 향을 보존하기 위한 방법이 아닌 것은?

가. 원두를 밀봉한 후 진공용기에 넣어 서늘한 암실에 보관한다.
나. 냉장보관은 자극적인 냄새와 분리해야 한다.
다. 향미가 있는 신선한 커피 추출은 분쇄된 시점과 비례한다.
라. 향미가 있는 신선한 커피 추출은 분쇄된 시점과 반비례한다.

382
원두의 보관 방법으로 적당하지 못한 것은?

가. 분쇄된 원두보다 분쇄되지 않은 원두로 보관한다.
나. 약배전 원두는 강배전 원두보다 산화가 느리다.
다. 대중적인 포장은 가스가 투과하지 못하는 복합필름에 밸브를 부착한다.
라. 냉장고에 보관하면 아무런 변화가 없다.

383
맛있는 커피를 마시기 위한 신선한 원두 보관법이 아닌 것은?

가. 밀봉한 원두를 서늘하고 어두운 장소에서 실온으로 보관하면 좋다.
나. 커피 추출 시 적당량의 원두만 분쇄하여 사용하는 것이 좋다.
다. 가능한 짧은 기간 안으로 소비하는 것이 좋다.
라. 원두 보관 방법은 배전도에 따라 다르다.

정답 377 다 378 나 379 라 380 라 381 라 382 라 383 라

384
원두의 저장조건에 대한 설명으로 틀린 것은?

가. 산패의 주원인은 원두의 향기 성분 간의 상호작용과 산소에 의한 산화 작용이다.
나. 원두의 저장 온도상승과 향기성분 상승은 비례한다.
다. 분쇄한 커피는 표면력이 확장되어 산화가 급격히 진행된다.
라. 약배전된 원두는 강배전된 원두보다 산화 속도가 느리다.

385
수분이 원두저장에 미치는 영향은?

가. 원두가 수분을 흡수하면 맛 성분의 산화가 촉진된다.
나. 습도가 없어도 상온에서는 산패가 발생한다.
다. 원두의 탄산가스를 방출하여 맛 성분의 산화를 촉진한다.
라. 습도가 낮으면 산패작용이 발생하지 않는다.

386
원두 보관에 영향을 주는 원인들로 옳은 설명은?

가. 저장 온도가 낮을수록 향기 성분이 빨리 증발한다.
나. 배전된 커피는 공기 중 산소에 의한 영향은 거의 없다.
다. 배전된 커피가 수분을 흡수하면 휘발성 향기 성분의 산화가 촉진된다.
라. 분쇄한 커피는 공기와의 접촉 면적이 커져도 산화가 늦다.

387
원두 산패를 올바르게 설명한 것은?

가. 산소와 결합하여 맛과 향이 변화하는 것을 말한다.
나. 분쇄 후 일정시간이 경과하여 안정된 이후 추출하는 것이 좋다.
다. 산패의 속도는 배전도와 무관하다.
라. 원두가 분쇄되면서 진행되는 과정이다.

388
원두의 산패를 잘 설명한 것은?

가. 음식의 발효와 동일한 의미이다.
나. 산소와 질소와 결합하여 맛과 향이 변하는 것이다.
다. 산패의 속도는 배전도와 무관하다.
라. 산소와 결합하여 산화로 인해 맛과 향이 변하는 것이다.

389
산패가 가장 빠르게 진행되는 원두는?

가. 포장에서 개봉된 원두
나. 도저(Doser)통에 있는 원두
다. 일반적으로 포장된 원두
라. 호퍼(Hopper)안에 있는 원두

390
저장된 생두가 숙성과정을 거치면서 유기화합물이 소실되어 나타나는 맛의 결함은?

가. 나무맛(Woody) 나. 리오취(Rioy)
다. 풀냄새(Grassy) 라. 볏짚냄새(Strawy)

정답 384 나 385 라 386 다 387 가 388 라 389 나 390 가

391
포장에 표기된 [Brazil Santos NO.2 SCREEN 19]에서 SCREEN 19의 뜻은?

가. 결점두의 숫자　나. 생두의 크기
다. 원두의 품종　　라. 생두의 형태

392
포장에 표기된 [Brazil Santos NO.2 SCREEN 19]에서 No.2의 뜻은?

가. 결점두의 숫자　나. 생두의 크기
다. 원두의 품종　　라. 원두의 형태

393
과테말라산 생두의 상품명에서 SHB(Strictly Hard Bean)는 무엇을 의미하나?

가. 재배 방법　　나. 결점두 숫자
다. 경작 고도　　라. 생두의 품종

394
원두 포장 방법이 아닌 것은?

가. 특수밸브부착 포장
나. 질소치환 포장
다. 진공 포장
라. 산소치환 포장

395
커피전문점 에스프레소기계에서 사용하는 행주를 소독하는 적합한 방법은?

가. 살균력이 강한 자외선에서 소독한다.
나. 소독약품으로 10분 정도 처리해야 한다.
다. 햇볕에 잘 말린 후 다림질을 해야 한다.
라. 중성세제에 세척한 후 100℃에서 열탕 소독한다.

396
바리스타의 위생관리로서 적절한 것은?

가. 행주는 온수로만 세척하고 100℃이상 5분간 열탕 소독한다.
나. 커피 추출에 사용되는 모든 기물은 찬물로 깨끗이 씻어 둔다.
다. 커피제조 작업대는 1일 1회 정도 세척, 청소 관리한다.
라. 재료 및 부재료 보관 창고 정리는 매일 정리정돈 해야 한다.

397
식자재의 합리적인 관리 방법은?

가. FIFO(선입선출법) 재고관리
나. 구입하기 힘든 식자재 우선 사용
다. 넉넉하게 구입하여 사용
라. 유통기간 관계 없이 사용

398
식재료에서 잘 부패되는 성분은?

가. 단백질　　나. 지방
다. 탄수화물　라. 당분

399
커피 잔의 위생적인 세척 순서는?

가. 찬물 → 비눗물 → 더운물
나. 더운물 → 비눗물 → 찬물
다. 비눗물 → 찬물 → 더운물
라. 비눗물 → 더운물 → 찬물

정답　391 나　392 가　393 다　394 라　395 라　396 라　397 가　398 가　399 라

400
자외선 살균소독법이란 무엇인가?

가. 자외선 소독은 자체 살균 기능을 지닌 자외선을 이용하는 소독법이다.
나. 다른 소독 방법처럼 흔적은 남지 않지만 시간이 오래 걸린다.
다. 미생물 및 모든 세균에 효과가 있는 소독법이다.
라. 1㎠당 85㎼ 이상의 자외선을 1시간 이상 쬐어준다.

401
모든 글라스웨어(Glassware)는 어느 부분을 잡아야 가장 위생적인가?

가. 글라스의 상단
나. 글라스의 중간
다. 글라스의 하단
라. 글라스의 테두리

402
식약청의 식품안전관리인증기준(HACCP) 제도란?

가. 한국음식업협회에서 주관한다.
나. 물리적, 화학적, 생물 및 각종 오염에 대한 자율관리 체제이다.
다. 국제보건기구에서 주관하는 위생관리 제도이다.
라. 미국 식약청에서 주관하는 위생관리 제도이다.

403
식약청 품질관리 차원인 HACCP 제도에 대한 설명은?

가. 음식업의 위생상태를 분석하는 제도
나. 식중독 예방을 하기 위한 위생관리 제도
다. 소비자들에게 공중 보건 상 건강을 해칠 수 있는 요인들을 통보하는 제도
라. 식품의 위해요소를 미리 확인, 예방함으로써 식품의 안전성을 관리하는 위생제도

404
식품제조 식품첨가물의 목적이 아닌 것은?

가. 식품의 포장
나. 식품의 영양소
다. 식품의 품질
라. 식품의 저장성

405
식품제조 식품첨가물 사용 목적에 대한 내용이 아닌 것은?

가. 일정량 이상 섭취하지 않도록 한다.
나. 유해한 식품첨가물은 과다하게 섭취하지 않아야 한다.
다. 식품첨가물이 무엇이 들어 있는지 알고 먹는 것이 좋다.
라. 어느 정도의 식품첨가물은 인체에 유해하지 않기 때문에 섭취양에 민감할 필요가 없다.

정답 400 가 401 다 402 나 403 라 404 가 405 라

Part 01 | 커피전문가(BARISTA) 필기시험

배전(Roasting)

01 배전 개념

생두(Green Beans)를 가스 및 전기 에너지를 사용하여 볶는 것을 로스팅(Roasting)이라고 하는데 일본어로는 배전이라고 한다. 우리말로 표현하면 볶음으로 표현할 수 있지만 일반적으로 일본어인 배전으로 설명한다. 배전은 우리가 마시는 커피의 독특한 풍미를 일으키는 화학 및 물리적 작용으로 커피 콩의 색깔, 맛, 향기를 만들어내고 커피 콩의 밀도까지 확장하여 생두를 변화시키는 매우 중요한 작업이다.

'Roasting is a cooking method that uses dry heat, whether an open flame, oven, or other heat source. Roasting can cause caramelization or Maillard browning of the surface of the food, which is considered by some as a flavor enhancement.'

산지별로 생산된 생두의 배전도(생두를 볶는 정도)에 따라 색상과 특성이 달라지며 커피에 포함되어 있는 다양한 맛과 향기 성분의 비율을 결정하는 것도 배전도이다. 생두는 커피의 향이나 맛이 전혀 없는 풋내만 나는 상태로 수 년 동안 보관할 수 있지만 우리가 마시는 커피는 반드시 배전과정을 거쳐서 생두의 성분을 변화시킴으로써 신맛, 단맛, 쓴맛, 가향 등이 발생되는 것이다.

02 배전도(커피콩 볶는 정도)

1 배전도란?

생두의 배전이 진행되는 동안 가장 중요한 사항은 배전을 종료해야 하는 시점을 결정하는 것이다. 배전 정도는 배전기의 성능, 생두의 품종, 배전할 생두의 양, 주변 환경 및 온도 등

에 의한 변수 영향을 받아 항상 일정하지 않기 때문에 배전 종료 시점의 결정은 생두의 배전 정도를 직접 눈으로 확인하고 결정해야 한다.

(1) 배전도를 판단하는 방법

- 고전적인 방법 : 배전이 진행되는 정도에 따라 변하는 원두 냄새를 기준으로 판단한다.
- 현대적인 방법 : 생두의 내부 온도와 배전의 정도가 일치한다는 사실을 근거로 판단한다.
- 일반적인 방법 : 생두의 색상과 배전 정도가 일치한다는 사실에 근거한 방법으로 많이 사용한다.

생두의 배전 방법론으로는 고온 배전인 비교적 높은 온도에서 단시간에 하는 방법과 저온 배전인 비교적 낮은 온도에서 장시간에 하는 방법, 더블 배전인 배전을 두 번에 걸쳐 하는 방법이 있으며 지금도 어떤 방법이 좋은지에 대해서는 의견이 분분하다.

그러나 마지막에 배전도가 동일하다면 장시간 배전은 단시간 배전에 비해 산도는 낮으나 바디와 복합성은 높다. 이것은 배전도가 강해지면 강해질수록 신맛은 감소하고 쓴맛과 탄맛은 증가하기 때문이다.

배전 방식은 배전에 걸리는 시간에 따라 다음과 같이 장시간 배전(Long Time Roasting), 단시간 배전(Short Time Roasting), 중시간 배전(Intermediate Time Roasting)으로 구분하기도 한다.

① 장시간 배전(Long Time Roasting)

회전형 드럼 배전기를 사용하는 전형적인 배전 방식이 주로 여기에 속하는데 약 10~20분의 시간이 소요된다. 열을 받는 시간이 길어 상대적으로 향기 성분의 손실이 크고 유기산도 많이 분해되어 신맛이 적은 특징을 갖게 된다.

② 단시간 배전(Short Time Roasting)

고속의 열풍에 의한 가열방식인 단시간 배전은 2~5분 정도만에 배전이 완료된다. 열풍의 대류에 의해 배전이 되므로 장시간 배전에 비해 균일한 배전이 되고 배전시간이 짧아 향기 성분의 손실은 적지만 유기산의 파괴가 적어 신맛이 강한 특징이 있다. 순간적으로 가열하는 방식이므로 내부의 가스 생성에 의한 압력도 커 가스의 방출 시 일어나는 부피 팽창도 크다. 부피 팽창의 정도는 추출 수율에 영향을 미친다.

③ 중시간 배전(Intermediate Time Roasting)

기계적으로 생두를 섞어 주며 보통 5~10분 정도 저속의 열풍으로 배전하는 형태로 주로 열풍에 의한 가열방식인 장시간 배전과 단시간 배전의 중간적인 형태로 배전되어 향미

또한 중간적이다.

(2) 온도에 영향을 받는 배전 상태

생두는 약간의 비린내 나는 향기만을 가지고 있으며 배전을 통해 약 800여 가지의 향기 성분이 생성되는데 생두에 포함되어 있는 성분은 9~13%의 수분, 37~35%의 탄수화물, 9~18%의 지방, 11~13%의 단백질, 3.0~4.5%의 무기질, 0.9~4.0%의 카페인, 5.5~10.0%의 클로로겐산 등이다.

배전을 시작하면 초기에는 흡열반응이 일어나 원두 자체의 품온이 서서히 올라가고 수분의 증발이 일어난다. 원두의 품온이 160℃ 정도에 도달하면 원두는 스스로 타기 시작하고 열을 방출하는 발열반응으로 바뀌어 온도는 급속히 증가하면서 발열반응이 210℃에서 절정에 이른다. 향기성분의 생성은 이러한 발열반응이 진행되는 동안 본격적으로 이루어진다.

생두를 배전하는 동안 나타나는 물리적 및 화학적 변화를 단계적으로 살펴보면 다음과 같다.

- 1단계 : 배전기에 투입된 생두는 배전기에서 열을 공급 받아 100℃까지는 자신의 품온과 함께 휘발성을 높인다.
- 2단계 : 100℃부터는 생두 내에 포함된 수분의 증발이 시작된다.
- 3단계 : 130℃ 부근에서 생두의 색이 노랗게 변하기 시작하고 부피의 증가가 수반된다.
- 4단계 : 140℃ 부근에서는 탄수화물, 단백질, 지방의 분해가 일어나기 시작하고 일산화탄소, 이산화탄소 등이 방출되기 시작한다.
- 5단계 : 150℃에 이르면 파핑(Popping)이 일어나기 시작하며 생두 중앙의 홈(Center Cut)이 약간 벌어지기 시작한다.
- 6단계 : 160℃에 이르면 생두는 스스로 열을 방출하며 타기 시작하는데 이 때 원두는 갈색으로 변하기 시작하며, 본격적인 파핑과 함께 여러 화학반응에 의해 커피 본연의 향기 성분이 생성되기 시작한다.
- 7단계 : 190℃에 달하면 격렬한 파핑에 의해 생두표면에 아주 작은 균열이 생기기 시작하고 이곳을 통해 다소 푸른빛을 띠는 연기가 방출된다.
- 8단계 : 200℃에서 생두는 짙은 갈색으로 되고 탄화가 시작된다.
- 9단계 : 210℃ 부근에서 모든 반응이 절정에 이른다.
- *배전온도는 열원(LPG, 도시가스 전기)에 따라 다르다. 가능하면 LPG를 이용하는 것이 좋다.

[배전 과정]

시간(분)	변화과정	온도	반응과정
0	생두 투입 시작	205~210도	
3~4	내부온도상승	140~145도	흡열반응 (Endothermic)
7~8	1차 크랙(1차 Popping) 흡열반응 중이므로 불 조정을 가급적 최대화한다.	180~185도	
13~14	2차 크랙 (2차 Popping) 발열반응 중이므로 생두에 따라 불 조절을 필요로 하고 2차 크랙의 온도와 시간은 차이가 있다.	200~210도	발열반응 (Exothermic)

볶은 커피의 배전 정도는 배전 공정의 중요 관리 기준이다. 과거에는 생두 표면의 색을 육안으로 관찰하며 배전 정도를 조절하였으나 요즈음은 과학 발달에 힘입어 전자시스템으로 생두 표면의 온도를 읽어 배전 정도를 조절하는 것도 가능하다.

[커피가 배전되는 동안 발생되는 현상]

단계	외적인 변화	비고
1	생두에 특별한 변화가 없고 젖은 풀 타는 냄새가 난다.	
2	생두가 노란색으로 변하면서 곡물 볶는 냄새가 난다.	
3	당분의 캐러멜화에 의해서 생두가 갈색으로 변하며, 커피 콩 볶는 소리가 들리면서 부피가 팽창하는 1차 크랙(Crack)현상이 발생하고 커피 냄새가 난다.	화학 및 물리적인 반응으로 유기물 분해 및 변화가 시작되며 발열반응에 의해 생두의 온도가 상승하기 시작한다.
4	색상이 연노랑을 거쳐 갈색, 정도에 따라서 진한 갈색으로 변하면서 1차 크랙 현상이 자주 발생한다.	무게가 14~20% 감소하고 부피가 약 50% 팽창한다. 내부가 다공성으로 변하고 당분의 일부는 이산화탄소로 변화하며 방출되기 시작한다.
5	생두의 색상이 진해지면서 2차 크랙 현상이 발생한다. 당분의 일부는 맛과 향에 관계되는 물질(700~850종)을 만들어 낸다.	강배전(Dark Roast)으로 급속하게 진행된다.

2 배전도의 8단계

배전은 생두 표면이 건조되면서 연한 갈색을 띠는 정도에서부터 생두 표면에 커피 오일이 스며나오면서 진한 갈색을 띠는 정도를 거쳐 생두 표면이 검정색에 가까운 정도까지 다양하게 조절할 수 있다.

배전 정도에 대한 선호도는 나라, 지방, 개인 취향별로 다른데 미국인은 최약배전도와 중배전도를 선호하고 이탈리아인은 강배전도를 선호한다.

배전도의 선호도에 대해 일정한 형태가 있는 것을 배전 형태(Roast Style)라고

하는데 배전형태와 명칭은 나라 및 사람마다 다양하게 표현하기 때문에 명확한 구분은 쉽지 않지만 요약을 하면 8단계로 정리할 수 있다.

(1) 미국식(American Style)의 배전 단계

① 1단계 : 최약배전(Light Roasting)
　시험단계의 로스팅으로 신맛이 강하고 황갈색이 되며 향이 약해 곡물 냄새가 남아 있다. 부드러운 향, 밝은 갈색, 약한 바디, 최소 아로마와 신맛, 표면에 오일이 배어나지 않을 시점의 배전이다.

② 2단계 : 약배전(Cinnamon Roasting)
　계피색으로 강한 신맛이며 바디감은 약해서 미국서부 지역에서 선호한다.

③ 3단계 : 중배전(Medium Roasting)
　밤색으로 산뜻한 신맛과 단맛이 있는 일반적인 배전으로 향이 강하며 주로 블렌딩 용도로 사용된다.

(2) 일본식(Japan Style)의 배전 단계

① 4단계 : 중약배전(High Roasting)
　진한 밤색으로 신맛이 쓴맛보다 강하다.

② 5단계 : 중중배전(City Roasting)
　진한 밤색으로 표준적인 맛, 미국 뉴욕에서 온 용어이며 최적의 맛과 향으로 뉴욕, 일본에서 선호한다.

③ 6단계 : 중강배전(Full City Roasting)
　흑자색으로 좀 강하게 볶아서 바디가 강하고 쓴맛이 신맛보다 약간 강한 냉커피용이다.

(3) 유럽식(Europe Style)의 배전 단계

① 7단계 : 강배전(French Roasting)
　진흑자색으로 지방이 표면에 스며 나오면서 강한 단맛 및 강한 쓴맛이 난다. 진하고 독특한 맛으로 프랑스식, 유럽식 카페오레, 비엔나, 아이스커피용이다.

② 8단계 : 최강배전(Italian Roasting)
　매우 까만 흑색으로 쓴맛이 강하고 신맛은 느낄 수 없는 생두가 탄화할 정도로 볶는다. 이탈리아에서 즐겨마시는 에스프레소 및 카푸치노용으로 사용된다. 일본에서는 아이스커피용으로 사용되며 커피 특유의 향이 없다.

[애그트론 볶음도 분류 요약표]

	명칭		L치	맛의 특성	조리방법
1	American	Light Roast	27.7 이상	아주 약한 커피	신맛이 강한 커피
2		Cinnamon Roast	24.2~26.2	시나몬 색 약한 맛	맑은 색깔, 약한 커피
3	Mild	Midium Roast	21.5~24.2	중간적 부드러운 맛	중간 굵기로 갈아 1:17로 희석
4		High Roast	18.5~21.5	신맛과 쓴맛의 중간	커피 전문점의 레귤러 커피
5		City Roast	16.8~18.5	약간 깊은 맛	스트레이트 커피
6	European	Full City Roast	14.9~16.8	깊은 맛	아이스커피용
7		French Roast	14.2~14.9	상당히 강한 맛	아이리시, 카페 로열
8	Espresso	Italian Roast	14.2 이하	아주 강한 커피	에스프레소, 카푸치노

* 볶음도에 따른 콩 상태에 대한 일반적인 기준

03 배전 작업

앞에서 설명했듯이 배전은 생두에 열을 가해 물리·화학적 변화를 통해 커피의 맛과 향을 이끌어내 음료로 가공할 수 있게 만드는 볶음 공정으로 생두를 온도로는 200~210도, 시간으로는 20분에서 30분 가량 가열하여 생두의 성분을 변화시킴으로써 신맛, 쓴맛, 단맛, 향 등 커피의 향미를 가지게 하는 과정이다. 배전 전 로스터가 생각해야 할 것은 배전할 목표(Roasting Target)의 결정이다. 그리고 로스터가 배전 시 주의를 기울여야 하는 감각은 시각, 청각, 후각이다.

배전 과정을 통하여 생두는 녹색에서 갈색으로 변하고 수분함량은 11~13%에서 1%까지 떨어지며 지방은 12%에서 16%로, 당은 10%에서 2%, 클로로제닉산은 7%에서 4.5%, 트리고넬린은 1%에서 0.5%로 변화되며 카페인, 셀룰로오스, 팩틴, 회분은 변화가 없다. 부피는 1.5~2.0배로 증가하며 무게는 20% 정도 감소하게 된다. 또한 같은 종류의 생두라 해도 배전도에 따라 맛이 달라져 강도가 낮으면 신맛이, 높으면 쓴맛이 강해지고 배전 시간이 짧으면 추출한 커피의 밀도가 가볍고, 길면 카페인이 기화하여 그 양이 적어지는데 볶는 과정에서 원두에 열을 가하게 되면 커피는 800여 가지의 화학반응을 일으키게 된다.

1 생두 품종 특성 조사 및 결점도 제거 작업

우선 로스터는 배전하기 전에 볶고자 하는 생두의 특징인 수분함량, 색깔, 조밀도, 생두의 냄새, 이물질 혼합율, 생두의 무게, 균일성 등을 면밀히 체크해야 한다. 생두는 생산지에 따라 고유한 성질을 가지고 있기 때문에 배전을 통해 생두의 고유한 성질을 찾아내어 최적의

커피 맛을 내는 것이 로스터의 역할이다.

생두에는 결점두가 다수 포함되어 있어서 커피를 볶기 전에 반드시 결점두와 이물질(돌, 나무 등)을 제거해야 하는데 그 이유는 배전 이전에 생두 중에 혼합되어 있는 이물질 때문에 추출된 커피의 맛과 향, 품질에 악영향을 미칠 수 있기 때문이다. 커피 체리로부터 생두를 분리해내는 두 가지 가공 방법 중에서 수세건조 방식으로 가공된 생두가 자연건조 방식으로 가공된 생두보다 결점두의 발생 확률이 낮은 편이다.

2 배전기 예열 작업

배전기는 사용하기 전 충분한 예열시간이 필요하다. 생두를 볶는 배전기에는 원통형의 드럼이 내장되어 있는데 기계에 따라 2겹의 2중 구조의 형태와 단일체형의 구조, 드럼내부를 특수 처리한 형태 등 다양하게 이루어져 있는데 모든 배전기는 예열이 중요하다.

예열은 저온을 이용해 약 30분 정도 충분히 해주어야 하는데, 저온 예열은 원형 드럼 내부의 온도를 평균화시켜주며 드럼표면에 골고루 열전달이 이루어져 더 안정적인 원두를 얻을 수가 있다. 반면, 고온을 이용해 예열을 하면 금방 원하는 온도에 도달하지만 균일한 원두를 얻기는 어렵다.

3 배전

생두 자체는 차가운 성질과 8~13% 정도의 수분을 가지고 있다. 적정한 온도가 되었을 때 생두를 투입하게 되면 생두는 주변의 열을 흡수하면서 성질이 변하기 시작한다. 따라서 205~210도에서 생두를 투입하면 급격히 온도가 떨어지는 것을 알 수 있다. 가열을 계속함에 따라 온도가 상승하는데 이 시간 동안에는 생두가 열을 계속해서 흡수하는 흡열 반응(Endothermic)을 하기 때문에 서서히 상승한다. 흡열 반응 중에는 가급적 온도를 최대로 높여서 변화가 계속 진행될 수 있도록 하여야 한다.

배전 과정이 진행되면서 연녹색의 생두가 점점 노란색을 띠다가 갈색으로 변하고 세포 조직이 파괴되고 가스성분이 분출되면서 수분은 감소하고 부피는 증가하기 시작한다. 그리고 드럼 내부에서 탁 튀는 소리가 들리는데 이 과정을 1차 크랙(Crack)이라고 한다. 이후부터는 생두 내부에서 여러 가지 화학반응과 함께 외부로 열이 발산되는 발열 반응(Exothermic)이 진행된다. 발열 반응으로 인해 내부 온도가 짧은 시간에도 급격히 올라가기 때문에 생두의 특성에 따라 적절한 불 조절을 하여 자신이 원하는 시간과 온도에서 2차 크랙이 진행될 수 있도록 해야 한다.

Coffee box — 흡열 반응과 발열 반응

- **흡열 반응**

  배전기가 적당한 온도가 되었을 때 생두를 투입하게 되면 생두가 가지고 있는 차가운 성질과 8~13% 정도가 포함되어 있는 수분 때문에 생두는 주변의 열을 흡수하면서 성질이 변하기 시작한다. 따라서 205~210도에서 생두를 투입하면 급격히 온도가 떨어지는 것을 알 수 있다. 가열을 지속적으로 하면 온도가 상승하는데 이 시간 동안에는 생두가 열을 계속해서 흡수하기 때문에 서서히 상승한다. 흡열 반응 중에는 가급적 온도를 최대로 높여서 변화가 계속 진행될 수 있도록 하여야 한다.

- **발열 반응**

  배전이 진행되면서 연녹색의 생두가 차츰 노란색에서 갈색으로 변하고 세포 조직이 파괴되면서 이산화탄소가 분출되고 수분이 감소하면서 부피는 증가하기 시작한다. 그리고 드럼 내부에서 탁탁 튀는 소리가 들리는데 이 과정을 1차 크랙이라고 한다. 이후부터는 생두 내부에서 여러 가지 화학반응과 함께 외부로 열이 발산되는 발열반응이 진행된다. 발열 반응으로 인하여 내부 온도가 짧은 시간 동안에도 급격히 올라가기 때문에 생두의 특성에 따라 적절한 조절을 통하여 자신이 원하는 시간과 온도에서 2차 크랙이 진행할 수 있도록 해야 한다.

4 배전된 원두 배출 및 냉각 작업

배전이 종료되면 바로 배출구를 열어서 냉각기로 원두를 이동시켜야 하다. 배출은 빠르면 빠를수록 좋은데 배출 시간이 길어지면 원하지 않는 배전이 진행되기 때문이다. 냉각기에서는 송풍기를 사용해서 공기를 원두 사이로 강제로 불어 넣어 주면서 교반기로 섞어주는 공냉식을 많이 사용한다. 이때 원두에 붙어 있는 실버 스킨(Silver Skin)도 같이 제거된다.

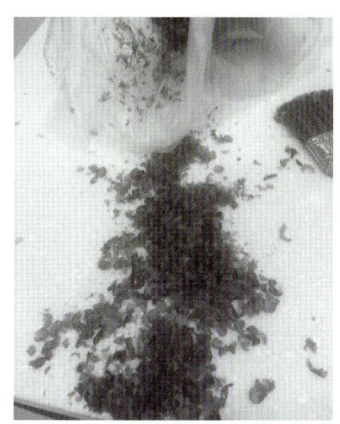

5 배전 후 결점두 제거 작업

원두가 충분히 냉각이 되면 배전 전에 생두를 선별한 것처럼 배전 후에도 다시 결점두를 선별한다. 생두 선별 시 골라내지 못했던 이물질이나 결점두, 과다 및 과소로 배전된 원두를 핸드픽(Hand Pick) 작업을 통해서 한다.

6 배전기 청소 및 정리정돈 작업

배전 종료 후 열원은 끄고 드럼은 온도가 50~60도까지 내려 갈 동안 계속해서 회전시킨다. 갑자기 드럼을 멈추면 온도로 인해 뒤틀림 현상이 발생할 수 있으므로 주의해야 하고 원두는 볶는 과정에서 기름 성분이 배출되는데 배전을 마치고 나면 드럼 내부나 냉각 교반기에

기름이 흡착하지 않도록 깨끗이 닦아 주어야 한다. 그래야만 다른 종류의 생두를 배전할 때 영향을 덜 받게 된다. 사이클론(Cyclone)에 모아진 먼지나 체프(Chaff) 등도 수시로 청소를 해주어야 한다.

04 배전에 의한 생두 변화

1 생두 부피와 무게의 변화

생두의 특성을 잘 살릴 수 있도록 생두를 볶아내기 위해서는 많은 경험과 숙련이 필요하다. 동일한 정도로 커피를 볶더라도 배전 시간의 길고 짧음에 따라 커피의 맛은 상당히 달라진다. 특히 신맛의 경우 배전 시간이 길어지면 길어질수록 약해지는데, 이는 커피에 존재하는 유기산이 많이 분해되기 때문이다. 너무 높은 온도에서 단시간 커피를 볶을 경우 원두의 내부가 제대로 볶이기 전에, 겉부분이 먼저 타들어가게 되어(Charring or Carbonization) 생두의 맛과 탄맛이 함께 올라와 좋지 않다. 지나치게 낮은 온도에서 장시간 볶을 경우는 볶는 시간이 길어지게 됨에 따라 생성된 휘발성의 향들이 많이 손실되어 맛이 없어진다. 부피는 두 배 가까이 증가하게 되는데, 부피의 증가도 온도와 시간에 영향을 받는다. 고온에서 단시간 볶을 경우 부피 증가가 크고 부피 증가는 커피의 추출농도와 밀접한 관계가 있는데 부피 증가가 클수록 추출농도도 진해진다. 커피 무게는 볶는 과정에서 수분과 이산화탄소가 방출되기 때문에 15~20% 정도 감소한다.

배전을 시작하면 초기에는 흡열반응이 일어나 원두 자체의 품온이 서서히 올라가고 수분의 증발이 일어난다. 원두의 품온이 160℃ 정도에 도달하면 원두는 스스로 타기 시작하고 열을 방출하는 발열반응으로 바뀌며 온도는 급속히 증가한다. 이때부터 향기성분이 본격적으로 생성되기 시작하는 것이다.

2 향

배전 과정에서 생성되는 커피 향은 Caramelly(캐러멜 향), Nutty(고소한 향), Chocolaty(초콜릿 향)이다.

녹색의 생두는 커피의 고유한 맛과 향을 가지고 있지 않기 때문에 커피 특유의 향은 생두를 볶는 과정인 배전에 의해 생성된다. 이 때 원두에 들어있는 당과 아미노산 등이 서로 결합하는 갈변화 과정을 통해 색도 점점 검어지게 되고 당분, 아미노산, 유기산 등도 배전과정을 거치며 갈변반응을 통해 향기 성분으로 바뀐다. 원두의 배전 시 생기는 향 성분의 전구물질은 아세톤 이메틸푸란, 피리딘, 푸르푸랄, 피롤 등이다. 생두에는 향이 없지만, 배전을 통해 일정한 조건에서 가열되면, 원두 내부에서 이화학적 변화, 멜라노이딘 반응(아미노산과 환원당이 일으키는 반응)이 일어나 특유의 향이 생긴다.

배전도에서 Full City Roast 까지는 향기 성분이 증가하다 French Roast나 Italian Roast에 이르면 오히려 감소한다.

- 커피를 마시는 순간 커피 추출액의 표면에서 발생한 증기에 의해 입 속에서 느껴지는 향미를 만들어 내는 배전된 원두 성분 요소
  - 지방질 같은 비용해성 액체와 수용성 고체 물질
  - 커피 추출 후에도 분쇄 커피의 모양을 유지하는 성분인 불용성 경질부
  - 비휘발성 액체 상태의 유기 성분
  - 케톤이나 알데하이드 계통의 휘발성 성분

3 배전에 의한 커피성분 및 맛

배전한 후 그라인더로 분쇄된 원두가루를 뜨거운 물과 높은 압력에서 에스프레소로 추출했을 때 녹아나오는 성분을 가용성 성분(Water Solubles)이라 하는데, 이것은 커피의 맛과 향을 결정한다. 배전에 의해 생성된 카페인은 강하게 배전될수록 감소한다. 배전단계에서 가장 변화가 큰 성분은 수분인데 일반적으로 출하되는 생두의 수분함량은 11~13%이다. 배전을 하게 되면 생두의 수분 함량이 감소하며 부피가 약 20% 정도 증가하고 휘발성 향기 성분도 증가한다. 대표적인 커피 성분은 유기산, 카페인, 탄닌 등이다.

(1) 카페인(Caffeine)

식물성 알카로이드에 속하는 흥분제로서 백색분말 또는 결정으로 물이나 알코올에 녹으며 냄새는 나지 않고 쓴 맛이 있다. 대표적인 식품인 커피, 차, 초콜릿, 콜라 등이 카페인 성분을 포함하며 카페인은 체내 흡수 속도가 매우 빠르기 때문에 체내에 흡수되면 부신을 자극하여 아드레날린과 노르아드레날린 호르몬을 분비시켜 뇌, 심장, 골격근, 신장 활동을 활발하게 한다. 심장은 수축력이 강해지고 심박수가 늘어나기 때문에 혈압이 상승하고 맥박이 빨라진다. 또한 신장기능을 촉진하여 이뇨작용이 활발해지고 위산분비를 촉진하며, 소화기와 근육과 혈관을 이완 시키기 때문에 소화기 궤양 환자는 카페인 섭취가 좋지 않다.

카페인을 250mg 이상 과다 복용하면 중추신경계에 작용하여 불안함과 초조함, 신경과민,

흥분, 불면증을 초래하게 되고 호흡이 가빠지거나 심장질환을 유발하게 된다. 카페인은 10g 정도가 치사량인데 커피 100잔을 한꺼번에 마실 때 섭취되는 양이다.

카페인에는 페리페놀이라는 성분이 있는데 우리 몸의 철분 흡수율을 70% 정도 떨어뜨리기 때문에 성장기에 있는 어린이에게는 좋지 않다.

그러나 카페인은 권태감, 편두통, 고혈압성 두통을 치료하며 각성효과와 피로회복, 정신을 맑게 한다. 집중력을 강화시켜 업무 능력을 좋게 하며 신체의 반응 속도를 높여 심장병과 당뇨, 뇌졸중 예방에도 효과가 있다고 한다. 하루에 1g의 카페인을 섭취하면 장기적으로 혈압을 낮추고 부종을 완화하며 기초대사 속도를 10~20% 높여준다. 지방분해를 촉진시키고 열 발생을 증가시켜 주기 때문에 당분이 포함되지 않은 카페인 음료나 블랙커피는 다이어트에 효과적이다. 원료 100g당 카페인 함유량은 커피가 1200mg, 홍차나 우롱차가 1500mg, 녹차가 1000mg이다.

배전과정 중 생두에 함유된 카페인의 변화는 열에 안정적이고, 130도 이상에서는 일부 승화하여 소실되지만 생두에 함유된 카페인의 대부분은 배전된 원두에 남는다.

(2) 디카페인(Decaffeine)

카페인 없는 커피가 1992년에는 커피시장의 3%까지도 차지했었으나 점차로 그 점유율이 떨어지고 있는데 이는 카페인이 중독성이 아닌 습관성이고 디카페인 커피가 심장병을 일으킬 확률이 높기 때문이다.

카페인을 제거하는 방법에는 주로 물이 사용되는데 카페인은 79.5℃ 이상의 물에서 녹는다. 물로 가공된 디카페인 제품이라도 반드시 화학적 방법을 쓰지 않는 것은 아니기 때문에 화학용재가 카페인을 없애는 기본적인 용재(Solvents)로 직·간접적으로 사용된다.

(3) 카제인 나트륨

카세인(Casein) 또는 카제인은 단백질의 한 가지로 우유에 3% 정도로 들어있고, 우유에 산을 넣으면 카세인이 굳어지므로 쉽게 얻을 수 있다. 유화력이 풍부하기 때문에 햄, 소시지의 점착, 제과제빵, 커피화이트나 냉동 디저트 등에 사용한다.

4 배전에 의한 화학적 변화

탄수화물의 단당류인 Glucose(글루코오스)와 올리고당의 Sucrose(수크로오스)가 갈색색소의 원료 물질이다. 그러나 Sucrose의 경우 강배전 시 함량이 감소하는 것으로 나타났고 Glucose의 경우는 배전할 때만 갈색 색소로 변화한다. Glucose가 아미노산을 만나면

Millard 반응을 일으키고 아미노산을 만나지 못하면 Furfural이라는 물질이 열분해하면서 생성된다.

(1) 배전두의 갈색 색소의 형성을 설명하는 화학반응

① Polyphenol Oxidation(폴리페놀 산화반응)

단백질, 다당류 혹은 글로겐산류, 트리고넬린 분해 물질들이 결합된 고분자 혼합물이다.

② Maillard Reaction(마이야르 반응)

아미노산 및 환원당 사이의 Maillard Reaction은 멜라노이딘이 형성되어 갈색을 띤다. 환원당이 아미노기를 가진 아미노산이나 단백질과 반응하여 갈색 색소를 형성하는 반응이다. 이 반응을 마이야르 반응 또는 아미노 카르보닐 반응이라 하는데 땅콩, 참깨 등을 고온에서 볶으면 향미가 생성되는 것은 마이야르 반응에 의하여 멜라노이딘이라는 고분자가 갈색색소 뿐만 아니라 여러 종류의 방향 화합물을 생성하기 때문이다.

③ Caramelization(갈색 반응)

생두에 5~10% 함유된 자당의 캐러멜화는 생두를 배전할 때 갈색으로 변화하는 것이고 이것은 생두의 당질 성분이 변화하는 것이다.

커피콩을 배전하면 당의 갈변화가 일어나 향기 성분이 생성된다. 배전도가 가장 높은 단계에서 생성되는 향기는 초콜릿 향기(Chocolate Type)이다.

꽃향기, 허브 향기, 감귤 향기 등은 본래부터 커피에 있던 향기로 효소에 의해서 형성된 성분들로 휘발성이 매우 강하고 갓 볶은 커피에서 자주 느낄 수 있는 향기이다. 당이나 당용액을 높은 온도로 가열하면 특이한 냄새와 갈색 색소가 형성된다. 캐러멜반응은 탈수반응을 동반한 열분해 반응으로써 휘발성 저분자 화합물의 생성과 갈색의 고분자 색소를 생성한다. 그리고 아라비카와 로부스타의 갈색도를 비교해보면 아라비카의 갈색도가 더 짙은데 그 이유는 Sucrose의 함량이 아라비카종이 더 많기 때문이다.

(2) 생두의 배전에 따라 다량으로 함유된 유리당류인 자당의 변화

배전된 콩의 갈색색소, 비 Phenolic Carbonic Acid류가 향기성분으로 변화된다.

(3) 생두에 함유된 Chlorogenic Acid류 화합물

① 배전과정 중 중합 및 단백질과의 화합 등의 반응으로 갈색색소가 생성된다.
② 배전과정 중 가수분해, 개열에 의하여 일부는 향기성분으로 변화된다.
③ 배전과정 중 생성되는 유기산류 성분들은 당류와 Chlorogenic Acid류가 공존할 때 생성되지만 Citric Acid는 클로로젠산 단독으로 생성된다.

(4) 배전과정 중 생두에 함유된 Trigonelline의 변화

Trigonelline은 배전과정 중 Nicotinic Acid 및 Niacin 등의 비타민으로 변화된다.

커피의 맛은 커피 배전 시 Sucrose 및 Chloroggenic Acid류에 의해서 다섯 가지의 성분에 영향을 받는데, 이 다섯 가지 성분에는 Citric Acid, Malic Acid, Lactic Acid, Pyruvic Acid, Acetic Acid가 있다.

커피의 신맛은 약배전한 커피가 강배전한 것보다 더 강하고 커피의 ph가 낮아질수록 신맛이 증가한다. 또한 커피에 함유되어 있는 클로로젠산, 옥살산 등이 신맛을 낸다.

커피의 쓴맛은 강배전일수록 쓴 맛 성분이 생성되어 카페인이 없는 커피도 강한 쓴맛을 가진다. 또한, 원두의 단맛과 관련되지 않는 성분은 환원당, 올리고당, 단백질이다.

커피 맛을 표현하는 용어 중 일반적으로 아로마(Aroma)를 표현하는 용어는 Nutty, Herb, Fruty이다. 또한, 후미(Aftertaste)를 표현할 수 있는 용어는 Spicy, Chocolaty, Carbony이다.

커피에서 바디(Body)감이 있다는 의미는 물과 커피가루의 비율 그리고 커피 추출로 정해지는 농도(Strength, TDS), 깊이감(Depth) 등 커피의 쓴맛과는 전혀 별개의 개념이다. 촉감(Tactile Sensation) 또는 신경자극(Nerve Impulse)으로 이해하면 된다.

카세인 또는 카제인은 단백질의 한 가지로 우유에 3% 정도로 들어있고, 우유에 산을 넣으면 카세인이 굳어지므로 쉽게 얻을 수 있다.

- 카제인 나트륨 : 우유의 주요 단백질로 식품, 의약, 공업용 접착제, 페인트 등의 원료로 쓰이는 물질. 주된 용도로는 육아용 분유, 분말크림, 치즈, 커피, 스파게티, 마요네즈 등에 사용한다.

> - 배전 후 향기가 없고 풋내와 누린내가 생성되는 이유는 저온에서 장시간 볶아 향기가 생성되지 못했기 때문이다.
> - 배전 후 향미가 떨어지고 기름지면서 탄 맛이 나는 이유는 최적의 온도와 시간이 경과되어 향기 성분이 증발하고 커피콩이 산패되었기 때문이다.
> - 생두를 배전하면서 발생하는 화학적 변화는 염소산의 감소, 당분의 감소, 수분감소이다.
> - 커피 배전 후 적정한 수분함량은 1%이다.
> - 생두에 가장 많이 함유되어 있는 성분은 Carbohydrate(탄수화물)이다.

05 배전기(Roasting Machine)

[배전기 명칭 및 기능]

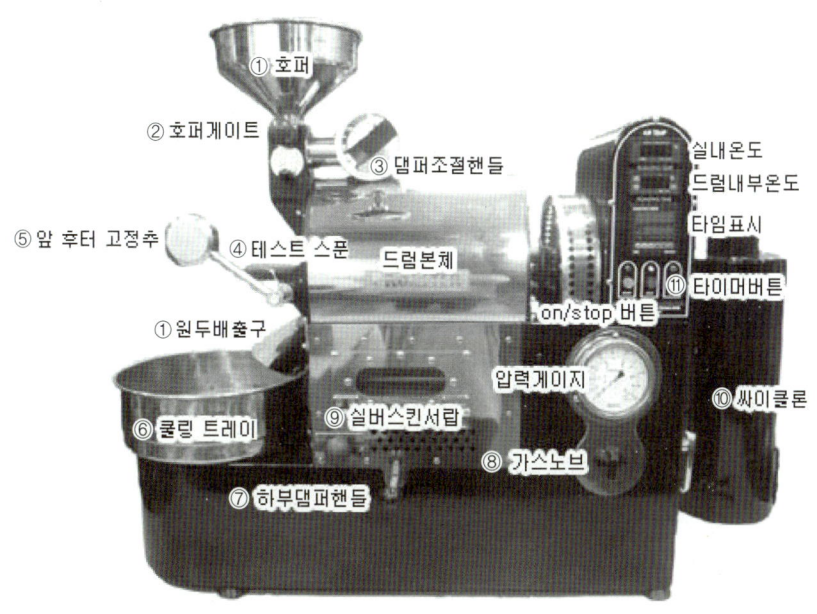

① 호퍼 : 배전하기 위한 생두를 담아 두는 통
② 호퍼 게이트 : 생두를 본체로 넣고자 할 때 열어주는 문
③ 댐퍼조절핸들 : 드럼 내부의 공기 흐름과 열량을 조절하는 장치
④ 테스트 스푼 : 본체 안의 원두를 꺼내 향, 모양, 색상의 변화를 직접 확인할 수 있는 봉
⑤ 앞 후터 고정추 : 원두 배출구를 막고 있는 문을 열고 닫아 주는 고정추
⑥ 쿨링 트레이 : 생두를 골고루 식혀 주기 위한 교반 역할
⑦ 하부댐퍼핸들 : 배전–냉각 조절 핸들 기능으로 배전할 때는 배전방향으로 돌리고 냉각할 때는 냉각방향으로 돌려준다.
⑧ 가스노브 : 화력을 조절하는 레버 기능으로 압력게이지를 통하여 수치를 확인한다.
⑨ 실버스킨서랍 : 배전과정에서 발생하는 실버스킨과 기타 불순물을 모아 주는 기능이다.
⑩ 싸이클론 : 댐퍼로 공기 흐름을 열어줄 때 싸이클론으로 실버스킨과 먼지가 빠져나간다.
⑪ 타이머 버튼 : 일정온도가 도달하면 알람 기능이 있다.

1 배전기 종류

생두를 배전하는 배전기는 수동식과 자동식으로 분류되는데 수동식 배전기는 아프리카 및 아시아 지역에서 불을 피워 재래식으로 배전하는 방법으로 일부 커피전문점에서 사용하고 있는 수망배전, 샘플배전 등이 수동식 배전이다.

일반적으로 사용하는 자동식 배전기에는 직화식, 반직화식, 반열풍식, 열풍식, 숯불, 디지털 배전기 등이 있는데 구체적으로 설명하면 다음과 같다.

(1) 직화식 배전기(Conventional Roaster, Drum Roaster)

직화식 배전기는 가장 오래되고 가장 일반적인 배전기로 원통형의 드럼을 가로로 눕힌 형태를 하고 있다. 가스나 오일버너에 의해 가열된 드럼의 표면과 뜨거워진 내부 공기에 의해 배전된다. 드럼의 회전에 의해 생두를 고르게 섞어가며 볶는데 종료가 되면 앞쪽의 문을 열고 냉각기로 방출한다.

드럼이 회전하는 것에 의해 원두가 골고루 섞이며 배전되고, 배전이 끝나면 앞쪽의 문을 열어 원두가 냉각기(Cooling Car)로 방출되도록 하는 방식을 택하고 있다.

원두는 가스 또는 오일 버너에 의해 가열된 드럼의 표면과 접촉하거나 뜨거운 주위의 공기에 의해 배전된다.

(2) 반열풍식(반직화식) 배전기(Semi-Roasting Fluidized Bed Roaster)

직화식 배전기의 변형 형태로 드럼의 몸체에 구멍을 뚫어 고온의 연소가스가 드럼 내부를 지나도록 한 것과 팬이나 모터를 이용해 강제로 연소가스를 드럼에 불어넣는 방식, 고온의 연소가스가 재활용 되도록 하여 열효율을 높인 것 등이 있다.

가동 부분이 적고 간단하다는 장점을 가지고 있어 현재에도 가장 널리 사용되고 있다.

열풍에 의한 가열은 직화식보다 균일하게 배전을 할 수 있고 배전시간의 단축도 가능하다.

(3) 열풍식 배전기(Rotary Fluidized Bed Roaster)

고온의 고속 열풍에 의해 생두가 공중에 뜬 상태로 섞이고 볶이기 때문에 직화식보다 균일하게 볶을 수 있으며, 배전실과 냉각실이 별도로 설치되어 있어 열손실이 적다는 장점도 가지고 있다. 고속으로 원두 사이를 통과하는 열풍에 의해 원두는 공중에 뜬 상태로 섞이며, 배전되어 'Rotary Fluidizd Bed Roaster'라고도 불린다.

(4) 숯불배전기(Charcoal Roaster)

1970년대에 일본에서 개발된 것으로 숯의 강력한 열을 이용해 배전한다. 숯에서 발생하는 원적외선이 생두의 내부를 가열하여 겉과 속이 균일하게 배전되는 장점을 가지고 있다. 또 숯이 연소될 때 발생하는 연기가 원두에 스며들어 독특한 향을 즐길 수 있다.

(5) 디지털배전기(Digital Roaster)

전기를 이용해 복사열과 적외선으로 생두를 배전하는 전기로스터이다. 디지털 프로그래밍 기술을 활용해 자동적으로 배전할 수 있기 때문에 배전을 쉽게 할 수 있는 장점이 있다.

Chapter 02 예상문제 배전(Roasting)

01 배전 개념

001
생두 배전(Roasting) 대하여 바르게 설명한 것은?

가. 생두에 열을 가해 세포조직을 분해하여 여러 가지 커피 성분들을 발생시키는 작업이다.
나. 배전이라는 용어는 순수한 우리 말이다.
다. Light Roasting은 가장 강하게 볶아진 상태를 말하며 맛이 매우 진하다.
라. 배전과정에서 열에 의해 조직이 팽창되어 부피가 5배 증가한다.

002
생두 배전(Roasting)에 관한 설명으로 올바른 것은?

가. 배전이 시작되면 초기에는 발열반응이 발생한다.
나. 생두는 배전기 내부에서 100~180℃의 열풍으로 가열된다.
다. 생두의 조직 온도가 약 200℃에서 수분증발이 끝나고 색상이 갈색으로 변한다.
라. 생두의 탄수화물, 지방, 단백질 등이 분해되기 시작하고 이산화탄소가 방출되기 시작한다.

003
생두 배전(Roasting)에 관한 내용을 바르게 설명한 것은?

가. 생두가 열을 계속 흡수하면 조직이 수축하고 색상은 푸른색으로 변한다.
나. 탄수화물, 지방, 단백질이 화학반응으로 커피의 맛과 향기 성분과 전혀 무관하다.
다. Italian Roasting은 진한 밤색으로 신맛이 많다.
라. light Roasting은 황갈색으로 신맛이 많다.

004
생두 배전(Roasting)에 대한 설명 중 틀린 것은 어느 것인가?

가. 생두를 배전 하기 전에 배전기는 저온으로 약 30분간 예열시킨다.
나. 생두를 배전하기 전에 생두의 수분함량, 밀도, 수확연도, 가공 방법 등을 점검한다.
다. 배전기의 성능과 원하는 커피의 특성에 맞춰 생두의 양을 결정한다.
라. 생두를 배전하기 전에 배전 포인트를 미리 결정하기보다는 생두품종을 고려한다.

005
생두 배전에 대한 아래 설명 중 부적합한 것은 어느 것인가?

가. 카페인은 열에 안정적이므로 배전에 의해 큰 손실이 없다.
나. 생두 성분 중에 자당(Sucrose)은 배전에 의해 거의 소실된다.
다. 배전 후의 생두의 당함량은 10%에서 8%로 줄어든다.
라. 탄수화물 올리고당인 Sucrose는 갈색색소의 원료물질이다.

정답 001 가 002 라 003 라 004 라 005 다

배전(Roasting)

006
배전(Roasting)에 대한 설명 중 틀린 것은?

가. 약 150도에서 파핑(Popping)이 발생한다.
나. 배전초기에는 흡열반응, 배전과정 중에는 발열반응이 일어난다.
다. 향기 성분 생성은 발열반응이 진행되는 동안 이루어진다.
라. 배전된 원두를 냉각시키는 시간은 무조건 5시간으로 정해져 있다.

007
생두 배전에 대한 설명 중 틀린 것은?

가. 배전기 종류는 직화식, 반열풍식, 열풍식 배전기로 구분한다.
나. 배전종료 후 즉시 냉각을 시켜 주어야 한다.
다. 생두의 은피는 배전 도중 열분해가 일어나면서 소멸된다.
라. 배전초기에는 1차 흡열반응, 배전이 진행됨에 따라 2차 발열반응 현상이 일어난다.

008
생두를 배전(Roasting)하는 이유가 아닌 것은?

가. 생두는 풋내만 나지만 배전된 원두는 색깔, 맛, 향기를 생성시킨다.
나. 배전을 통하여 생두의 밀도를 확장하며 생두를 변화시킨다.
다. 생두의 보관보다 배전된 원두의 보관이 편리하다.
라. 배전도에 따라 다양한 향기, 색상, 맛을 볼 수 있다.

02 배전도

009
커피의 배전도에 따른 명도(L값)가 잘못된 것은?

가. City Roast : 27.7 이상
나. High Roast : 18.5~21.5
다. French Roast : 14.2~14.9
라. Full City Roast : 14.9~16.8

010
배전도에 대한 설명 중 틀린 것은?

가. 배전도는 배전 과정의 가열온도와 시간에 의하여 결정된다.
나. 배전도는 기계적으로 측정한 L 값(명도)으로 나타낸다.
다. 배전도가 약해질수록 배전도를 나타내는 L값은 감소한다.
라. 배전도가 약해질수록 배전도를 나타내는 L값은 증가한다.

011
애그트론 볶음도 분류에서 L(명도)값이 높은 단계부터 순서대로 정리된 것은?

가. Medium roast 〉 Light roast 〉 Full city roast 〉 French roast
나. Light roast 〉 Cinnamon roast 〉 Medium roast 〉 High roast
다. Full city roast 〉 Cinnamon roast 〉 Medium roast 〉 High roast
라. Light roast 〉 Full city roast 〉 Medium roast 〉 French roast

정답 006 라 007 다 008 다 009 가 010 다 011 나

012
애그트론 볶음도 분류에서 L(명도)값이 가장 높은 생두에 해당하는 배전도는?

가. Cinamon Roast　나. High Roast
다. Light Roast　라. French Roast

013
배전 결과 생두에서 오일이 비치고 세포벽 파쇄가 발생되는 배전도는?

가. City Roast　나. Full City Roast
다. Italian Roast　라. French Roast

014
배전 과정 단계에서 유럽스타일의 강배전(Dark Roast)의 특성이 아닌 것은?

가. 생두의 무게 감소
나. 카페인 양 감소
다. 생두의 풋내 향 감소
라. 일정량의 지방성분이 지속적으로 증가

015
배전 단계 중 유럽스타일의 강배전의 특성이 아닌 것은?

가. 지방성분의 양 감소
나. 쓴맛 증가
다. 카페인의 양 증가
라. 이산화탄소 증가

016
당류와 탄수화물이 짧은 시간에 배전되었을 때 맛의 느낌은?

가. Scorched　나. Baked
다. Green　라. Rubbery

017
저온-장시간 배전과 고온-단시간 배전 후 변화되는 내용은?

가. 고온-단시간 배전은 밀도가 작고 저온-장시간 배전은 밀도가 크다.
나. 고온-단시간 배전은 저온-장시간 배전보다 수용성 성분이 적다.
다. 저온-장시간 배전의 볶는 온도는 300℃가 좋다.
라. 저온-장시간 배전은 카페인 성분이 없다.

018
고온-단시간 배전한 경우와 저온-장시간 배전한 경우 배전 결과는?

가. 고온-단시간 배전이 저온-장시간 배전보다 생두의 부피가 더 커진다.
나. 저온-장시간 배전이 고온-단시간 배전보다 생두의 부피가 더 커진다.
다. 고온-단시간 배전과 저온-장시간 배전 모두 생두의 부피가 동일하다.
라. 고온-단시간 배전과 저온-장시간 배전 모두 생두의 부피가 더 커질 수도 있다.

019
빠르고 급하게 하는 급배전 현상은?

가. 생두의 크기는 커지고 밀도는 작아지며 수용성 물질의 추출이 더 용이하다.
나. 생두의 크기와 밀도는 커지고 수용성 물질의 추출이 더 용이하다.
다. 생두의 크기와 밀도는 작아지고 수용성 물질의 추출은 동일하다.
라. 일반 배전과 같이 생두의 크기, 밀도, 수용성 물질 추출이 동일하다.

정답　012 다　013 다　014 라　015 다　016 다　017 가　018 가　019 가

Chapter 02 예상문제 배전(Roasting)

020
생두 팽창률이 높은 커피성분 추출을 위한 배전기의 열원 조절로 적합한 것은?

가. 장시간에 약한 화력
나. 단시간에 강한 화력
다. 중간시간에 중간 화력
라. 약한화력으로 시작하여 차츰 강한 화력

03 배전기 및 배전 작업

021
가장 오래되고 일반적인 배전기로 원통형 드럼을 가로로 눕힌 형태의 배전기는?

가. 직화식 배전기
나. 반직화식 배전기
다. 반열풍식 배전기
라. 열풍식 배전기

022
배전기 종류에서 가열된 공기가 드럼 뒤 쪽 구멍을 통해 들어가게 되고 데워진 드럼의 온도에 의해서 배전되는 방식은?

가. 직화식 배전기
나. 반열풍식 배전기
다. 숯불식 배전기
라. 열풍식 배전기

023
기계 뒷부분에 부착되어 있어 일정한 배전과 배전 시간을 단축할 수 있는 방식은?

가. 직화식 배전기
나. 숯불식 배전기
다. 반열풍식 배전기
라. 열풍식 배전기

024
열풍식 배전기에 의한 급속한 배전의 특성이 아닌 것은?

가. 직화식보다 균일하게 볶을 수 있다.
나. 열손실이 적다.
다. 저온의 저속열풍에 의하여 커피콩을 유동화하여 균일하게 배전한다.
라. Rotary Fluidized Bed Roaster라 부른다.

04 배전 도구

025
배전하기 전에 배전가가 고려하지 않아도 되는 것은 어느 것인가?

가. 열원에 의한 생두 투입 온도
나. 생두 부피 감소율
다. 생두 생산지 파악
라. 배전도 결정

026
배전기의 댐퍼(Damper) 역할과 관계없는 것은?

가. 드럼내부의 공기 흐름을 조절하는 역할
나. 드럼내부의 열량을 조절하는 역할
다. 발열과 흡열반응을 조절하는 역할
라. 배전된 원두를 냉각시키는 역할

027
생두 배전(Roasting)과정 현상을 잘못 설명한 것은 어느 것인가?

가. 배전현상은 신맛에서 쓴맛으로 진행된다.
나. 배전은 1차 크랙과 2차 크랙으로 구분된다.
다. 색상은 연노랑색에서 갈색으로 변한다.
라. 배전은 발열현상에서 흡열현상으로 진행한다.

정답 020 나 021 가 022 나 023 다 024 다 025 다 026 라 027 라

028
생두 배전(Roasting)과정에서 발생하는 내용의 설명 중 틀린 것은?

가. 배전도에 따라 생두의 무게는 변한다.
나. 생두 지방성분의 비율은 약 12%에서 약 16%로 증가한다.
다. 이산화탄소는 증가하며 옅은 풋냄새의 향은 감소한다.
라. 생두의 특별한 변화는 1단계부터 시작된다.

029
생두를 배전할 때 발생하는 화학적 변화가 아닌 것은?

가. 수분 함량 감소
나. 가용성 성분 증가
다. 카페인 양 증가
라. 휘발성 향기 성분 증가

030
배전 진행 방법에 대한 설명 중 틀린 것은?

가. 생두의 세포벽이 열을 받아 서서히 수분의 증발이 이루어진다.
나. 배전 초기에는 수분이 증발하면 생두조직이 팽창한다.
다. Crack(크랙)과 Popping(파핑)은 다른 말이다.
라. 발열반응이 시작되면 원두의 조직은 급격히 팽창한다.

031
생두 배전과정 9단계 중 7단계에 대한 설명으로 맞는 것은?

가. 파핑에 의해 생두표면에 작은 균열이 생기기 시작하고 연기가 방출된다.
나. 주로 발열반응이 일어나는 단계이다.
다. 캐러멜화 반응이 일어나고 이산화탄소와 휘발성 산이 생성된다.
라. 은피가 분리되고 열분해를 통해 수용성 다당류가 생성된다.

032
생두 배전과정의 기본적인 세 가지 단계에 속하지 않는 것은?

가. 건조(Dry)단계
나. 냉각(Cooling)단계
다. 열분해(Pyrolysis)단계
라. 파핑(Popping)단계

033
생두 배전 3단계 과정으로 올바른 순서는?

가. 건조 – 냉각 – 열분해
나. 냉각 – 열분해 – 건조
다. 열분해 – 건조 – 냉각
라. 건조 – 열분해 – 냉각

034
샘플러(Sampler)를 통한 생두 배전의 변화 과정을 확인할 수 없는 것은?

가. 색상
나. 향기
다. 형태
라. 맛

035
생두 배전(Roasting) 후 생두 배전 상태를 확인하는 기준이 아닌 것은?

가. 색상
나. 팽창상태
다. 센터컷
라. 수분함유율

정답 028 라 029 다 030 다 031 가 032 라 033 라 034 라 035 다

Chapter 02 예상문제 배전(Roasting)

036
카페에스프레소 추출을 위한 배전(Roasting) 단계는 어디에 해당되는가?

가. Cinamon Roasting
나. City Roasting
다. Italian Roasting
라. Full City Roasting

037
수확 후 보관년도에 따른 생두 중 배전 시 열량을 가장 많이 소비하는 것은?

가. New Crop
나. Past Crop
다. Old Crop
라. Aged Bean

038
생두를 배전하기 전에 로스터(생두 볶는 사람)가 생각하지 않아도 되는 것은?

가. 로스터기의 용량과 생두 투입량에 맞는 투입온도 결정
나. 생두품종의 평가
다. 로스팅 타겟(Roasting Target)의 결정
라. 지방 성분의 변화

05 배전에 의한 생두 변화

039
배전(Roasting)과정 중 일어나는 물리적인 현상이 아닌 것은?

가. 배전 과정에서 생두의 실버스킨이 벗겨진다.
나. 배전 과정에서 파핑(Popping)이 발생한다.
다. 배전 과정에서 생두의 무게는 일정하다.
라. 배전 과정에서 생두의 부피가 늘어난다.

040
배전(Roasting)과정에서 발생하는 물리적 현상이 아닌 것은?

가. 생두 부피의 불변
나. 생두가 팽창되면서 1차 및 2차 크랙 현상 발생
다. 커피조직이 다공질화하면서 추출 조건 양호
라. 생두와 실버스킨의 분리 현상

041
배전(Roasting)과정 중 생두의 물리적 변화가 아닌 것은?

가. 무게 감소
나. 부피 증가
다. 수분 증가
라. 색상 변화

해설 배전은 전도, 대류, 복사의 열전달 현상에 의한 것으로 열이 생두를 가열해서 일어나는 것이다. 수분이 증발되고 이산화탄소가 생성되어 방출되며 여러 휘발성 향기 성분 등이 생성되면서 일부 손실도 일어난다. 부피는 팽창하고, 밀도는 반 이하로 감소하며 조직이 다공성으로 바뀐다.

042
뜨거운 열에 의해서 생두에서 발생하는 시차 열분석 변화가 아닌 것은?

가. 배전초기에 일어나는 흡열반응은 수분의 증발에 의한 것이다.
나. 배전 후에 일어나는 발열반응은 생두성분의 산화, 분해, 연소에 의한 것이다.
다. 배전 과정에서 생두 무게 감소는 수분 증발, 성분의 산화, 성분의 분해 때문이다.
라. 생두의 갈색도는 배전이 시작되면서 즉시 발생한다.

정답 036 다 037 가 038 라 039 다 040 가 041 다 042 라

043
생두에 열을 가하면 발생하는 화학, 물리적 변화에 대한 설명이 아닌 것은?

가. 약 140℃에서 일어나는 흡열반응은 수분 증발과 일부 성분의 탈수반응 원인
나. 약 200℃에서 일어나는 발열반응은 생두 성분의 산화, 분해 및 연소반응 원인
다. 생두의 갈색도는 배전 후반에 급증, 생두의 무게감소와 배전도는 반비례
라. 배전초기 생두 무게 감소는 불변, 배전 후는 수분 증발로 무게 감소

044
배전(Roasting)과정에서 나타나는 생두의 물리적 변화가 아닌 것은?

가. 명도 값 증가
나. 부피 증가
다. 수분 함량 증가
라. 밀도 강도 증가

045
배전(Roasting)과정에서 일어나는 화학적 성분 변화가 아닌 것은?

가. 수분 감소
나. 당분의 감소
다. 클로로젠산의 감소
라. 지방질 감소

046
갓 볶은 원두에서 발생하는 가스성분의 현상은?

가. 산소 발생
나. 수소 발생
다. 질소 발생
라. 이산화탄소 발생

047
강배전(Dark Roasting)된 원두의 상태가 아닌 것은?

가. 지방 성분 감소
나. 신맛 감소, 쓴 맛 증가
다. 카페인의 양 불변
라. 이산화탄소 증가

048
배전 과정에서 생두의 부피가 가장 부풀어 오르는 단계는?

가. French Roasting
나. City Roasting
다. Full City Roasting
라. Cinnamon Roasting

049
배전(Roasting)할 때 생두의 변화가 아닌 것은?

가. 수분 감소
나. 밀도 확장
다. 갈변 작용
라. 부피 증가

050
배전된 원두의 산패되는 속도를 빠르게 진행시키는 원인은?

가. 온도
나. 서리
다. 산소
라. 습도

정답　043 라　044 다　045 라　046 라　047 가　048 가　049 나　050 다

Chapter 02 예상문제 | 배전(Roasting)

051
원두의 유지 성분이 자연적인 산화에 미치는 요인이 아닌 것은?

가. 보관온도가 낮을수록 산화가 빠르다.
나. 보관온도가 높을수록 산화가 빠르다.
다. 금속 이온이 유지성분의 자동산화 반응을 증가시킨다.
라. 산소의 농도가 낮은 조건에서 산화속도는 산소의 양에 비례한다.

052
배전할 때 일어나는 생두 변화 과정이 아닌 것은?

가. 카페인 양 증가
나. 수분량 감소
다. 향기 성분 증가
라. 가용 성분 증가

053
배전 과정에서 1차 크랙 후의 생두의 상태가 아닌 것은?

가. 수분이 증발하면서 생두에 주름 발생
나. 은피가 완전하게 제거되지 않음
다. 오일 성분 유출
라. 신맛이 나며 고소한 향 발생

054
배전할 때 일어나는 생두 변화 과정이 아닌 것은?

가. 가용성 성분 증가
나. 휘발성 향기 성분의 지속적인 증가
다. 카페인 양의 일정
라. 생두의 용적 증가율은 점차 감소

055
배전할 때 일어나는 생두 변화 과정으로 옳은 설명은?

가. 생두가 열을 계속 흡수하면 조직이 수축하고 색상은 푸른색으로 변한다.
나. 프렌치 로스트는 생두가 계피 색을 띠며 신맛이 뛰어나다.
다. 생두의 탄수화물, 지방, 단백질, 유기산 성분은 커피의 맛과 향기 성분으로 된다.
라. 신맛을 강조하는 커피를 원하면 약배전을 하고 쓴맛을 원한다면 강배전한다.

056
배전 후 생두의 변화가 아닌 것은?

가. 다양한 성분들이 열에 의한 화학작용에 의해 다양한 향미 성분을 발산한다.
나. 생두의 당분, 단백질, 유기산이 갈변반응을 일으켜 색상이 갈색으로 변화한다.
다. 당류는 강배전 과정을 통하면서 대부분 소실된다.
라. 유리당류의 발생은 배전하고는 무관하다.

057
생두를 배전할 때 발생하는 변화는?

가. 무게 증가
나. 갈변 작용
다. 밀도 증가
라. 부피 감소

정답 051 가 052 가 053 다 054 라 055 다 056 라 057 나

058
배전두의 갈색 색소의 형성에 대하여 틀린 설명은?

가. 생두에 함유되어 있는 자당의 캐러멜화에 의한 것이다.
나. 아미노산과 환원당 간의 Maillard Reaction 에 의한 것이다.
다. 클로로겐산이 자당의 열분해물과 반응하여 갈색 색소를 형성한다.
라. 아라비카종보다는 로부스타종이 갈색도가 더 짙다.

059
생두를 배전한 후 일어나는 갈색 색소의 형성에 대하여 틀린 설명은?

가. 생두에 5~10% 함유된 자당의 캐러멜화에 의한 것이다.
나. 탄수화물 및 환원당 간의 마이야르반응에 의한 것이다.
다. 단백질, 다당류, 클로로겐산류, 트리고넬린 분해물질들이 결합된 고분자혼합물이다.
라. 탄수화물의 단당류인 글루코오스와 올리당의 수크로오스가 갈색 색소의 원료물질이다.

060
배전 과정 중 발생되는 캐러멜화(Caramelization) 에 대해 바르게 설명한 것은?

가. 생두에 함유된 환원당과 아미노산에 의하여 향기를 나타내는 성분 반응
나. 생두에 함유된 Glucose 및 Sucrose에 의하여 향기를 나타내는 성분 반응
다. 생두에 함유된 환원당과 아미노산에 의하여 갈색을 나타내는 Furan polymer 성분 반응
라. 생두에 함유된 글루코오스 및 자당에 의하여 갈색을 나타내는 Furan polymer 성분 반응

061
생두 배전과정에서 갈변작용으로 발생하는 향기 성분은?

가. 허브 향, 캐러멜 향, 초콜릿 향
나. 고소한 향, 초콜릿 향, 캐러멜 향
다. 캐러멜 향, 초콜릿 향, 탄 냄새
라. 송진 향, 향신료 향, 탄 냄새

062
배전 중 마이야르 반응(Maillard Reaction)에 대한 설명이 아닌 것은?

가. 초기 – 질소배당체 형성
나. 중기 – Keto 알데이드
다. 말기 – 탈수 반응
라. 최종 – 단백질 중합

063
마이야르 반응(Maillard Reaction)에 대한 설명은?

가. 효소적 갈색변화 반응
나. 멜라노이딘 반응
다. 캐러멜화 반응
라. 탄수화물 반응

064
생두에 함유된 카페인 성분이 배전 과정에서 발생하는 현상은?

가. 130℃ 이상에서는 조금 소멸되지만 카페인의 대부분은 배전된 원두에 잔존한다.
나. 카페인 성분은 배전 온도와 전혀 무관하다.
다. 130℃ 이상에서는 조금 소멸되고 배전될수록 카페인의 함량은 감소한다.
라. 배전이 진행됨에 따라 유리아미노산에 의하여 카페인이 생합성된다.

정답 058 라 059 라 060 라 061 나 062 다 063 나 064 가

배전(Roasting)

065
생두를 배전(Roasting)하면 양의 변화가 가장 큰 성분은?

가. 단백질 나. 지방
다. 수분   라. 탄수화물

066
생두를 배전할 때 발생하는 성분 중 양의 변화가 다른 것은?

가. 카페인
나. 당류
다. 클로로젠산
라. 트리고넬린

067
생두를 배전(Roasting)할 때 가장 많이 감소되는 성분은?

가. 지질   나. 카페인
다. 탄수화물 라. 자당

068
생두의 성분 중 배전 전보다 배전 후에 감소되는 성분은?

가. 지방
나. 카페인
다. 트리고넬린
라. 탄산가스

069
배전 시 커피 특유의 갈색과 커피의 향기 형성에 영향을 미치지 않는 성분은?

가. 당분   나. 아미노산
다. 유기산 라. 트리고넬린

070
커피의 쓴맛에 관련이 없는 성분은?

가. 카페인
나. 트리고넬린
다. 클로로젠산
라. 식초산

071
배전과정 중 생두에 함유된 트리고넬린의 화학적 변화는?

가. 배전과정에서 향기성분으로 변화한다.
나. 배전과정에서 갈색색소 성분으로 변화한다.
다. 배전과정에서 함량이 급속히 증가된다.
라. 배전과정에서 Nicotinic acid 및 Niacin 등의 비타민으로 변화된다.

072
커피의 쓴맛 성분인 트리고넬린의 설명이 아닌 것은?

가. 카페인의 약 1/4 정도의 쓴 맛을 나타낸다.
나. 커피에 트리고넬린은 리터당 300mg 들어있다.
다. 배전 과정 중에 거의 분해되며 커피에 탄 냄새를 나타낸다.
라. 아라비카 종보다 로부스타 종의 생두에 더 많이 함유되어 있다.

073
배전과정에서 열분해되어 플레이버와 비타민인 Niacin이 생성되는 성분은?

가. Cafestol
나. Chlorogenic acid류
다. Trigonelline
라. Caffeine

정답 065 다 066 가 067 라 068 나 069 라 070 라 071 라 072 다 073 다

074
생두의 단백질과 유리아미노산에 대한 설명은?

가. 유리아미노산은 로부스타종에 비하여 아라비카종에 더 많이 함유되어 있다.
나. 결점두보다 완전한 생두에 적게 포함되어 있다.
다. 커피의 향기성분 형성과 무관하다.
라. 전체 단백질은 로부스타종에 비하여 아라비카종에 더 많이 함유되어 있다.

075
배전과정에서 생두의 수분함량을 조절하여야 할 요인이 아닌 것은?

가. 배전온도와 시간
나. 배전온도와 콩의 표면온도
다. 열원의 종류와 가열방법
라. 열의 조사 및 전열방법

076
배전된 원두에서 커피의 산미를 표출하는 성분 중 가장 많이 함유되어 있는 성분은?

가. Malic acid
나. Citric acid
다. Lactic acid
라. Pyruvic acid

077
식물성 알카로이드에 속하는 흥분제로 원두 쓴맛 중 10% 정도를 차지하는 것은?

가. 카페인
나. 아미노산
다. 트리고넬린
라. 탄수화물

078
철분 흡수율을 떨어뜨리는 카페인에 포함되어 있는 성분은?

가. 페리페놀 성분
나. 카페인 성분
다. 트리고넬린 성분
라. 퀴닌산 성분

079
생두 배전 시 커피 맛 성분의 변화에 대한 설명 중 옳지 않은 것은?

가. 당분, 유기산, 카페인, 무기질 등이 화학반응하여 다양한 맛을 생성한다.
나. 트리고넬린은 배전과정 중 Nicotinic 산 및 Niacin등 비타민으로 변한다.
다. 아라비카종은 유기산이 많아 신맛이 강하다.
라. 아라비카종이 로부스타종보다 쓴맛이 강하다.

080
카제인 나트륨에 대한 설명 중 적합한 것은?

가. 단백질의 일종으로 우유에 3% 들어있다.
나. 섭취하면 인체에 유해하다.
다. 물과 혼합하면 고체가 된다.
라. 우유에 알칼리를 혼합하면 생성된다.

081
배전(Roasting)과정 중 맛 성분의 변화에 대한 설명 중 옳은 것은?

가. 로부스타종은 유기산이 많아서 쓴맛이 강하다.
나. 신맛은 로부스타종이 아라비카종보다 강하다.
다. 쓴맛은 카페인, 트리고넬린 카페익산, 퀴닉산등에 기인한다.
라. 쓴맛은 라이트와 시나몬배전일 때 가장 강하다.

정답 074 가 075 라 076 나 077 가 078 가 079 라 080 가 081 다

배전(Roasting)

082
배전(Roasting) 정도에 따른 커피 맛의 변화를 맞게 설명한 것은?

가. 약하게 배전할수록 커피는 신맛이 강하다.
나. 강하게 배전할수록 커피는 신맛이 강하다.
다. 약하게 배전할수록 커피는 단맛이 강하다.
라. 강하게 배전할수록 커피는 짠맛이 강하다.

083
커피의 신맛을 표현하는 원두의 Phenolic Carbonic Acid를 대표하는 5종의 성분?

가. Citric acid, Malic acid, Lactic acid, Pyruvic acid, Acetic acid
나. Maleic acid, Malic acid, Lactic acid, Pyruvic acid, Acetic acid
다. Citric acid, Tartaric acid, Oxalic acid, Pyruvic acid, Acetic acid
라. Citric acid, Malic acid, Lactic acid, Glutaric acid, Fumaric acid

084
커피의 성분 중 커피의 향미를 느끼게 하는 성분이 아닌 것은?

가. 휘발성 액체 상태의 무기 성분
나. 지방질 같은 비 용해성 액체와 수용성 고체 물질
다. 케톤(Ketone)이나 알데히드(Aldehyde) 계통의 휘발성분
라. 에스테르(Ester)화합물

085
배전할 때 갈색으로 변하게 하고 향기와 감칠맛을 증가시키는 성분은?

가. 단백질
나. 탄수화물
다. 당분
라. 지방

086
배전된 원두에서 가장 많이 발생하는 가스의 주성분은?

가. 이산화탄소
나. 산소
다. 질소
라. 일산화탄소

087
원두에서 발생하는 탄산가스의 틀린 설명은?

가. 향기 성분이 공기 중의 산소와 접촉하는 것을 막아준다.
나. 커피의 추출을 방해한다.
다. 커피 추출액에 거품이 생긴다.
라. 커피를 저장할 때 탄산가스가 새어나가지 않도록 완전하게 밀폐시키는 것이 좋다.

088
배전 과정 중에 생성되는 커피의 향이 아닌 것은?

가. 과일 향
나. 캐러멜 향
다. 고소한 향
라. 초콜릿 향

정답 082 가 083 가 084 라 085 다 086 가 087 라 088 가

089
배전 후 원두의 향미 성분 변화에 대한 내용이 아닌 것은?

가. 당분, 아미노산, 유기산 등이 배전과정을 거치며 갈변반응을 통해 향기성분으로 바뀐다.
나. 당분, 유기산, 카페인, 무기질 등이 화학반응하여 각종 커피 맛을 생성한다.
다. 로부스타종보다 아라비카종에서 더 많이 향미 성분이 생성된다.
라. 일본식(Japan Style) 배전이 진행될수록 향기성분이 증가한다.

090
배전 중 생두의 향기 성분 변화에 대한 내용이 옳은 것은?

가. 이탈리안 배전은 쓴맛보다 신맛이 강하다.
나. 일본식(Japan Style) 배전이 진행될수록 향기 성분이 증가한다.
다. 당분, 아미노산, 유기산 등이 배전과정을 거치면 갈변반응을 통해 향기성분으로 바뀐다.
라. 아라비카종보다 로부스타종에서 더 많이 향미 성분이 생성된다.

091
생두의 강배전 건류반응(Dry distillation) 때 표출되는 향기가 아닌 것은?

가. Terpeny(송진향)
나. Caramelly(캐러멜향)
다. Berry(베리향)
라. Carbony(탄향)

 열분해로 생성된 성분이 빠져나가고 탄소질의 잔유물만 남는 작용을 건류반응이라 한다.

092
갈변반응에 의해서 발생하는 원두의 향은?

가. 사과향 나. 캐러멜향
다. 송진향 라. 딸기향

093
만약에 배전 후 풋내와 누린내만 나고 향기가 없는 이유는?

가. 저온-장시간 배전
나. 저온-단시간 배전
다. 고온-단시간 배전
라. 고온-장시간 배전

정답 089 라 090 다 091 나 092 나 093 가

Part 01 | 커피전문가(BARISTA) 필기시험

커피 메뉴(Coffee Menu)

01 커피 추출 방식(Extraction)

1 터키식 커피(이브릭) 추출 방식

세계에서 가장 오래된 커피 추출법으로 특징은 밀가루처럼 아주 곱게 분쇄한 원두를 끓여 가라앉힌 후 마시는 고전적이고 전통적인 추출법인데 더욱 진한 커피 맛을 느낄 수 있다. 터키식 커피는 거품을 통해서 커피 본연의 향이 더욱 그윽해지고 미지근해지면 더욱 더 부드러우며 진한 향을 음미할 수 있다. 마실 때는 설탕, 향신료를 넣고 마시거나, 버터나 소금을 입에 머금고 마신다.

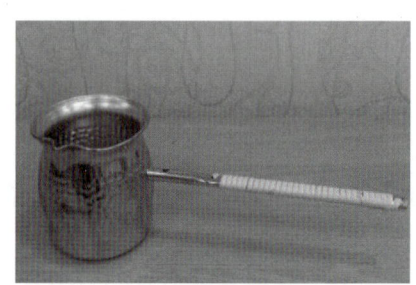

이렇게 마시는 방법을 가리켜 각 나라별로 아라비아식, 그리스식, 불가리아식이라고 부르며 마시고 난 후에는 커피 잔을 받침 위에 엎어 두는데, 받침 위에 생긴 모습으로 점을 치는 풍습이 오늘날까지 이어지고 있다.

2 프렌치 프레스(French Press) 추출 방식

프렌치 프레스는 금속 거름망이 달린 막대 손잡이와 유리그릇으로 구성되어 있는데, 유리관 안에 분쇄된 커피를 담고 뜨거운 물을 부어준 다음 금속성 필터로 눌러서 짜내는 수동식 추출방식이다. 즉, 1.5mm 정도로 조금 굵게 분쇄한 커피가루를 포트에 넣고 물을 부어 저어준 다음 거름망이 달린 손잡이를 눌러 커피가루를 포트 밑으로 분리시킨 후 따라 마시는 방법이다.

3 핸드드립(Hand Drip) 추출 방식

가장 자연적인 방식으로 중력의 원리를 이용해 뜨거운 물을 천천히 부어 추출하는 필터식

추출방식으로 멜리타라는 독일 여성이 최초로 개발하였다. 깔때기 모양의 드립퍼는 여과지를 받쳐주는 받침대로 물이 원활하게 흐를 수 있도록 경사지게 만들고 홈을 판 형태의 구조이다. 이 홈을 립(Rib)이라 하는데 물길을 여는 역할을 하는 동시에 필터와 드립퍼가 밀착되어 커피액이 역침투하는 것을 방지해 준다. 드립퍼로는 강화 플라스틱 소재로 만든 제품이 많이 사용되고 도자기 제품도 있지만 깨지기 쉽고 가격도 상대적으로 비싸기 때문에 대중성은 없다.

4 워터드립(Water Drip) 추출 방식

워터드립 방식으로 추출된 커피를 더치커피(Dutch Coffee)라고 하며 찬물로 장시간 추출(4~12시간)하는 방식으로 원두의 분쇄도와 물의 맛이 중요한 작용을 한다. 찬물로 추출하여 카페인이 아주 적고 장기간 보관이 가능하며 네덜란드 상인들에 의해 음용된 방법이다.

5 기계드립(Automatic Drip) 추출 방식

전자식 제어를 통해 자동으로 뜨거운 물을 고르게 부어 커피를 뽑는 대량 추출방식으로 주로 수요가 많은 휴게소 등에서 많이 사용된다.

6 사이펀(Siphon) 추출 방식

증기의 압력과 물의 삼투압 현상을 이용해 추출하는 진공식 추출방식으로 1840년 해양학자인 로버트 니어퍼에 의해 발명되었다. 커피의 맛이 깨끗하고 추출되는 과정이 아름답지만 시간이 많이 걸리고 번거롭기 때문에 국내에서는 널리 보급되지 못하였다.

사이펀은 상하 두 부분 중 윗부분에 고정된 필터가 있다. 물을 아래 부분에 담고 알코올램프로 천천히 가열하면 끓기 시작하면서 증기압과 삼투압에 의해 커피가루가 있는 위쪽으로 올라가며 불을 끄면 커피물이 필터를 거쳐 아래로 내려오게 된다. 일명 베큠 팟(Vacum Pot)방식이라고도 한다.

7 모카포트(Mocha Pot) 추출 방식

가열된 물에서 발생하는 수증기의 압력을 이용해서 추출하는 추출기구로, 증기압을 이용하기 때문에 비교적 에스프레소 방식에 가까운 커피 맛을 낼 수 있으며 이탈리아에서 많이 사용된다. 곱게 간 원두와 정수된 물을 포트에 채운 뒤 불 위에 놓고 끓이면 수증기가 원두를 통과하면서 카페 에스프레소가 추출된다. 수증기가 오일성분까지 씻어내리기 때문에 여과지가 있는 커피메이커와는 다른 지용성 향이 풍기며 다소 거칠지만 고전적인 맛을 즐길 수 있다.

이 방식은 에스프레소 머신 추출 방법에 가장 가까운 가정식 에스프레소 추출 방식이다.

8 에스프레소 머신(Espresso Machine) 추출 방식

보일러의 압력과 모터를 이용하여 빠른 시간에 추출하는 현대식 추출방식이다. 현대 과학의 결정체라고 일컬어지는 에스프레소 머신의 발명과 발달은 에스프레소 커피가 현대식 커피의 대명사로 떠오르는 데 결정적인 역할을 하고 있다. 이로 말미암아 커피사업자들은 커피의 경제적 부가가치를 한층 더 높일 수 있는 발판을 마련했으며 소비자들은 좀 더 맛있는 커피를 보다 빠른 시간에 더욱 안정적으로 즐길 수 있게 되었다.

Coffee box 커피 추출법

커피 추출법은 가압추출법, 달임법, 우려내기, 여과법으로 구분한다.
① 가압추출법 : 강한 압력의 증기를 이용해서 카페 에스프레소를 추출하는 방식으로 에스프레소 머신, 모카포트 도구를 사용한다.
② 달임법 : 달임법은 추출용기 안에 물과 커피가루를 넣고, 짧은 시간 동안 끓인 후 커피가루가 가라앉은 후 음용하는 방법으로 터키식 커피 추출식인 이브릭 도구를 사용한다.
③ 우려내기 : 추출용기 안에 물과 커피가루를 넣고 커피가 우러 나오면 커피가루를 걸러내는 방법이다. 커피는 찻잎과 다르게 고운 가루로 우려내기 때문에 일반 차 거름망으로는 추출할 수 없어 프렌치 프레스 용기를 사용해서 추출한다.
④ 여과법 : 추출용기 안에 커피가루를 넣고 그 위에 물을 부어 추출하는 방법으로 커피메이커(드립포트), 핸드드립, 워터드립(더치 커피)이 이 방법에 속한다.

02 커피 원두 분쇄(Grinding) 및 패킹(Packing)

1 커피 원두 분쇄

커피추출 방법에 따라 원두의 분쇄도가 다른 이유는 분쇄된 커피가루가 추출 도구에 따라 물과 접촉하는 시간, 압력이 다르고 추출 조건이 다르기 때문이다.

원두의 분쇄도는 프렌치프레스 추출 방식이 입자가 제일 굵으며 그 다음 핸드드립, 워터드립 또는 커피메이커, 모카포트, 에스프레소기계 추출 방식 순서이다.

2 원두 패킹(Packing)

카페에스프레소의 추출 과정에서 가장 중요한 동작은 탬핑(Tamping)이다. 탬핑은 포터필터 안에 있는 바스켓 필터에 일정한 기준으로 분쇄된 커피를 '팩커(Packer)'라고도 불리는 탬퍼(Tamper)로 적당한 힘으로 다져주는 작업이다.

1차 탬핑 시에는 약 4~6kg로 가볍게 눌러주어서 수평을 맞춘다. 1차 탬핑 이후에는 바스켓 필터의 가장자리와 안쪽에 다져진 커피 사이에서 발생된 틈으로 커피가루가 위로 올라와 있는 것을 볼 수 있는데 이것을 해결하기 위해 포터필터를 탬퍼로 가볍게 툭 쳐주는 동작을 하는데, 이것을 탭핑(Tapping)이라고 한다. 이후 2차 탬핑을 하는데 약 15~20kg의 힘으로 다져준다. 그러나 한번만 탬핑을 해서 원두 가루를 다져 주어도 된다.

03 카페 에스프레소(Cafe Espresso)

1 카페 에스프레소 추출 단계

- 1단계 : 커피를 가장 맛있게 느끼는 온도는 55~60℃이며 잔이 차가우면 크레마가 금방 사라지기 때문에 뜨거운 잔 준비가 필요하다(잔 예열).
- 2단계 : 포터필터를 뽑고 그라인더를 작동한다.
- 3단계 : 포터필터에 분쇄된 커피가루를 담는다.
- 4단계 : 탬퍼를 이용해서 커피가루의 수평 맞추기를 한다. 만약에 수평이 맞지 않는다면, 양쪽 샷의 양이나 맛이 달라질 수 있다.
- 5단계 : 1차 탬핑을 실시하고 탬퍼로 압력을 주어 수평을 맞춘다.
- 6단계 : 2차 탬핑은 1차 탬핑 후 탬핑을 하고 나서 실시하는데 포터필터를 뒤집었을 때 커피가 쏟아지지 않도록 한다.
- 7단계 : 주변에 묻은 가루를 손으로 정리한 후 추출버튼을 누르고 커피 잔으로 추출 커피를 받는다.

2 카페 에스프레소 평가

(1) 크레마(Crema)

크레마는 에스프레소 상부에 갈색 빛을 띠는 크림을 말한다. 일반적으로 크레마가 많다고 해서 좋은 품질의 에스프레소라고 할 수는 없으나 크레마가 적거나 없는 에스프레소는 거의 대부분 원두가 오래 된 경우이며 일반적으로 3~4mm 정도의 크레마가 있는 에스프레소를 가장 맛있는 에스프레소라 한다.

크레마의 농도와 색은 배전도와 생두 품종, 숙성정도에 따라서도 차이가 있다. 중배전된 커피의 경우에는 크레마가 황금색을 띠고 강배전 커피의 경우에는 약간 적색을 띠게 된다. 아라비카종을 많이 사용하면 크레마의 양이 적고 옅은 황금색을 띤다. 로부스타를 많이 사용하면 크레마 양이 많아지고 진한 황금색을 띠게 된다.

시간도 중요한데 배전 후 시간이 얼마나 경과된 커피인지, 시간의 경과에 따라 커피 품질의 변화는 어떻게 일어나는지를 알아야 제대로 된 크레마를 얻을 수 있다. 오래된 커피는 대개 크레마의 두께가 얇고 농도도 흐리며 색상도 탁한 편이다.

숙성 정도는 크레마의 지속성과 밀접한 관계를 가지고 있다. 숙성이 되지 않으면 크레마가 많이 나오는 것처럼 보이지만 실제로는 거의 거품에 가깝다. 가스로 차 있는 갓 볶은 원두는 불림이 제대로 이루어지지 않기 때문에 크레마보다 가스가 많이 나온다. 이런 크레마는 휘발성 가스가 빠지면서 금방 사라지는 현상이 일어난다.

① 크레마의 색감

입자가 기준치보다 굵은 상태에서 추출한 경우
투입량이 적은 상태에서 추출한 경우
보관상태가 좋지 않은 상태의 커피를 사용해서 추출한 경우

너무 신선한(숙성이 덜 된)커피를 사용해서 추출한 경우
마모된 칼날로 분쇄해서 추출한 경우

추출 온도가 높은 상태에서 추출한 경우
너무 신선한(숙성이 덜된) 커피로 투입량을 많이 넣어서 추출한 경우

분쇄된 커피의 입자가 너무 가는 상태에서 추출한 경우
펌프압력이 낮은 상태에서 추출한 경우
커피 투입량이 많은 상태에서 추출한 경우

최적의(정상) 상태에서 추출한 에스프레소

에스프레소를 평가할 때는 먼저 크레마의 색감을 확인하고, 그 다음으로 양과 품질, 향기를 차례로 확인하게 된다. 에스프레소는 추출 시 잔에 떨어지는 위치에 따라 크레마의 색감에 차이가 생긴다.

에스프레소 추출 시 잔의 벽면으로 커피가 떨어지도록 하면 벽면을 타고 떨어지면서 가속도가 붙어 흰색에 가까운 물결이 만들어지고, 이에 따라 최종 크레마도 흰색으로 뒤덮

이게 된다. 이 경우에는 크레마의 색감이 떨어지기 때문에 에스프레소의 맛을 감소시킬 수 있다. 에스프레소 잔의 안쪽에 떨어지게 하면 크레마의 색감은 좋아진다. 에스프레소는 시각적인 면을 무시할 수 없는 기본메뉴이기 때문에 떨어지는 위치를 잘 잡아 주어야 좀 더 보기 좋은 양질의 크레마를 얻을 수 있다.

② 크레마의 양

크레마의 양은 에스프레소의 품질과 직결된다. 좋은 색감, 적절한 양의 크레마가 덮여 있는 에스프레소가 시각적인 평가는 물론 맛 부분에서도 좋은 평가를 받기 마련이다.

잔을 기울였을 때 커피 색깔이 보이지 않아야 양적으로 적절하고 좋은 크레마라고 할 수 있다. 또한 크레마를 스푼으로 살짝 저었을 때 바로 봉합될 정도의 점성을 가진 크레마가 이상적인 것으로 평가된다.

③ 크레마의 향

커피 향를 확인할 때는 코를 잔속으로 깊숙이 넣은 다음 확인해야 주위의 영향을 배제할 수 있다. 유자향을 비롯한 과일향, 꽃, 꿀, 허브, 보리향 등 느낌이 좋은 향이 많으면 많을수록 좋은 에스프레소로 평가된다. 반면 가죽, 고무, 곰팡이, 담배와 같은 향이 나면 좋지 않은 에스프레소이다.

(2) 맛(Taste)

커피 맛을 확인할 때는 잔으로 마시지 말고 스푼을 이용해서 커핑하듯 빠르게 흡입하는 것이 좋다. 에스프레소의 맛은 혀의 특성에 따라 쓴맛, 신맛, 단맛의 순으로 느껴지기 마련이다. 아주 짧은 순간에 이어지는 이 미묘한 맛의 변화를 잘 느끼기 위해서는 반복적인 맛보기 훈련이 필요하다.

먼저 쓴맛을 느낀다. 쓴맛을 평가할 때는 강도보다는 품질적인 면을 우선적으로 판단한다. 쓴맛은 그 자체로 품질을 결정하는 것은 아니다. 강하면 나쁘고 강하지 않으면 좋은 커피가 아니라 쓴맛이 강하더라도 부드러우면 좋은 에스프레소이고, 쓴맛이 약하더라도 거칠면 나쁜 에스프레소라 할 수 있다.

다음은 신맛을 확인한다. 신맛 또한 품질을 확인해야 한다. 신맛이 강하다고 나쁘고 신맛이 적다고 좋은 것은 아니다. 신맛이 강하더라도 상큼하고 부드러우면 좋은 에스프레소이고, 신맛이 적더라도 자극적이거나 거칠면 나쁜 에스프레소라 할 수 있다.

그 다음 단맛을 확인한다. 쓴맛 때문에 잘 드러나지는 않지만, 대개의 커피 속에는 비교적 풍부한 단맛이 포함되어 있다. 단맛의 강도는 높을수록 좋다.

(3) 잔향(After Flavor)과 바디(Body)감

입 속에서 느껴지는 향의 깊이와 여운을 체크하고 바디의 정도를 확인한다. 잔향은 커피를 마시고 난 다음 잔잔하게 남아 있는 향을 의미하고 바디는 흔히 감칠맛, 매끄러운 여운, 묵직한 느낌 등으로 표현되는 뒷맛을 일컫는다. 잔향과 바디의 정도를 정확하게 느끼기 위해서는 많은 노력이 필요하다.

(4) 카페 에스프레소 과소 · 과대 추출 결과 및 원인 그리고 개선

① **과소 추출** : 뜨거운 물이 분쇄된 원두를 매우 빠르게 통과하여 에스프레소가 묽어지는 추출

원인	결과	원인 개선
굵은 분쇄도	온수의 통과시간이 빠르기 때문에 원두의 고형성분이 알맞게 추출되지 않는다.	그라인더의 분쇄도를 조정한다.
약한 탬핑	커피가루 입자 간 공간이 넓어 온수가 빠르게 통과한다.	1차 및 2차 탬핑을 통하여 힘조절을 한다.
적은 커피량	원두양이 적기 때문에 온수가 빠르게 통과한다.	2잔 기준 14~20g의 원두량을 사용한다.
낮은 온도	원두의 고형성분은 낮은 온도에서는 적게 추출된다.	온수 온도를 95도 내외로 유지한다.
높은 압력	압력이 높으면 많은 양의 물이 빠르게 통과하기 때문에 과소추출된다.	기계 압력을 8~10bar로 유지한다.
바스켓 팽창	필터를 오래 사용하면 바스켓 구멍이 넓어져 추출이 빨라진다.	6개월~1년 단위로 소모품을 교환한다.

② **과대 추출** : 뜨거운 물이 분쇄된 원두를 매우 느리게 통과하여 에스프레소가 진해지는 추출

원인	결과	원인 개선
가는 분쇄도	온수의 통과시간이 느리기 때문에 원두의 고형성분이 과도하게 추출된다.	그라인더의 분쇄도를 조정한다.
강한 탬핑	커피가루 입자 간 공간이 좁아 온수가 느리게 통과한다.	1차 및 2차 탬핑을 통하여 힘조절을 한다.
많은 커피량	원두양이 많기 때문에 온수가 느리게 통과한다.	2잔 기준 14~20g의 원두량을 사용한다.
높은 온도	원두의 고형성분은 높은 온도에서는 과도하게 추출된다.	온수 온도를 95도 내외로 유지한다.
낮은 압력	압력이 낮으면 물이 느리게 통과하기 때문에 잡다한 맛이 추출된다.	기계 압력을 8~10bar로 유지한다.
바스켓 막힘	바스켓 구멍이 막혀 있으면 추출이 원만하지 않다.	6개월~1년 단위로 소모품을 교환한다.

(5) 카페 에스프레소를 대표하는 메뉴

메뉴 이름	설 명
카페 에스프레소	25~35ml 정도의 데미타세에 제공하는 커피 메뉴이다.
도피오	포터필터 추출구 양쪽으로 흘러나오는 에스프레소를 한 컵에 합쳐서 제공되는 더블 에스프레소로 일반적으로 투샷이나 더블샷으로 제공된다.
리스트레또	추출시간을 짧게 해서 양이 적은 진한 에스프레소로 10~15초 동안 15~20ml 정도 추출하는 메뉴이다.
룽고	에스프레소보다 추출 시간을 길게 하여 양이 많게 추출한 에스프레소이다.
아메리카노	룽고와 유사하지만 에스프레소에 뜨거운 물을 추가해서 희석한 음료이다. 룽고나 리스트레또도 아메리카노 메뉴가 가능하다.

04 카페 카푸치노(Cafe Cafuccino)

카페 카푸치노는 카페 에스프레소 1oz를 추출한 후 거품 난 우유를 부어서 마시는 커피 메뉴로 스팀 완드(Steam Wand)를 이용해서 우유 거품을 내는 기술이 필요하다.

1 우유 거품 내는 순서

(1) 스팀피처에 우유 담기

스팀피처에 우유를 얼마나 담을 것인가 하는 문제는 전적으로 바리스타의 몫이다. 우유의 양이 적으면 제대로 된 메뉴를 만들 수 없고, 너무 많으면 거품 내기가 어렵고 낭비도 많아진다.
1잔용 피처용량은 300ml이지만 우유는 120ml 정도만 담으면 되고, 2잔용 피처용량은 600ml 이지만 우유는 200ml 정도만 담으면 된다. 3~4잔용은 900ml 피처를 사용하지만 우유는 350ml 정도만 담으면 우유거품을 만들 수 있다.
스팀피처가 차갑지 않으면 우유의 온도가 더 빨리 올라가기 때문에 스팀피처는 차가워야 하고 우유는 4~5℃ 정도의 냉장 살균우유를 사용하는 것이 좋다.

(2) 스팀밸브 작동

스팀노즐에는 스팀이 식으면서 물이 되어 남아 있는데 이 물을 빼주지 않고 스팀을 사용하면 남아 있는 물이 우유에 혼합되면서 농도를 흐리게 만든다. 따라서 우유거품을 만들기 전에 반드시 스팀밸브를 열어 물을 빼주어야 우유의 맛이 달라지는 현상을 예방할 수 있다. 밸브를 열어주는 시간은 약 1~2초 정도가 적당하고 젖은 행주로 스팀노즐을 감싸고 열어주어야 물이 튀는 것을 예방할 수 있다.

(3) 스팀노즐 각도

우유거품의 질은 노즐과 우유 표면의 각도에 좌우된다. 이 각도만 잘 잡아도 쉽게 고운 우유거품을 만들 수 있다.

스팀노즐의 각은 먼저 스팀노즐과 기계가 직각이 되게 잡은 다음 우유 표면과 직각에 가깝게 잡는다. 우유 표면과 직각이 되어야 우유에 미치는 힘이 비슷하게 작용하여 더욱 손쉽게 부드러운 우유거품을 만들 수 있다.

(4) 스팀노즐 담금

스팀노즐을 처음에는 깊이 담구어 공기의 양을 조절해야 한다. 처음에 노즐을 너무 낮게 담그면 강한 스팀에 의해 순간적으로 공기가 많이 주입되기 때문에 고운 거품을 얻기가 힘들어진다. 따라서 스팀노즐은 처음에는 깊이 담그고 서서히 높이를 조절하는 것이 좋다.

(5) 스팀밸브 열기

스팀밸브를 손에 힘을 빼고 천천히 시계 반대 방향으로 돌리면 잘 돌아가다가 약간 힘이 들어가는 부분이 생기는데 스팀은 이때부터 나오기 시작한다. 스팀의 세기에 따라 스팀밸브를 조절해야 한다.

(6) 공기 주입(연습을 많이 해야 하는 동작)

스팀노즐을 깊이 담근 상태에서 스팀밸브를 연 다음 오른손은 스팀피처의 옆 부분을 온도를 체크하기 위해서 손바닥으로 감싼다.

스팀피처를 아래로 서서히 내리면 스팀노즐 팁이 우유 표면으로 드러나고 공기마찰에 의해 1차 우유거품이 만들어지게 된다. 작은 마찰에 의해 미세한 거품이 만들어지고 최종적으로 고운 거품을 만들기 위해서는 스팀피처를 아래로 내릴 때는 급하게 내리지 말고 서서히 내려야 한다. 이 원리는 스팀노즐에서 분사되는 스팀이 우유 표면으로 드러나면서 노즐 주위에 있는 공기를 우유 속으로 끌고 들어가게 되며 공기 주입은 우유가 스팀피처의 70~80% 정도 찰 때까지 해주는데 이때 온도는 35℃ 이하이어야 한다.

(7) 혼합 작업(연습을 많이 해야 하는 동작)

우유 위에 형성된 작은 거품을 고운 거품으로 만들어 주면서 온도를 높이는 작업으로 고운 거품을 얻기 위한 최종적인 단계이다.

공기를 주입하기 위해 내렸던 피처를 그 자리에서 그대로 멈춘 상태에서 혼합한다.

이때 위로 올리거나 스팀피처의 각도를 바꾸게 되면 좋은 거품을 얻기가 힘들어진다. 따라서 마찰 소리가 들리지 않을 정도로 스팀노즐의 팁 부분만 담궈주어야 큰 회전을 통해 전체를 빠르고 고르게 혼합할 수 있다.

이 혼합단계에서 생성되는 거품은 없어지지 않기 때문에 공기주입이 끝나면 가급적 공기가 더 이상 주입되지 않도록 주의를 기울여 회전시켜 준다. 혼합이 완전히 이루어지면 스팀피처의 80%까지 우유가 차오르게 된다. 이때의 온도는 60~70℃ 사이가 된다.

정상적으로 작업이 완료되면 빠른 동작으로 스팀 밸브를 잠근 다음 스팀피처를 빼준다. 만약에 스팀노즐이 깊게 잠겨 있다면, 스팀피처의 아래 부분에서만 혼합이 이루어지고 위에 있는 큰 거품들을 아래로 끌고 내려가지 못하기 때문에 우유 표면에 있는 거품의 혼합이 잘 이루어지지 않을 것이다. 혼합할 때 손목에 힘을 너무 주면 이러한 현상이 종종 일어난다. 따라서 거품을 혼합할 때는 손목에 힘을 뺀 상태에서 양손으로 가볍게 잡고 하는 것이 좋다.

(8) 거품기포 없애는 작업

우유 거품 내기를 잘 끝내도 약간의 작은 거품들이 남는데 이 거품을 없애기 위해 스팀피처를 바닥에 여러번 두드리고 회전을 여러번 하면 고운 거품을 얻을 수 있다.

넘치지 않을 정도로만 회전시켜야 하는데 이 동작을 너무 오래 하면 우유의 맛은 더 담백해지지만 온도가 내려가서 커피와 희석했을 때 커피맛이 떨어질 수 있으므로 빠른 동작이 필요하다. 만들어진 거품우유는 기포가 없이 고와야 하며 찰떡과 같이 응집력이 있어야 한다.

(9) 노즐 청소

스팀피처를 사용하고 난 다음에는 항상 스팀노즐을 1~2초 열어준 다음 깨끗한 행주를 이용하여 닦아내야 한다. 스팀을 먼저 틀어주는 이유는 스팀노즐이 뜨거워지면서 노즐 안쪽에 남아 있는 우유 찌꺼기들이 굳어 있을 수 있기 때문이다. 무엇보다도 중요한 것은 사용할 행주는 항상 깨끗한 곳에 보관하는데 일반적으로 별도의 접시 위에 비치한다.

Coffee box — 우유 데우기

우유 데우기는 우유거품 내기보다 쉽다. 우유를 데울 때는 노즐을 깊이 담근 상태에서 스팀을 열어 우유의 온도를 높여주면 된다. 우유 온도가 60~70℃ 사이가 되면 스팀밸브를 닫는다. 우유거품 낼 때와 마찬가지로 스팀을 사용한 후에는 반드시 스팀을 먼저 열어 남아 있는 우유 찌꺼기를 빼고 노즐을 깨끗하게 닦는다.

05 커피 베리에이션(Coffee Variation)

우리 입맛에 적합한 다양한 커피 메뉴는 카페 에스프레소를 기본으로 하여 우유, 파우더, 시럽 등 부재료를 혼합하여 조리하는데 커피 메뉴를 조리하는 것을 커피 베리에이션이라 한다.

1 카페 에스프레소 마끼아또

마키아또는 '점'이라는 의미로 에스프레소를 추출한 후 데미타세 잔 안에 우유와 우유 거품을 살짝 올려준다. 유의할 점은 우유 거품이 너무 과도하면 안된다는 점과 에스프레소 전용 데미타세 잔에 담아야 한다는 것이다. 전체 양이 60~80ml를 넘지 않도록 잔의 상부까지 채운다. 에스프레소 위에 우유거품을 2~3 스푼 올려 에스프레소 잔에 제공되는 커피메뉴로 마끼아또란 이태리어로 점, 얼룩을 의미한다.

2 카페 에스프레소 콘파나

에스프레소 커피를 추출한 후 데미타세 잔 안에 가공한 생크림을 올린다. 굳이 생크림이 아니어도 좋으나 어느 정도 당도가 느껴지는 크림을 넣는 것이 좋다. 유의할 점은 에스프레소와 크림의 조화로운 맛이 느껴져야 하는데, 에스프레소와 크림의 비율을 1:1 정도로 맞추어 주는 것이 중요하다.

에스프레소 추출보다 먼저 크림을 준비하는 데 동물성 크림이 맛과 향에서 좋으며 어느 정도 맛과 향을 위하여 시럽이나 소스, 깔루아, 베일리스와 같은 리쿠르를 첨가해 주는 것이 좋다. 콘은 영어의 with이고 파나는 cream을 의미한다.

3 시나몬 콘파나

에스프레소 콘파나를 기본으로 여러가지 부재료를 첨가하면 다양한 베리에이션 콘파나가 된다.

에스프레소 콘파나에 시나몬 향을 첨가하면 시나몬 콘파나가 되는데 시나몬의 색상이 잘 어우러질 뿐 아니라 시나몬의 달콤 쌉싸름한 향이 맛을 더 좋게 한다.

4 초콜릿 콘파나

직접 분쇄한 초콜릿을 토핑해주거나 토핑 파우더 또는 커피 제조 시에 초코 소스를 첨가하여 혼합 및 제조하면 달콤한 맛을 더 강조할 수 있다.

5 카페 라떼

에스프레소 30ml를 추출한 후, 우유를 첨가하면 카페 라떼가 된다. 라떼는 우유를 의미하는데 에스프레소에 데운 우유를 150~200ml 정도 첨가하여 200~250ml 잔에 제공한다. 카푸치노에 비해 우유의 양이 많고 거품이 거의 없게 하는 메뉴이다.

※ 카페 라떼는 이탈리아, 카페오레는 프랑스, 카페꼰레체는 스페인으로 모두 'Coffee with Milk'라는 의미이다. 베이스로는 드립커피, 모카포트 커피, 프렌치프레스 커피, 에스프레소 모두 가능하다. 미국에서는 에스프레소가 베이스이면 카페라떼, 드립커피가 베이스이면 카페오레이다.

6 카페 카푸치노

카페 카푸치노와 카페 라떼는 우유와 우유 거품 양의 차이에 따라 달라진다. 카푸치노는 거품이 많이 들어가는 커피 음료이므로 전체적인 음료의 양이 많아지면 안 된다. 에스프레소에 우유와 거품이 조화를 이루는 커피 메뉴로 150~200ml 크기의 잔에 제공되며 기호에 따라 시나몬, 초콜릿 가루를 토핑한다. 카페 카푸치노의 종류에는 Wet과 Dry가 있다.

7 카페 모카

'모카'라는 의미는 초콜릿의 의미뿐만 아니라 커피라는 의미로도 해석할 수 있다. 너무 구분하려 하는 것보다 통상적으로 '커피 혹은 초코'라는 의미로 알고 있으면 된다. 이 카페 모카는 잘 갖추어진 에스프레소 커피에 고운 스티밍된 우유, 그리고 초코 시럽 혹은 소스, 파우더 같은 초코향이 나는 재료를 섞어주면 된다.

에스프레소에 초콜릿 시럽과 데운 우유를 넣어서 섞은 후 그 위에 휘핑크림을 얹은 다음 초콜릿 시럽과 가루로 장식한 커피 메뉴이다.

8 아인슈페너

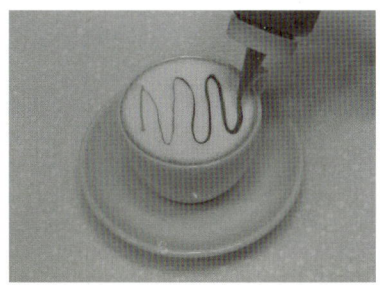

'한마리 말이 이끄는 마차'라는 뜻에서 유래된 이 커피는 추운 겨울이 긴 오스트리아에서 즐겨 마시는 커피로 크림이 듬뿍 올라간 뜨거운 커피이다.

9 카페 치오콜레타

'초콜릿'의 의미로 핸드드립 커피 혹은 아메리카노 커피에 초콜릿의 달콤함을 느낄 수 있도록 초콜릿을 첨가한 커피다.

10 카페 토리노

이탈리아 북부 지역인 토리노에서 처음 만들어진 커피로 카푸치노에 초콜릿의 달콤함이 가미된 커피이다.

Chapter 03 예상문제 커피 메뉴 (Coffee Menu)

01 커피 추출 방식

001
커피 한 잔을 조리하는 과정이 아닌 것은?

가. 배전(Roasting)
나. 분쇄(Grinding)
다. 추출(Extraction)
라. 탬핑(Tamping)

002
일반적인 원두 추출에 대한 내용으로 맞게 설명한 것은?

가. 시간과 양에 관계없이 커피를 받아내야 한다.
나. 다양한 도구를 이용하여 양질의 원두 성분을 받아내야 한다.
다. 추출은 무조건 많은 커피양을 받아내야 한다.
라. 반드시 커피전문가(Barista)가 추출해야 한다.

003
양질의 원두 추출을 위한 적절한 방법은?

가. 원두 분쇄는 커피를 추출하기 직전에 한다.
나. 단기간 사용하지 않는 커피는 냉동고에 보관한다.
다. 추출방법에 따라 커피를 마시는 시간은 다르다.
라. 생두는 원두보다 보관기간이 매우 짧다.

004
양질의 원두 추출을 위한 조건으로 적당하지 않은 것은?

가. 추출 도구 청결
나. 신선한 원두
다. 정수된 물
라. 바리스타의 외모

005
터키에서 사용되는 전통적인 방식으로 세계에서 가장 오래된 추출 방식은?

가. 이브릭 추출
나. 프렌치 프레스 추출
다. 핸드드립 추출
라. 사이펀 추출

006
유리관에 원두 가루를 넣고 뜨거운 물을 부어 금속성 필터로 압착하는 추출 방식은?

가. 이브릭 추출
나. 프렌치 프레스 추출
다. 핸드드립 추출
라. 사이펀 추출

007
여과식 추출법으로 멜리타라는 독일 여성이 개발한 추출 방식은?

가. 이브릭 추출
나. 프렌치 프레스 추출
다. 핸드드립 추출
라. 사이펀 추출

정답 001 가 002 나 003 가 004 라 005 가 006 나 007 다

008
일명 베큠 팟(Vacum Pot)방식으로 삼투압 현상을 이용하는 추출 방식은?

가. 이브릭 추출
나. 프렌치 프레스 추출
다. 핸드드립 추출
라. 사이펀 추출

009
차가운 물로 4시간 이상 카페인이 없는 커피를 추출하는 방식은?

가. 워터드립 추출
나. 기계드립 추출
다. 모카포트 추출
라. 에스프레소 기계 추출

010
무카페인 커피를 장시간 추출하는 방법으로 냉수를 사용하는 추출방식은?

가. 모카포트
나. 프렌치 프레스
다. 이브릭
라. 워터드립

011
수증기를 이용한 추출방식으로 에스프레소 기계에서 추출되는 커피와 가장 유사한 추출 방식은?

가. 워트드립 추출
나. 기계드립 추출
다. 모카포트 추출
라. 이브릭 추출

012
보일러의 압력과 모터를 이용하여 빠른 시간에 추출하는 방식은?

가. 워트드립 추출
나. 기계드립 추출
다. 모카포트 추출
라. 에스프레소 기계 추출

013
다양한 향미 성분을 가진 수용성 성분을 가장 많이 추출하는 추출 방법은?

가. 에스프레소 추출
나. 이브릭 추출
다. 더치 추출
라. 핸드드립 추출

014
커피추출방식과 추출도구를 연결한 것 중 잘못된 것은?

가. 우려내기 - 퍼콜레이터
나. 달임법 - 이브릭
다. 여과법 - 핸드드립
라. 가압추출법 - 모카포트

015
커피추출방식과 추출도구를 연결한 것 중 잘못된 것은?

가. 가압추출법 - 에스프레소
나. 여과법 - 핸드드립
다. 우려내기 - 프렌치프레스
라. 달임법 - 프렌치프레스

016
커피추출방식 중 여과법에 해당하지 않는 것은?

가. 융드립 추출
나. 페이퍼드립 추출
다. 워터드립 추출
라. 에스프레소 추출

017
커피추출방식 중 보일링(Boiling)법에 해당하는 것은?

가. 에스프레소 추출
나. 페이퍼드립 추출
다. 이브릭 추출
라. 프렌치 프레스 추출

정답   008 라   009 가   010 라   011 다   012 라   013 가   014 가   015 라   016 라   017 다

Chapter 03 예상문제 — 커피 메뉴(Coffee Menu)

018
추출 기구에 관한 설명으로 맞지 않는 것은?

가. 에스프레소(Espresso) : 남미식 커피를 추출하는 데 이용되는 기구
나. Cezve(체즈베) : 이탈리아 가정용 에스프레소 추출기구
다. Moka Pot(모카 포트) : 터키의 커피 추출기구
라. Syphon(사이펀) : 금속성의 가는 관을 통하여 커피를 유출하는 방법

019
터키에서 커피를 끓여 마시는 도구를 무엇이라 부르는가?

가. Ibrik(이브릭)　　나. Pan(팬)
다. Kopel(코펠)　　라. 서브(Server)

020
수동식 에스프레소 추출기구로 가정용 에스프레소 포트라고 하는 추출도구는?

가. 모카 포트　　나. 프렌치 프레스
다. 이브릭　　　라. 페콜레이터

021
커피 추출시 유의해야 할 점이 많은데 틀리게 설명한 것은?

가. 물의 온도는 배전도에 따라 다르게 적용하여 추출하는 것이 일반적이다.
나. 분쇄도는 추출도구에 따라 다르게 분쇄한다.
다. 커피 추출 기본은 반드시 바리스타에 의해서만 가능하다.
라. 원두의 상태는 추출하기 전에 체크해야 한다.

022
커피 추출의 삼대 원리 순서가 맞는 것은?

가. 용해, 침투, 분리　　나. 침투, 용해, 분리
다. 분리, 침투, 용해　　라. 용해, 분리, 침투

023
카페인 제거 방법 중 증기로 불린 생두에 유기용매를 이용하여 카페인을 추출하는 방법은?

가. 용매 추출법　　나. 진공 추출법
다. 물 추출법　　　라. 초임계 추출법

024
에스프레소기계에서 추출되는 원리와 가장 유사하며 이탈리아 가정에서 많이 사용하는 추출 도구는?

가. 프렌치 프레스　　나. 사이폰
다. 드리퍼　　　　　라. 모카포트

025
다음 추출방법에서 우려내기 방법은?

가. 드립 추출　　　　나. 사이펀 추출
다. 에스프레소 추출　라. 프렌치 프레스 추출

026
사이펀도구를 사용하여 추출하는 방식은?

가. 달임법　　나. 여과법
다. 투과법　　라. 진공식법

027
사이펀추출에 의해 커피 농도가 변하는 내용이 아닌 것은?

가. 배전도와 원두 양
나. 물의 양
다. 원두 양과 물이 접촉하는 시간
라. 플라스크 물을 끓이는 알코올의 종류

정답 018 가　019 가　020 가　021 다　022 나　023 가　024 라　025 라　026 라　027 라

028
사이펀 추출에 관한 설명으로 틀린 것은?

가. 분쇄한 원두가루와 물의 접촉시간에 의해 추출된 커피의 농도를 다르게 한다.
나. 사이펀 플라스크 표면에 물기는 제거해야 한다.
다. 분쇄된 원두입자는 최대한 굵게 분쇄해야 한다.
라. 진공식 방식으로 열원은 알코올 및 할로겐을 사용한다.

029
프렌치 프레스 추출 방법 설명이 틀린 것은?

가. 물과 접촉시간이 길기 때문에 굵게 분쇄한 원두를 사용한다.
나. 금속재질의 거름망을 사용하기 때문에 커피유분이 살아 있다.
다. 커피플런저, 플런저포트라 한다.
라. 휴대하기가 불편하며 커피의 맛도 진하지 않기 때문에 대중성이 없다.

030
갓 볶은 원두가루로 핸드드립 추출을 할 경우 발생하는 현상은?

가. 물을 부으면 분쇄된 원두가 조금씩 부풀어 오른다.
나. 물을 부으면 분쇄된 원두에서 기포가 생기면서 사라진다.
다. 물을 부으면 분쇄된 원두에서 작은 기포가 둥글게 부풀어 오른다.
라. 물을 부으면 분쇄된 원두에 큰 기포가 생기면서 사라진다.

031
핸드드립 추출 원리에서 분쇄된 원두와 물줄기의 원리가 아닌 것은?

가. 표면장력(물) 나. 중력(물)
다. 팽창력(원두) 라. 원심력(물)

032
핸드드립용 커피 추출 속도에 영향을 미치는 요소가 아닌 것은?

가. 원두 분쇄도
나. 드립퍼의 구멍 수
다. 드립퍼의 재질
라. 립(Rib)의 간격

033
핸드드립 추출 시 분쇄원두에서 기포가 발생하면서 부풀어 오르는 성분은?

가. 산소 나. 탄산가스
다. 지방 라. 무기질

034
1907년경 독일에서 발명된 최초의 드립퍼는 무엇인가?

가. 칼리타 나. 고노
다. 융 라. 멜리타

035
바디감과 깔끔한 맛을 즐길 수 있는 핸드드립의 종류는?

가. 칼리타 드립퍼 나. 멜리타 드립퍼
다. 고노 드립퍼 라. 융 드립퍼

정답 028 다 029 라 030 다 031 라 032 다 033 나 034 라 035 라

커피 메뉴(Coffee Menu)

036
핸드드립 추출법 사용 방법이 잘못 설명된 것은?

가. 온수를 안에서 밖으로 밖에서 안으로 회전하면서 붓는다.
나. 예열작업을 해야 한다.
다. 되도록 여과지에 물이 닿지 않도록 부어준다.
라. 에스프레소머신용보다 원두 분쇄도가 가늘어야 한다.

037
핸드드립 시 드립퍼 추출 속도와 관계없는 요인은?

가. 원두 분쇄도 나. 필터의 재질
다. 물의 온도   라. 립(Rib)의 간격

038
핸드드립 추출 방식에 사용되는 도구들에 관한 설명으로 바르지 못한 것은?

가. 드립퍼는 플라스틱, 도기, 금속 등 다양한 재질이 사용된다.
나. 드립포트는 물의 배출구 부분이 굵고 짧을수록 바람직하다.
다. 필터는 주로 종이가 사용된다.
라. 융드립은 사용 후 청소를 하여 냉장고에 보관하여 재사용한다.

039
핸드드립 추출에서 드립에 있는 립(Rib)의 역할을 바르게 설명한 것은?

가. 필터를 통해 흘러나온 커피가 쉽게 서브에 내려가도록 통로 역할을 한다.
나. 드립퍼의 미관을 보기좋게 하는 역할이다.
다. 접촉면을 높여 물이 빠지는 시간을 길게 하는 역할을 한다.
라. 립이 많을수록 유속이 느려져 더 진한 커피를 뽑을 수 있다.

040
에스프레소 기계를 이용한 커피추출방식은?

가. 침지   나. 투과
다. 우려내기 라. 달임

041
사이펀도구를 이용한 커피추출방식은?

가. 침지   나. 투과
다. 우려내기 라. 달임

042
추출방법에 대한 설명으로 틀린 것은?

가. 모카 포트 – 미국에서 많이 사용되며 수증기압을 이용하여 추출한다.
나. 핸드드립 – 드립퍼와 종이 필터를 사용하여 추출한다.
다. 워터 드립 – 차가운 물로 4시간 이상 카페인이 없는 커피를 추출하는 방법이다.
라. 사이폰 – 진공식 추출방법으로 향미 성분을 추출하는 방법이다.

043
밀가루와 동일한 입자 크기로 분쇄된 원두를 사용하여 커피를 추출하는 도구는?

가. 프렌치 프레스 나. 모카포트
다. 이브릭   라. 핸드드립

044
양질의 맛과 향이 좋은 커피를 조리하기 위한 조건으로 잘못된 것은?

가. 커피를 추출하기 직전에 원두를 분쇄하면 비위생적이다.
나. 오랫동안 사용하지 않는 원두는 일반 냉동고에 보관한다.
다. 추출한 커피는 적절한 온도를 유지해야 한다.
라. 원두의 구매 양은 그때그때 가급적이면 적게 하는 것이 좋다.

| 정답 | 036 라 | 037 나 | 038 나 | 039 가 | 040 나 | 041 가 | 042 가 | 043 다 | 044 가 |

045
양질의 맛과 향이 좋은 커피를 조리하기 위한 조건으로 잘못된 것은?

가. 신선한 원두
나. 바리스타의 외모
다. 정수된 물
라. 추출도구와 원두 분쇄도

046
양질의 맛과 향이 좋은 커피 조리하기 위한 조건으로 잘못된 것은?

가. 추출 기구의 청결
나. 신선한 원두
다. 적합한 온수 온도
라. 바리스타의 자격증

02 커피 원두 분쇄 및 패킹

047
분쇄된 원두를 포터필터에 담는 과정인 팩킹(Packing) 과정에 해당하지 않는 것은?

가. 그라인딩(Grinding)
나. 도징(Dosing)
다. 탬핑(Tapping)
라. 탬핑(Tamping)

048
포터필터에 분쇄된 원두를 팩킹(Packing)하는 순서는?

가. 원두가루 담기 – 포터필터 주변정리 – 탬핑 – 원두가루 수평정리
나. 원두가루 담기 – 원두가루 수평정리 – 포터필터 주변정리 – 탬핑
다. 원두가루 담기 – 탬핑 – 포터필터 주변정리 – 원두가루 수평정리
라. 원두가루담기 – 원두가루 수평정리 – 1차 탬핑 – 탬핑 – 2차 탬핑 – 포터필터 주변정리

049
포터필터에 분쇄된 원두를 담아서 다지는 과정과 거리가 먼 것은?

가. 탬핑
나. 3차 탬핑
다. 탬핑
라. 1,2차 탬핑

050
탬핑을 하는 동작에 관한 설명이 잘못된 것은?

가. 1차 탬핑 후 2차 탬핑을 하려면 탬핑 과정이 필요하다.
나. 1차 탬핑보다 2차 탬핑이 몸무게를 더 많이 실어서 작업해야 한다.
다. 반드시 1차 탬핑과 2차 탬핑 과정을 실행해야 한다.
라. 탬핑된 포터필터 안의 원두가루는 수평이 되어야 한다.

051
탬핑(Tamping)을 하는 가장 주된 목적은?

가. 향이 좋고 맛있는 커피를 마시기 위한 방법
나. 온수를 균일하게 통과시켜 좋은 에스프레소 추출
다. 분쇄된 원두량 손실 방지
라. 두터운 크레마가 있는 에스프레소 추출

정답 045 나 046 라 047 가 048 라 049 나 050 다 051 나

Chapter 03 예상문제 — 커피 메뉴(Coffee Menu)

052
탬핑에 대한 설명으로 옳은 것은?

가. 탬핑은 탬핑의 필수적인 동작이다.
나. 탬핑은 1차 탬핑 후 포터필터 주변에 묻어 있는 커피가루를 모아주는 작업이다.
다. 가급적 탬핑을 강하고 세게 하여 주변에 묻어있는 커피가루를 모아야 한다.
라. 탬핑은 탬프의 어느 부분으로 작업을 해도 상관없다.

053
카페 에스프레소용 원두 분쇄 방법으로 잘못 설명한 것은?

가. 일정하게 분쇄된 원두입자는 탬핑에 관계없이 일정한 추출을 한다.
나. 추출방법에 따라 원두입자는 좋은 커피를 마시는 데 중요한 요인이다.
나. 양질의 커피성분을 얻기 위해서는 일정하게 분쇄된 원두 입자가 중요하다.
라. 양질의 커피를 얻기 위한 중요한 요소 중 하나는 추출방법에 의한 원두 입자이다.

054
그라인더에서 추출에 필요한 만큼 분쇄된 원두가 배출 되도록 하는 동작은?

가. Temping   나. Cupping
다. Tamping   라. Dosing

055
원두를 분쇄하는 이유를 적합하게 설명한 것은?

가. 원두를 분쇄하는 이유는 원두를 절약하기 위해서이다.
나. 원두분쇄는 반드시 정해진 그라인더를 사용해야 한다.
다. 카페 에스프레소의 향미성분과 커피 맛을 향상하기 위해서이다.
라. 물과의 접촉하는 표면력을 확장하여 커피 성분을 최대한 추출하기 위해서이다.

056
분쇄된 원두에 대한 알맞은 설명은?

가. 배전도가 약할수록 그라인더에서 분쇄되는 속도는 빠르다.
나. 분쇄된 커피입자가 미세할수록 추출 흐름이 빨라진다.
다. 분쇄된 커피입자가 가늘수록 물의 흐름이 느려진다.
라. 원두의 밀도가 높을수록 분쇄속도는 빠르다.

057
분쇄된 원두에 대한 내용 중 맞게 설명한 것은?

가. 배전도가 약배전일수록 그라인더에서 분쇄되는 속도는 빠르다.
나. 배전도가 강배전일수록 그라인더에서 분쇄되는 속도는 느리다.
다. 습도가 적을수록 원두 분쇄속도는 빠르다.
라. 밀도가 높을수록 원두의 분쇄속도는 빠르다.

058
원두를 분쇄하는 방법으로 설명이 틀린 것은?

가. 분쇄하면서 커피 분진이 많이 발생되지 않도록 주의한다.
나. 커피추출방법에 따라 분쇄입자가 다르다.
다. 분쇄된 원두를 넉넉하게 포터필터로 받아서 사용해야 커피가 맛있다.
라. 분쇄된 원두는 도저(Dose)에서 남지 않도록 포터필터로 받아야 한다.

정답   052 나   053 가   054 라   055 라   056 다   057 다   058 다

059
추출방식에 따라 원두 분쇄도를 다르게 하는 이유는?

가. 원두에 포함된 성분을 다양하게 마시기 위해서이다.
나. 원두 성분을 최대한 추출하기 위해서이다.
다. 물과 접촉하는 원두가루 표면적이 달라지기 때문이다.
라. 추출되는 커피의 양이 다르기 때문이다.

060
분쇄되는 원두 입자의 미세도가 중요한 요인은?

가. 추출 시간
나. 추출량
다. 생두 품종
라. 배전도

061
분쇄한 원두로 커피를 추출하는 이유로 알맞은 것은?

가. 고객 요구
나. 물과 원두의 표면적 확장
다. 배전도 선별
라. 원두 낭비 방지

03 카페 에스프레소

062
가장 적당한 카페 에스프레소 추출을 설명한 것은?

가. 바리스타마다 추출방법이 다르다.
나. 추출온도는 높으면 안 된다.
다. 분쇄된 원두 사용은 적당해야 한다.
라. 크레마 두께는 두꺼울수록 좋다.

063
카페 에스프레소 추출 결과가 동일한 조건이 아닌 것은?

가. 입자가 굵은 경우
나. 원두 가루 투입량이 적은 경우
다. 그라인더 종류가 다른 경우
라. 마모된 칼날로 분쇄해서 추출한 경우

064
카페 에스프레소 메뉴가 아닌 것은?

가. 도피오
나. 아메리카노
다. 룽고
라. 카푸치노

065
2인용 포터필터에서 추출되는 에스프레소를 무엇이라 하는가?

가. 싱글 에스프레소
나. 더블 에스프레소
다. 트리플 에스프레소
라. 에스프레소

066
더블 에스프레소를 합친 것을 무엇이라 하는가?

가. 도피오
나. 아메리카노
다. 룽고
라. 카푸치노

067
에스프레소보다 추출시간을 길게 하여 양이 많은 커피 메뉴 이름은?

가. 도피오
나. 아메리카노
다. 룽고
라. 카푸치노

정답 059 다 060 가 061 나 062 다 063 다 064 라 065 나 066 가 067 다

커피 메뉴(Coffee Menu)

068
카페 에스프레소 메뉴 중 리스트레또(Ristretto)에 대한 설명은?

가. 추출 커피양이 많은 카페 에스프레소
나. 추출시간을 짧게 하여 얻은 적은 양의 진한 에스프레소
다. 카페 에스프레소를 추출하여 그 위에 휘핑 크림을 올린 메뉴
라. 카페 에스프레소에 뜨거운 물을 첨가하여 희석한 메뉴

069
룽고와 유사하지만 에스프레소에 뜨거운 물을 희석하여 조리한 커피메뉴는?

가. 도피오
나. 아메리카노
다. 룽고
라. 카푸치노

070
추출시간을 짧게 하여 커피 양이 적은 진한 에스프레소 메뉴는?

가. 도피오
나. 아메리카노
다. 룽고
라. 리스트레또

071
짧은 추출시간으로 커피를 가장 농후하게 만든 이태리식 커피는?

가. 룽고
나. 에스프레소
다. 리스트레또
라. 도피오

072
카페 에스프레소의 베리에이션 메뉴와 관련된 용어 중 옳게 설명된 것은?

가. 룽고(Lungo) : 에스프레소보다 장시간으로 추출하며 1oz보다 양이 많은 커피
나. 마끼아또(Macchiato) : 시간을 짧게 하여 쓴맛을 더 강조한 에스프레소이다.
다. 리스트레또(Ristretto) : 시간을 길게 하여 추출한 쓴맛을 더 강조한 에스프레소이다.
라. 도피오(Doppio) : 한입에 들이킬 정도로 '작은 잔의 커피'라는 뜻의 프랑스 용어이다.

073
다음 커피 메뉴 중에서 성격이 다른 것은?

가. 리스트레또
나. 카페 카푸치노
다. 룽고
라. 도피오

074
카페 에스프레소의 베리에이션 메뉴를 알맞게 설명된 것은?

가. 마끼아또(Macchiato) : 마끼아또는 점이라는 의미를 가지고 있다.
나. 아메리카노(Americano) : 스팀을 이용해서 우유 거품을 가미한 커피를 말한다.
다. 도피오(Doppio) : 한입에 들이킬 정도로 '작은 잔의 커피'라는 뜻의 프랑스 용어이다.
라. 리스트레또(Ristretto) : 시간을 길게 주어 추출한 쓴맛을 더 강조한 에스프레소이다.

075
카페 에스프레소 추출과정을 잘못 설명한 것은?

가. 포터필터의 필터 바스켓에 묻어 있는 물기는 앞치마에 있는 린넨을 사용하여 제거한다.
나. 분쇄된 원두를 담은 포터필터는 탬핑을 한 후 포터필터의 주변정리는 넛박스에서 한다.
다. 추출하기 전에 그룹헤드에서 물 흘리기 동작은 생략해도 된다.
라. 포터필터의 그룹헤드에 정확하게 장착하는 작업은 매우 중요하다.

| 정답 | 068 나 | 069 나 | 070 라 | 071 다 | 072 가 | 073 나 | 074 가 | 075 다 |

076
카페 에스프레소 추출의 특징을 잘못 설명한 것은?

가. 탬핑을 하고 기계에 장착한 후에 물흘리기를 반드시 한다.
나. 추출 직전 물 흘리기를 하는 것은 커피 맛에 영향을 미친다.
다. 카페 에스프레소 전용 잔을 데미타세라고 한다.
라. 영업 마감 후 포터필터는 그룹헤드에서 분리하지 말고 장착해 두어야 한다.

077
카페 에스프레소 추출 원리를 잘못 설명한 것은?

가. 불용해성 물질은 추출되지 않고 용해성 물질만 추출된다.
나. 약 9기압에 온수가 통과하고 분쇄도는 드립방식보다 미세하여야 한다.
다. 에스프레소기계는 고온 및 고압으로 추출하기 때문에 추출수율이 높다.
라. 에스프레소기계는 일정한 크레마를 유지할 수 있도록 한다.

078
에스프레소기계에서 카페 에스프레소 추출이 되지 않는 이유가 아닌 것은?

가. 추출 물의 온도가 낮다.
나. 기계의 분사필터가 막혀 있다.
다. 정수기 고장이 발생한다.
라. 펌프 모터가 작동되지 않는다.

079
카페 에스프레소를 정상적으로 추출한 경우 적합하지 않은 현상은?

가. 짙은 갈색의 커피 색상
나. 3~5mm 부드러운 크레마 형성
다. 적정한 양의 분쇄된 원두
라. 바디(Body)감이 없는 커피

080
기준 양에 비해 카페 에스프레소 추출시간이 지나면 어떤 방법으로 조절해야 하는가?

가. 원두 분쇄도를 매우 가늘게 조절한다.
나. 탬핑을 여러 번하여 원두가루에 압착을 강하게 한다.
다. 모터 펌프의 추출압력을 높인다.
라. 포터필터에 원두의 양을 더 많이 담는다.

081
카페 에스프레소 추출 시간에 가장 많은 영향을 미치는 것은?

가. 원두의 분쇄도   나. 물 온도
다. 배전도   라. 탬핑의 강도

082
카페 에스프레소 추출 속도에 영향을 미치는 요인이 아닌 것은?

가. 원두의 분쇄도   나. 탬핑의 강도
다. 원두의 양   라. 물의 양

083
카페 에스프레소 추출에 사용되는 '물'의 물리화학적 변화가 아닌 것은?

가. 굴절률 증가   나. 표면장력 증가
다. 높은 전기 전도율 라. 낮은 산도(pH)

084
카페 에스프레소 추출 시 발생하는 산화되어 갈색으로 변하는 에멀션(Emulsion)현상은 무엇인가?

가. 질소작용   나. 산화작용
다. 화학반응   라. 갈변현상

정답 076 가 077 가 078 다 079 라 080 다 081 가 082 라 083 나 084 라

커피 메뉴(Coffee Menu)

085
카페 에스프레소 추출 시 물 양을 감지해 주는 에스프레소 기계 부품은?

가. 압력 스위치 나. 온도 센서
다. 플로우 메타 라. 전자 밸브

086
카페 에스프레소의 특징을 잘못 설명한 것은?

가. 에스프레소는 '빠르다'는 Express의 이태리어이다.
나. 가압투과식 추출법으로 수용성 및 지용성 성분을 추출한다.
다. 카페 에스프레소 한 잔의 양은 포터 필터의 크기와 상관 없다.
라. 카페 에스프레소 추출을 위한 배전도는 다양하다.

087
카페 에스프레소에 관한 설명이 잘못된 것은?

가. 뜨거운 물과 높은 압력을 이용해서 짧은 시간에 빠르게 추출하는 방법을 이용한다.
나. 약 25~35ml 양을 약 20~30초 동안 통과하여 추출한다.
다. 일정한 맛과 향을 가진 추출을 위해서는 탬핑을 할 때 수평이 되도록 한다.
라. 추출기압이 6기압 정도이면 에스프레소 기계에서 질좋은 커피가 추출된다.

088
카페 에스프레소 추출에 적합한 에스프레소 기계의 조건이 아닌 것은?

가. 온수 온도 : 90~95℃
나. 카페 카푸치노의 온도 : 60~65℃
다. 카페 에스프레소의 온도 : 60~65℃
라. 보일러 스팀의 온도 : 110~120℃

089
카페 에스프레소 추출 기준 중 맞지 않는 것은?

가. 온수 온도 : $90 \pm 5℃$
나. 추출 시간 : 25 ± 5초
다. 추출 압력 : $9 \pm 1bar$
라. 추출 양 : $30 \pm 5ml$

090
카페 에스프레소 추출 전에 항상 '물 흘려보내기'를 하는 이유가 아닌 것은?

가. 그룹 헤드 내의 스크린 필터에 남아있을 수 있는 커피찌꺼기를 제거한다.
나. 에스프레소 기계의 정상 작동 여부를 확인한다.
다. 에스프레소 기계에서 과열되어 있을 수 있는 뜨거운 추출수를 제거하여 안정화시킨다.
라. 물의 온도를 체크하기 위해서이다.

091
분쇄된 원두를 추출할 때 물과 시간에 영향을 미치는 요인이 아닌 것은?

가. 탬핑의 강도 나. 분쇄된 원두의 양
다. 커피 분쇄도 라. 생두 품종

092
카페 에스프레소의 감각적(Sensory)평가에 대하여 잘못된 것은?

가. 크레마의 색상은 황금색 및 붉은색 계통이어야 한다.
나. 크레마는 지속력과 복원력이 있어야 한다.
다. 단맛, 신맛, 쓴맛, 짠맛 등 균형 잡힌 카페 에스프레소가 좋다.
라. 카페 에스프레소의 양이 많으면 좋은 카페 에스프레소로 평가한다.

정답 085 다 086 다 087 라 088 다 089 가 090 라 091 라 092 라

093
카페 에스프레소 평가 기준으로 맞는 것은?

가. 25~35ml 양, 크레마층과 지속성 및 복원력, 크레마 색상, 커피 맛의 균형감 및 향기
나. 25~35ml 양, 크레마의 색상, 향기의 질과 강약, 진한 맛, 20초 미만 추출 시간
다. 25~35ml 양, 크레마의 색상, 가벼운 향기, 맛의 균형감, 20초 미만 추출 시간
라. 25~35ml 양, 크레마의 층과 지속성 및 복원력, 크레마 색상, 향기의 질과 강약, 진한 맛

094
카페 에스프레소용 원두분쇄도 입자크기에 대한 설명 중 틀린 것은?

가. 습도가 높을 때는 조금 굵게, 건조한 날은 기준보다 조금 미세하게 분쇄한다.
나. 밀가루보다 굵게 설탕보다 가늘게 분쇄하는 것이 일반적 기준이다.
다. 분쇄된 원두의 굵기는 추출 시간과 밀접한 관계가 있다.
라. 그라인더 눈금 수치가 높을수록 미세한 원두 가루로 분쇄된다.

095
카페 에스프레소 추출을 위해 사용되는 포터필터와 추출에 대한 설명 중 옳은 것은?

가. 포터필터의 깊이와 커피 맛은 상관관계가 있다.
나. 포터필터의 깊이가 깊을수록 추출작업이 용이하고 커피의 양에 적합한 맛을 낸다.
다. 포터필터의 깊이가 깊을수록 추출작업이 용이하고 커피의 양에 부적합한 맛을 낸다.
라. 포터필터의 깊이가 깊을수록 추출작업이 어렵고 커피의 양과 비례하여 부적합한 맛을 낸다.

096
카페 에스프레소 추출 동작을 순서대로 적절하게 정리한 것은?

㉮ 그라인더에서 적당량이 분쇄되면 동작 정지
㉯ 원두가루 수평작업(Levelling)
㉰ 에스프레소기계에서 포터필터 탈착
㉱ 에스프레소 추출 버튼 작동
㉲ 데미타세로 에스프레소 담음
㉳ 포터필터로 적당한 분쇄된 커피 받기
㉴ 필터바스켓을 린넨으로 물기제거
㉵ 물흘리기를 한 후 포터필터를 헤드그룹에 맞게 장착
㉶ 포터필터를 그라인더에 걸치고 레버작동
㉷ 탬핑 및 탬핑 동작진행
㉸ 포터필터 주변을 손으로 정리정돈
㉹ 행주로 작업대를 정리정돈

가. ㉰-㉴-㉮-㉶-㉳-㉷-㉯-㉸-㉵-㉱-㉲-㉹
나. ㉰-㉴-㉶-㉳-㉯-㉷-㉸-㉵-㉱-㉮-㉲-㉹
다. ㉰-㉴-㉮-㉶-㉳-㉯-㉷-㉸-㉱-㉵-㉲-㉹
라. ㉰-㉴-㉮-㉶-㉳-㉯-㉷-㉸-㉵-㉱-㉲-㉹

097
카페 에스프레소의 과소 추출의 원인이 아닌 것은?

가. 매우 높은 추출 압력
나. 적은 원두량
다. 굵은 원두 분쇄도
라. 강한 탬핑

정답 093 가 094 라 095 나 096 라 097 라

098
카페 에스프레소 과소 추출의 원인이 아닌 것은?

가. 굵은 원두 분쇄도
나. 매우 약한 탬핑
다. 매우 높은 추출 압력
라. 많은 원두량

099
카페 에스프레소 과대 추출의 원인은?

가. 낮은 온도
나. 굵은 원두 분쇄도
다. 매우 강한 탬핑
라. 적은 원두량

100
과소 추출의 결과에 해당되는 카페 에스프레소의 현상이 아닌 것은?

가. 크레마가 얇다.
나. 커피성분이 적다.
다. 맛이 약하고 향이 없다.
라. 바디감이 있다.

101
카페 에스프레소 과다 추출(Over Extraction)현상의 원인으로 볼 수 없는 것은?

가. 너무 가는 분쇄 입자
나. 너무 강한 탬핑 정도
다. 너무 많은 커피 사용
라. 필터 바스켓 구멍 정상상태

102
카페에스프레소 추출 과정 순서는 어느 것인가?

> A. Dosing   B. Purging   C. Tamping
> D. Leveling E. Brewing   F. Grinding

가. F-D-B-C-A-E
나. F-D-C-A-B-E
다. F-A-C-B-D-E
라. F-A-D-C-B-E

103
정상적인 카페 에스프레소 추출이 아닌 것은?

가. 크레마 색상은 황금 갈색이다.
나. 추출속도는 일정하게 수직으로 낙하한다.
다. 색상이 좋은 크레마가 3~5mm 정도 표면에 형성된다.
라. 약 30~35초 추출시간, 30~35ml의 추출량의 카페 에스프레소가 생긴다.

104
좋은 맛의 카페 에스프레소 커피를 추출할 때 물의 온도는?

가. 65~70℃
나. 75~80℃
다. 90~95℃
라. 95~100℃

105
카페 에스프레소용 데미타세 잔을 잘못 설명한 것은?

가. 두께가 두꺼운 잔을 사용하는 이유는 커피의 보온성을 위해서이다.
나. 재질은 도자기잔, 유리잔, 황동 등 다양하다.
다. 잔의 외부는 색상이 있어도 무관하지만 잔 내부는 하얀색이어야 한다.
라. 잔의 외부의 형태는 다양하더라도 잔 내부는 U자형으로 곡선처리한다.

106
굵은 분쇄도 및 약한 탬핑 강도에 의한 카페 에스프레소 추출 현상은?

가. 과다 추출
나. 과소 추출
다. 적당한 추출
라. 맛없는 추출

정답 098 라 099 다 100 라 101 라 102 라 103 라 104 다 105 나 106 나

107
좋은 카페 에스프레소의 추출 결과는?

가. 약 30ml 양을 약 25초 동안 엷은 황금색의 크레마가 생성되었다.
나. 약 25ml 양을 약 30초 동안 크레마의 중앙에 하얀 무늬가 1/3 정도 나타나 있다.
다. 약 30ml 양을 약 25초 동안 크레마가 전체 추출액의 1/7 정도 덮여 있다.
라. 약 25ml 양을 약 30초 동안 크레마가 표면의 1/3 정도를 덮고 있다.

108
에스프레소기계로 추출한 에스프레소와 물을 비교하였을 경우 맞지 않는 것은?

가. 굴절률이 증가한다.
나. 점도가 낮아진다.
다. pH가 낮아진다.
라. 밀도가 높아진다.

109
약 30ml 에스프레소 추출시간이 45초일 때 조정해야 할 내용이 아닌 것은?

가. 원두의 분쇄입자 조절
나. 원두의 양 감소
다. 높은 보일러 압력
라. 약한 탬핑 강도

110
양질의 카페 에스프레소 추출을 결정하는 요소가 아닌 것은?

가. 원두의 신선도
나. 원두의 분쇄도
다. 물의 양
라. 탬핑의 세기

111
카페 에스프레소의 크레마에 대한 설명 중 틀린 것은?

가. 크레마층이 너무 두껍게 형성되면 향미를 느끼지 못한다.
나. 크레마가 얇게 추출되는 원인은 배전도이다.
다. 크레마는 에스프레소 추출 시 나오는 오일, 탄산가스의 결정체이다.
라. 크레마는 샷 글라스에서 3~4mm 정도 형성되면 좋다.

112
카페 에스프레소의 크레마에 대한 설명 중 맞는 것은?

가. 크레마는 아라비카종보다 로부스타종에서 양이 적다.
나. 크레마는 복원력과 지속성이 있어야 하고 색상은 황금색에 가까우면 좋다.
다. 크레마 양은 추출된 커피 양의 40% 이상이면 좋다.
라. 크레마는 지방과 탄수화물 성분이 결합되어 생성된 거품이다.

113
카페 에스프레소에서 색상이 좋은 크레마를 추출하기 위한 요인이 아닌 것은?

가. 분쇄도   나. 커피 양
다. 원두가루 수평도   라. 물

114
카페 에스프레소에서 진한 크레마가 추출되는 원인이 아닌 것은?

가. 고온의 물
나. 미세한 원두입자 분쇄도
다. 많은 양의 원두 가루
라. 약한 탬핑

정답 107 가 108 나 109 다 110 다 111 나 112 나 113 라 114 라

04 카페 카푸치노

115
카페 에스프레소 약 30ml를 추출한 후 스팀 및 폼우유를 사용한 커피메뉴는?

가. 도피오
나. 카페 아메리카노
다. 룽고
라. 카페 카푸치노

116
카페 에스프레소에 사용하는 우유에 대하여 설명이 맞는 것은?

가. 냉장보관한 우유 사용이 좋다.
나. 실내온도에 맞춰진 우유 사용이 좋다.
다. 무지방 또는 저지방 우유가 좋다.
라. 우유온도는 6℃ 이상이어야 한다.

117
우유 거품을 만들 때의 유의사항에 대한 설명으로 틀린 것은?

가. 스팀완드용 행주는 위생적으로 접시 위에서 관리되어야 한다.
나. 우유 담은 피처를 넣기 전에 스팀노즐에서 수증기를 한번 품어 내야 한다.
다. 우유거품 온도가 높으면 높을수록 카푸치노 맛은 좋다.
라. 우유거품을 만든 후에 스팀노즐을 즉시 젖은 행주로 닦아주어야 한다.

118
카페 카푸치노의 거품우유를 만들 때 주의해야 할 내용이 아닌 것은?

가. 스팀노즐을 넣을 때 우유에 담기는 노즐의 깊이를 적당하게 조절한다.
나. 거품 만들기에 사용하는 우유는 신선하고 차가운 것을 준비한다.
다. 피쳐는 파손되지 않고 열전달이 좋은 스테인리스 재질로 만든 것이 좋다.
라. 스팀노즐을 우유에 깊숙하게 담그면 스팀 우유가 만들어진다.

119
스팀완드를 사용하여 우유 거품을 만드는 방법이 아닌 것은?

가. 약 5℃ 정도의 냉장 우유를 사용하는 것이 좋다.
나. 스팀완드 사용 횟수는 무제한으로 사용한다.
다. 우유거품의 질은 노즐과 우유 표면의 각도에 좌우된다.
라. 우유 거품의 생성은 스팀완드 사용 조절과 상관있다.

120
스팀완드를 사용하여 우유거품을 만드는 방법으로 적절하지 않은 것은?

가. 약 5℃ 정도의 차가운 우유를 사용해야 한다.
나. 우유의 온도가 너무 올라가지 않도록 주의한다.
다. 온도가 높을수록 좋은 우유거품을 생성할 수 있다.
라. 거품이 형성되면 스팀완드를 재빠르게 마무리 한다.

정답 115 라 116 가 117 다 118 라 119 나 120 다

121
우유 거품내기 과정에 대한 내용으로 적당하지 않은 것은?

가. 거품낸 우유의 양에 따라 커피메뉴가 달라진다.
나. 스팀우유의 최고 온도는 100℃가 적당하다.
다. 스팀피쳐 우유 용량은 400ml은 카페 카푸치노 2잔을 조리할 수 있다.
라. 신선하고 차가운 우유 사용은 매우 중요하다.

05 커피(에스프레소) 베리에이션

122
카페 에스프레소의 베리에이션 메뉴 중 데미타세 잔에 제공될 수 없는 커피는?

가. 카페 리스트레또   나. 카페 라떼
다. 카페 콘파나   라. 카페 마끼아또

123
카페 에스프레소에 크림을 첨가한 이탈리아 커피는 무엇인가?

가. 카페 콘파나   나. 카페 리스트레또
다. 카페 라떼   라. 카페 에스프레소

124
카페 에스프레소 콘파나를 조리하는 레시피는?

가. 카페 에스프레소 1½ shot, 거품낸 우유 4.5oz, 휘핑크림
나. 카페 에스프레소 1 shot, 거품낸 우유 4.5oz, 레몬슬라이스
다. 카페 에스프레소 1shot, 우유거품 1oz
라. 카페 에스프레소 1shot, 휘핑크림

125
베리에이션 커피 메뉴의 기본이 되는 커피 종류는?

가. 카페 에스프레소
나. 드립커피
다. 카페라테
라. 도피오

126
카페 에스프레소 마키아또(Macchiato) 메뉴에서 마키아또의 의미는?

가. 캐러멜   나. 점
다. 초콜릿   라. 선

127
다음 카페 카푸치노 메뉴와 카페라떼 메뉴의 차이는 무엇인가?

가. 우유 거품의 양
나. 에스프레소의 추출량
다. 우유 모양
라. 에스프레소 추출 시간

128
다음 커피 메뉴의 성격이 다른 것은?

가. 카페라떼
나. 카페오레
다. 카페콘레체
라. 카페모카

정답 121 나 122 나 123 가 124 라 125 가 126 나 127 가 128 라

Part 01 | 커피전문가(BARISTA) 필기시험

Chapter 04 기계 관리학

01 에스프레소 기계(Espresso Machine)

에스프레소 기계는 수동식, 자동식, 반자동식 종류가 있는데 커피자격증 실기시험은 바리스타가 필요한 반자동식 에스프레소기계를 사용한다. 우리나라는 1980년 이후 커피전문점 개설로 반자동 에스프레소 기계가 유통되었다.

반자동 에스프레소 기계는 자동 에스프레소 기계와는 다르게 커피전문가의 기술이 필요하며 또한 제품마다 디자인이 다양하여 커피관련 자격증 응시생들은 본인이 사용하던 에스프레소 기계가 아니면 실기 시험장에서 가끔 어려움이 있을 수도 있기 때문에 우리나라에서 실시하는 커피자격증에 해당되는 기계사용 선택이 중요하다.

1 에스프레소기계의 구조

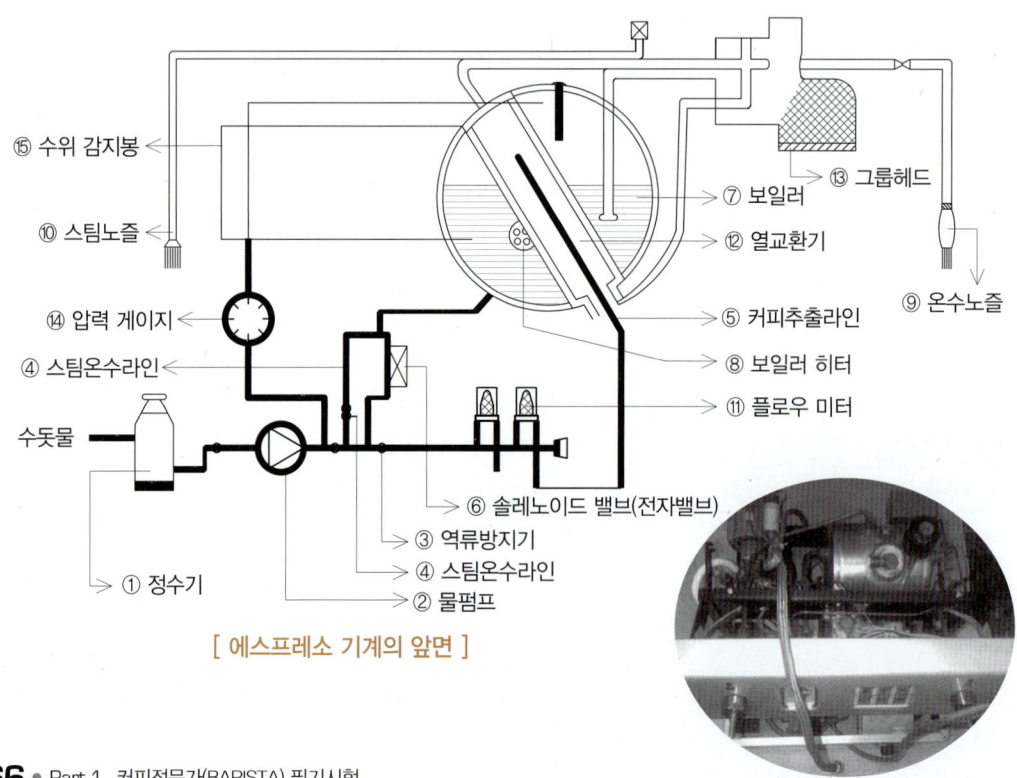

[에스프레소 기계의 앞면]

① 정수기
② 물펌프 : 프로콘 펌프라 하며 보일러 안에 물을 공급해준다. 커피를 추출할 때 압력을 지속적으로 유지 시켜주는 역할을 하며 물리적으로 조절이 가능하다.
③ 역류방지기
④ 스팀온수라인
⑤ 커피추출라인
⑥ 전자 밸브(Solenoid Valve) : 물을 일정량씩 보내고 막는 역할을 한다.
⑦ 보일러 : 커피기계의 심장부에 해당되며 재질은 열전도율이 높은 황동 및 스테인레스로 되어있고 내부는 부식을 방지하기 위해 니켈로 도금되어 있다. 1~2년에 한번 정도 청소하며 용량에 따라 스팀압력과 온도유지에 영향을 미친다. 70%는 물, 30%는 수증기로 차있으며 열선이 내장되어 있어서 전기를 이용해 에스프레소 추출을 위한 온수의 온도유지 및 스팀압력을 유지하는 역할을 한다.
⑧ 보일러 히터 : 보일러 내부에 열을 가해서 물을 뜨겁게 해주는 전기장치이다.
⑨ 온수노즐
⑩ 스팀노즐 : 스팀을 이용, 우유를 데워주는 장치이다.
⑪ 플로우 미터 : 물이 통과되면 세팅된 물의 양만큼 회전수를 계산하여 에스프레소를 추출하는 물의 양을 조절하는 장치이다.
⑫ 열교환기
⑬ 그룹헤드 : 카페 에스프레소를 추출할 수 있도록 물을 분사시켜주는 장치이다.
- 개스킷 : 그룹헤드와 포터필터 사이에 단단하게 설치되어 에스프레소 추출 시 온수압력이 새지 않도록 해주는 역할을 한다.
- 샤워홀더 : 그룹헤드에서 온수를 여러 줄기로 나누어 샤워 스크린으로 분사되게 한다.
- 샤워스크린 : 샤워홀더를 통과해 여러 줄기로 분사된 보일러의 온수를 안정화시키며 포터필터 바스켓 전체로 분사해주는 역할을 한다.
⑭ 압력 게이지 : 보일러 내부의 압력을 수치로 나타내는 장치이다.
⑮ 수위 감지봉 : 보일러 내부의 물의 양을 감지해주는 장치이다.

02 포터 필터(Port Filter)

포터필터의 기능은 분쇄된 원두를 그라인더로부터 담아서 에스프레소 기계의 스크린 필터에 장착하여 정해진 시간에 에스프레소를 추출하는 도구이다. 재질은 쉽게 식지 않고 파손되지 않는 스테인레스로 되어 있다. 종류는 1잔과 2잔을 추출할 수 있도록 스파웃(Spout)으로 구분되는데 스파웃은 포터필터의 하단 부위에 있는 커피가 추출되어 나오는 통로이다. 그리고 포터필터 내부에는 1잔과 2잔을 추출하기 위한 필터바스켓이 장착되어 있다.

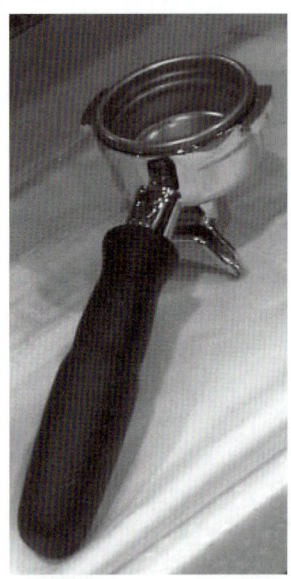
▲ 스파웃(Spout)

◀ 필터바스켓
(1인용, 2인용, 블라인더용)

- 필터바스켓(Filter Basket) : 에스프레소 추출 시 분쇄된 원두를 담는 금속 필터이며 크기는 1인용과 2인용으로 구분한다.
- 필터홀더(Filter Holder) : 필터바스켓을 필터 고정스프링으로 장착하여 사용하며 추출이 이루어지는 부분이다.
- 청소용 필터(Blind Filter) : 막혀 있는 필터바스켓으로 필터홀더에 고정해 사용하며 역류를 이용한 머신 그룹헤드청소를 할 때 사용한다.
- 스파웃(Spout) : 포터필터의 하단 부위에 있는 커피가 추출되어 나오는 통로이다.

03 그라인더(Grinder)

그라인더의 사전적 의미는 '분쇄기(粉碎機)'라고 되어 있다. 숫돌이나 맷돌의 위짝, 어금니를 지칭하기도 하며, 연장 등을 가는 사람, 무엇인가를 빻거나 찧는 사람이나 도구를 의미하기도 한다. 과거에는 손으로 돌리는 수동식 풍금 연주자를 그라인더라고 부르기도 했다. 그라인더는 여러 가지 종류가 있다. 절구통 등 고전적이고 전통적인 도구에서부터 맷돌식, 수동식 핸드밀(Hand Mill), 전동식 등이 있다.

아직도 터키나 아프리카 등 노점에서는 절구를 이용해 커피를 빻는 경우가 있으며, 중동지방에서는 맷돌 형태의 그라인더를 이용하기도 한다. 핸드밀이라 부르는 수동식 그라인더는 가정에서 핸드드립 커피를 마실 때 즐겨 사용하고 있다. 핸드밀은 1~2인용에서부터 9~10인용까지 다양한 크기와 모양으로 디자인되어 장식용으로도 손색이 없는 제품들이 많이 개발되어 있다. 이러한 수동식 그라인더는 가격이 저렴하여 가정에서 사용하기에 적합한 반면, 분쇄정도가 균일하지 않고 속도도 느리기 때문에 고객이 많은 커피전문점에는 맞지 않다. 오늘날 대부분 커피전문점에서는 에스프레소에 적합한 균일한 굵기의 마이크로 분쇄를 순식간에 해결해주는 전동식 자동 그라인더를 사용한다.

1 그라인더 종류

(1) 반자동 그라인더

버튼이 On-Off만 되어 있고 분쇄량을 조절할 수 있는 센서가 없어 연속으로 분쇄되는 그라인더로 바리스타가 분쇄도 및 포터필터에 받는 분쇄된 원두 양을 조절한다. 일반적으로 바리스타 관련 자격증 검정 실기시험에 사용된다.

(2) 자동 그라인더

그라인딩 버튼으로 분쇄 커피의 무게와 시간을 세팅하여 정량으로 분쇄할 수 있는 센서가 내장된 그라인더로 분쇄도와 포터필터에 받는 분쇄 커피의 양을 자동으로 조절한다.

2 그라인더의 기능과 구조

그라인더는 여러 종류가 있지만 기능과 구조는 대부분 유사하다. 그라인더의 4대 구성요소는 그라인더 모터(Grinder Motor), 호퍼(Hopper), 그라인더 날(Grinder Blade), 도저(Dose)이다.

(1) 그라인더의 명칭과 기능

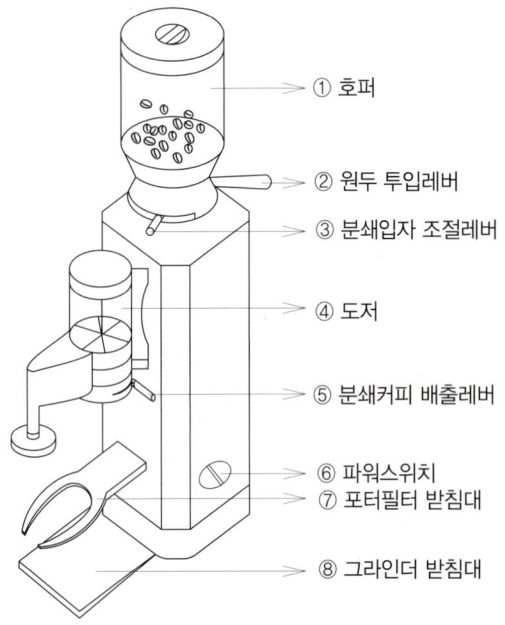

① 호퍼 : 원두를 담는 통으로 대개 1kg 내외의 용량이 들어간다.
② 원두 투입레버 : 안으로 밀고 당기며 호퍼에 있는 원두를 조절한다.
③ 분쇄입자 조절레버(조정접관) : 숫자가 크면 원두입자가 굵고 숫자가 작으면 입자가 가늘어진다. 즉, 원두의 분쇄도를 조정하는 역할로 시계반대 방향으로 이동하면 가는 분쇄도, 시계방향으로 이동하면 굵은 분쇄도의 원두가루를 분쇄한다.
④ 도저(디스펜서) : 분쇄된 원두를 보관하는 통이다.
⑤ 분쇄커피 배출레버(핸들레버) : 앞으로 당기면 분쇄된 커피가 배출된다.
⑥ 파워스위치(전원스위치) : 스위치를 1로 놓으면 ON, 0으로 놓으면 OFF이다.
⑦ 포터필터 받침대 : 포터필터에 분쇄된 원두를 받을 때 거치대 역할을 한다.
⑧ 그라인더 받침대 : 분쇄된 원두가루 받침대이다.

(2) 그라인더 칼날

그라인더 날은 에스프레소를 추출하기 위해 원두를 갈아주는 톱니바퀴 모양의 원형 칼날을 지칭한다. 위쪽 날과 아래쪽 날로 구성되어 있으며, 위쪽 날은 간격을 유지해서 입자 크기를 결정해 준다. 아래쪽 날은 회전을 하면서 위쪽 날과 아래쪽 날의 간격에 따라 커피를 분쇄해 주는 역할을 담당한다. 분쇄도를 결정하는 것은 아래쪽 날로, 그라인더의 핵심이자 가장 중요한 요소라고 할 수 있다.

그라인더 날은 주로 날의 전체 지름으로 구분한다. 일반적으로 커피전문점에서 사용하는 영업용 그라인더는 지름 64mm와 75mm를 주로 사용한다.

① **원통형** : 주로 전동식 그라인더에서 많이 채택하고 있는 칼날로, 분당 1400~1600회 회전한다. 회전수가 높고 평면형이어서 고른 분쇄가 가능하다는 장점을 가지고 있는 반면, 마찰열이 발생할 가능성이 높은 형태이다.

② **원뿔형** : 주로 소형 그라인더나 수동식에 쓰인다. 톱니바퀴처럼 맞물려 돌면서 커피를 분쇄할 수 있도록 고안된 것으로, 분당 400~600회 정도 회전하므로 마찰열이 적은 반면 분쇄된 커피입자가 원통형에 비해 고르지 못하다.

분쇄된 커피의 입자가 균일해야 양질의 에스프레소를 얻을 수 있기 때문에 균일한 입자를 얻기 위해서는 그라인더 날의 마모 정도를 수시로 점검해야 한다.

일반적으로 많이 사용하는 64mm 날의 경우는 보통 원두커피를 300~400kg 정도 사용한 시점에 교환해주는 것이 좋다고 알려져 있다. 날이 마모된 상태에서 그대로 사용하는 경우가 많은데, 이는 결국 에스프레소의 맛을 저하시키는 결정적인 요인이 되기도 한다. 마모된 그라인더 날은 고른 분쇄를 어렵게 할 뿐만 아니라 마찰열의 증가로 향기성분을 감소시키는 결과를 초래한다.

이 때문에 그라인더 날의 마모정도는 분쇄입자의 크기나 추출상태, 커피 맛의 변화 등을 통해서도 알 수 있다.

(3) 그라인더 날 마모 점검 방법

날을 분리한 후 손톱으로 밀어보는 것도 하나의 대안이 될 수 있다. 이 때 손톱에 자국이 생기면 날이 서 있는 상태이고, 자국이 생기지 않으면 마모가 된 상태이다. 만일 그라인더 날이 마모되었다면 즉시 교환해 주어야 한다. 교환할 때는 아래쪽 날과 위쪽 날을 한꺼번에 교환해야 한다. 서로 맞물려 빠르게 돌아가는 그라인더는 날의 각도가 정확하게 맞아떨어져야 하기 때문이다.

그라인더 날은 고속회전을 하면서 원두커피를 분쇄하는 부품이기 때문에 사용시간에 따라 불가피하게 열이 발생한다. 이때 발생하는 열은 회전수나 시간당 분쇄되는 양이 다르므로 그라인더 날의 형태나 크기에 따라 달라진다. 따라서 그라인더 날의 크기를 상황에 맞게 잘 결정할 필요가 있다.

그라인더 날의 온도를 식히기 위해서는 사용시간의 2배를 쉬게 해주어야 한다.

(4) 그라인더 날 관리 방법

고속으로 회전하는 그라인더 날은 그라인더 구성품 중에서도 가장 사용량이 많은 부분인 동시에 원두커피와 직접 닿는 부분이기도 하다. 또 깊고 날카로운 홈이 파여 있어서 커피 찌꺼기와 기름기가 축적될 가능성도 높다. 따라서 그라인더 날은 수시로 청소를 해주어야 한다. 만일 청소를 게을리하면 칼날 주위에 낀 커피 찌꺼기와 기름때가 산화되면서 좋지 않은 냄새가 발생하게 되고, 분쇄할 때 커피와 바로 섞이면서 에스프레소 맛을 저하시킬 수 있다. 그라인더 날의 청소는 매일 해주는 것이 가장 좋다. 매일 청소하기가 어렵다면 최소한 1주일에 한 번씩은 분해해서 청소를 해주어야 한다.

청소를 할 때는 부드러운 솔로 커피 찌꺼기를 털어주도록 하며 물로 청소하는 것은 안 된다. 날의 재질이 강도가 높은 금속이어서 녹이 발생할 가능성도 그만큼 높기 때문이다.

(5) 그라인더 날의 청소요령

① 호퍼 닫기 : 호퍼를 분리할 때 원두가 밑으로 떨어지지 않도록 막아주는 역할을 한다.
② 커피 분쇄 : 호퍼와 그라인더 날 사이에 있는 원두를 갈아내는 동작이다. 이렇게 갈아내지 않고 분리해서 청소하면 사용가능한 원두를 모두 버리게 되므로 호퍼에 남아있는 원두를 다 갈아주어야 커피의 낭비가 적다. 스위치를 작동시키면 "윙~" 하면서 원두가 갈리는 소리가 난다. 호퍼와 그라인더 날 사이에 있는 원두가 다 분쇄되어 공회전하는 소리가 들리면 작동을 멈춘다.
③ 분쇄된 커피 빼내기 : 분쇄된 커피는 사용가능한 커피이므로 청소전에 모두 빼내 다른 밀폐용기에 담아 둔다.
④ 깨끗해진 도저 : 분쇄된 커피를 모두 빼낸 다음 깨끗한 상태에서 청소를 시작한다.
⑤ 호퍼의 분리 : 호퍼를 그라인더 본체에서 분리한다.
⑥ 입자조절 캡 분리 : 그라인더 날이 결합되어 있는 입자조절 캡을 분리한다. 일반적으로 입자조절 캡은 입자조절 캡 고정핀을 누르면서 시계반대 방향, 즉 왼쪽으로 돌리면 분리된다. 분리된 그라인더 날 주위에는 커피 찌꺼기가 많이 끼어 있다. 이 찌꺼기는 시간이 지남에 따라 빠르게 산패되면서 불쾌한 냄새를 풍기게 되고, 그것은 곧 커피 고유의 향을 떨어뜨리는 결정적인 요인이 된다.
⑦ 커피 찌꺼기 제거 : 원두에는 오일성분이 함유되어 있기 때문에 커피와 직접 닿는 그라인더 날 주위에는 항상 오일과 같이 뭉친 커피 찌꺼기가 남아 있기 마련이다. 이 찌꺼기는 조금씩 계속 쌓이게 된다. 그러므로 매일 청소하는 것이 좋으나 여의치 않을 때는 최소한 1주일에 한 번씩은 분해해서 청소를 해주어야 한다.

⑧ **솔을 이용한 청소** : 그라인더 날은 부드러운 솔이나 이와 비슷한 재질의 청소도구로 청소해야 한다. 날에 흠집이 생기면 분쇄의 효율이 크게 떨어지고 심각한 고장의 원인이 될 수 있다.

⑨ **청소기로 청소** : 청소기가 있다면 솔이나 기구로 청소하는 것보다 더 깨끗한 청소가 가능하다. 이때에도 날에 흠집이 생기지 않도록 주의해야 한다.

⑩ **배출구 청소** : 분쇄된 커피가 나오는 배출구도 커피 찌꺼기가 잘 쌓이기 때문에 꼼꼼하게 청소를 해주어야 한다.

(6) 그라인더 관리방법

(7) 윗날 청소법

① 솔로 청소날 주위에 쌓여 있는 찌꺼기를 털어 준다.
② 나사의 마모를 방지하기 위해 먼저 나사에 끼어있는 찌꺼기를 제거한다.
③ 나사의 분리공구를 이용해서 나사를 분리한다. 시계 반대 방향, 즉 왼쪽으로 돌리면 나사가 풀린다.
④ 날 밑에 쌓인 찌꺼기를 제거한다. 여기에 쌓인 커피가루 또한 시간이 지나면서 산패가 일어나서 좋지 않은 냄새를 풍기게 되므로 1주일에 한 번은 청소를 해주는 것이 좋다.
⑤ 나사산(Screw Thread)은 나사(볼트)의 돌출부를 말한다. 여기에 커피 찌꺼기가 끼어 있으면 조립이 원활하지 않으므로 조립하기 전에 솔을 이용하여 찌꺼기를 깨끗하게 제거해 준다.
⑥ 조립청소가 모두 끝나면 역순으로 조립하면 된다.

윗날과 아랫날 청소법은 그라인더 날까지 분리해서 청소하는 방법이다. 그라인더 날 자체를 청소할 때는 172쪽의 그라인더 날 청소 과정이 끝난 다음 분리해서 작업해야 용이하다. 그라인더 날은 날카로워 손을 다칠 염려가 있으므로 주의해서 다루어야 한다.

(8) 아랫날 청소법

① **찌꺼기 제거** : 고정나사를 분리할 때는 커피 찌꺼기를 완전히 제거해야 나사가 파손되지 않는다.
② **나사 풀기** : 일반적으로 3개의 나사로 고정되어 있으며 시계 반대 방향 즉, 왼쪽으로 돌리면 풀린다.
③ **날 밑의 찌꺼기 제거** : 그라인더 날 아래에는 많은 커피 찌꺼기가 쌓여 있다. 이 찌꺼기가 산패되면 좋지 않은 냄새가 나므로 1주일에 한 번 정도 분리해서 청소하는 것이 바람직하다.
④ **나사 끼우기** : 나사를 분리하고 청소하면 구멍에 커피 찌꺼기가 들어가 나사가 결합되지 않을 수 있다. 날을 분리하고 나사를 다시 끼운 다음 청소하는 것이 안전하다.
⑤ **청소솔로 청소** : 깨끗한 청소솔로 그라인더 날 밑에 남아 있는 찌꺼기를 말끔히 제거한다.
⑥ **공구를 이용** : 청소솔이나 청소기로 깨끗하게 청소되지 않을 경우 공구를 이용해서 찌꺼기를 제거한다.
⑦ **나사에 낀 찌꺼기 제거** : 솔로 깨끗이 청소해 준다.
⑧ **나사산 청소** : 나사산에 커피 찌꺼기가 남아 있으면 조립이 어려워질 수 있다. 마지막으로 청소해야 한다.
⑨ **조립** : 청소가 다 끝나면 그라인더 날을 분해와 역순으로 조립한다

04 탬퍼(Tamper)/ 노크박스(Knock Box)

[스테인레스탬퍼]

[알루미늄탬퍼]

[우드탬퍼]

바리스타 작업 중 탬핑과 탬핑 작업을 할 때 필요한 도구이다. 탬퍼는 잡는 부분과 누르는 부분으로 구성되어 있으며 제조 회사나 규격, 사이즈에 따라 다양한 종류가 있다. 일반적으로 58mm 사이즈의 탬퍼를 많이 사용하고 있다.

탬퍼는 자신에게 잘 맞는 것도 중요하지만 무엇보다도 탬핑시 손과 손목, 팔목, 어깨 등 몸에 무리가 가지 않는 것으로 사용해야 하며 바리스타 스스로도 탬핑의 능숙함을 위해 바른 자세를 잡는 것이 중요하다.

노크박스(Knox Box)는 에스프레소 커피 추출 후 남은 커피 찌꺼기를 제거하기 위해 고안된 받침통이다.

1 다지기(Packing) 방법

(1) 충격법에 의한 탬핑(Tamping) 방법

1단계 - 1차 탬핑은 2~3kg 정도로 가볍게 눌러준다.
2단계 - 탬퍼 손잡이 부분을 이용하여 가볍게 포터필터 외벽을 1~2회 쳐준다(Tapping).
3단계 - 2차 탬핑은 13~20kg 정도로 강하게 눌러준다.

1차 탬핑 → 태핑 → 탬프 올림 → 2차 탬핑 → 탬프 올림(가볍게) → 완성(수평)

(2) 회전법에 의한 탬핑 방법

1차 탬핑은 2~3kg 정도로 가볍게 누르면서 탬퍼를 180도 돌려 빠르게 들어 올린다.
2차 탬핑은 13~20kg 정도로 강하게 누르면서 180도 돌려 빠르게 틀어 올려 완성한다.
완성된 상태에서 포터필터를 강한 손목의 힘으로 좌우로 뒤집으면 잔량의 커피가 떨어지게 된다.

1차 탬핑 → 180° 회전 → 탬프 올림(빠르게) → 2차 탬핑 → 180° 회전 → 탬프 올림 → 완성(수평)

05 피쳐(Pitcher)

에스프레소 추출이라는 기본적인 기능 외에 밀크 스티밍이라는 기능이 있다.

일정량의 우유를 항상 같은 온도로 적정한 거품 배율이 될 수 있게 가열하기 위해서 스팀기능을 사용하게 되는데 이때 적정한 양의 우유를 채우고 스티밍을 원활히 할 수 있도록 고안된 기구가 스팀 전용 피쳐이다.

재질은 일반적으로 스테인레스로 구성되며 크기는 350㎖에서 1,500㎖까지 일정한 규격으로 나뉘어져 있다.

스팀피쳐는 관리가 매우 중요한데 이는 항상 우유가 담겨지고 가열되는 기구이기에 관리를 소홀히 하게 되면 비린내라 불리는 좋지 않은 향이 남게 되기 때문이다. 이를 방지하기 위해서는 항시 깨끗한 상태로 씻어서 냉장고에 차게 보관해 주는 것이 좋다. 그렇지만 여러 가지 많은 물품을 냉장고에 보관하게 되면 스팀피쳐에 좋지 않은 향이 남게 되므로 가급적이면 스팀피쳐와 우유전용 소량 보관 냉장고를 두는 것이 좋다.

06 커피잔 · 커피잔 받침대 · 스푼

에스프레소 커피를 추출할 시 사용되어지는 잔은 데미타세(Demi Tasse)라는 작고 두꺼운 보온성 좋은 잔을 사용해야 에스프레소 추출 온도와 맛과 향이 잘 유지되어 진다.

잔의 종류에도 여러 가지가 있지만 무엇보다도 에스프레소의 진한 향미에 잘 어우러지는 색깔의 잔과 잔받침을 사용하는 것이 좋다.

에스프레소 전용 스푼은 에스프레소 커피의 섬세한 맛과 향을 잘 느끼기 위하여 작고 좁은 스푼을 사용하는 것이 좋다. 그 외 일반 머그컵, 카푸치노잔, 유리컵(Shot Glass) 등이 있다.

07 청소용 붓 · 청소약

일반적으로 붓은 특유의 잡미가 없는 좋은 재질의 붓을 사용하는 것이 좋으며 붓의 종류보다는 커피 분쇄가루를 쓸고 정리하는 용도이므로 이를 잘 관리하는 것이 좋다.

특히 에스프레소 전용 그라인더의 도저 챔버 안을 정리하는 붓은 물기가 있으면 절대로 안 되며 깨끗이 마른 상태로 사용할 수 있도록 관리를 잘 해주어야 한다.

에스프레소 머신은 에스프레소 전용 청소약을 사용하고 그룹헤드는 내관을 청소해 주어야 한다. 사용 횟수 및 기간은 머신을 어느 정도 사용하는 매장인지에 따라 조금씩 상이하나, 일반적으로 1~2일 정도 판매가 끝나고 마감정리를 할 시에 청소하는 것이 좋다.

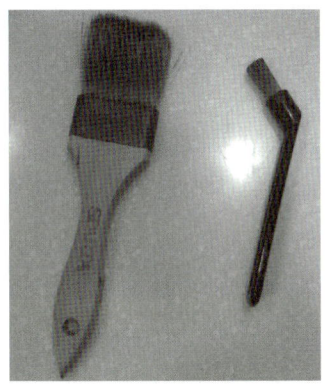

Chapter 04 예상문제 기계 관리학

01 에스프레소 기계

001
다음 에스프레소 기계의 종류가 아닌 것은?
가. 수동식
나. 반자동식
다. 자동식
라. 반수동식

002
카페 영업 종료 후 에스프레소 기계 점검을 매일 해야 하는 것은?
가. 온수압력 및 온도확인
나. 스팀완드 교환
다. 포터필터 교환
라. 그라인더 날 교환

003
에스프레소 기계를 구성하고 있는 부품 명칭을 틀리게 설명한 것은?
가. 포터필터 : 원두가루를 1~2인분 담아서 그룹헤드에 장착 커피를 추출하는 기구
나. 커피전자밸브 : 일정한 양의 물만 보내는 기능
다. 샤워스크린 : 포터필터에 전체적으로 골고루 물을 분사시키는 장치
라. 압력게이지 : 보일러 내부의 압력을 수치로 나타내는 장치

004
카페 에스프레소 추출 시 물을 공급하는 펌프모터에서 심한 소음이 발생하는 이유는?
가. 기압 상승
나. 물 공급 정지
다. 물 온도 상승
라. 추출량 과소

005
에스프레소 기계에서 보일러와 연관이 없는 것은?
가. 수압게이지
나. 압력 조절 장치
다. 그룹헤드
라. 스팀 압력기

006
에스프레소 기계의 플로우 미터가 작동하지 않을 때 발생하는 현상은?
가. 그룹헤드에서 냉수가 나온다.
나. 그룹헤드에서 물이 나오지 않는다.
다. 압력조절이 되지 않는다.
라. 물의 양이 조절되지 않는다.

007
보일러에 유입되는 찬물과 추출 시의 뜨거운 물 흐름을 통제하는 것은?
가. 펌프모터
나. 수압게이지
다. 플로우미터
라. 샤워필터

정답 001 라 002 가 003 나 004 나 005 다 006 라 007 다

008
에스프레소 기계에서 카페 에스프레소를 추출하는 압력을 작동하는 것은?

가. 샤워 스크린 나. 펌프모터
다. 전자밸브   라. 압력게이지

009
에스프레소 기계에서 수증기를 제공해주는 장치는?

가. 스팀완드
나. 보일러통
다. 스팀노즐
라. 압력 게이지

010
에스프레소 기계에서 커피추출 전자밸브(Solenoid Valve)의 기능은?

가. 보일러, 그룹, 배수로 등 3개의 방향으로 연결
나. 코일로 작동하며 전자식 원리를 응용
다. 커피추출 후 남아 있는 물이 자동으로 배출
라. 커피추출 후 압력 상승

011
에스프레소 기계의 발전 단계로 맞는 것은?

가. 진공추출방식 – 피스톤방식 – 증기압방식 – 전동펌프방식
나. 증기압방식 – 피스톤방식 – 진공추출방식 – 전동펌프방식
다. 진공추출방식 – 증기압방식 – 피스톤방식 – 전동펌프방식
라. 증기압방식 – 진공추출방식 – 피스톤방식 – 전동펌프방식

012
카페 에스프레소 추출 시 펌프 압력이 올라가지 않을 때의 원인이 아닌 것은?

가. 물 온도가 낮은 상태에서 작동했을 때
나. 전압이 낮을 때
다. 펌프 내부의 카본 실린더에 이물질이 많이 끼었을 때
라. 콘덴서에서 방전이 이루어지지 않을 때

013
펌프의 압력 조절 시 가장 적합한 것은?

가. 압력을 먼저 조절한 후 추출버튼을 확인한다.
나. 추출버튼 확인 후 압력을 조절한다.
다. 커피 추출버튼과 상관없다.
라. 펌프 모터는 압력 조절을 할 필요가 없다.

014
에스프레소 기계의 스팀완드를 작동할 때 스팀노즐에서 물이 많이 나오는 현상은?

가. 기계 노후
나. 스팀의 노즐 문제
다. 보일러 물 초과 문제
라. 수증기 문제

015
에스프레소 기계의 관리에 대한 설명이 잘못된 것은?

가. 포터필터는 매일 청소해야 한다.
나. 포터필터 청소용 약품처리는 사용횟수와 상관없이 매일한다.
다. 샤워스크린 청소는 매일한다.
라. 포터필터 청소는 칼슘제거용 용액을 수 분간 담가두었다가 물로 세척한다.

정답 008 나 009 나 010 라 011 다 012 가 013 가 014 다 015 나

기계 관리학

016
그룹헤드의 개스킷의 교환 시기를 잘못 설명한 것은?

가. 포터필터의 장착이 꽉 조여주는 느낌이 없을 경우
나. 포터필터를 정면에서 돌릴 때 90°가 넘을 경우
다. 커피 추출이 과소하게 추출되는 경우
라. 커피 추출 시 포터필터 옆으로 물이 흐르는 경우

017
에스프레소 기계의 보일러에서 온수가 나오지 않는 이유가 아닌 것은?

가. 열원 공급 정지
나. 압력 스위치 불량
다. 외부 및 내부 온도 차이
라. 전원 정전

02 포터필터 · 템프 · 노크박스 · 피쳐

018
카페 에스프레소를 추출하기 위한 분쇄된 원두가루를 담는 도구 명칭은?

가. 포터필터
나. 스크린필터
다. 에스프레소필터
라. 바스켓필터

019
포터필터 하단부에 있고 추출된 커피가 흘러내리는 부위의 이름은?

가. 스파웃
나. 필터홀더
다. 필터스크린
라. 필터바스켓

020
분쇄된 원두가루를 담는 포터필터의 재질을 두텁게 하는 이유는?

가. 크레마 생성
나. 쓴맛 제거
다. 온도 유지
라. 파손 방지

021
포터필터 관리 방법으로 올바른 설명은?

가. 추출이 종료되면 항상 그룹헤드에서 분리하여 보관한다.
나. 항상 그룹헤드에 장착된 상태로 보관한다.
다. 에스프레소 기계 워머컵 상단에 올려 보관한다.
라. 뜨거운 물로 씻은 후 트레이에 둔다.

022
포터필터 안에 담겨진 분쇄된 원두를 압착하기 위해서 사용하는 도구 명칭은?

가. 탬퍼(Tamper)
나. 테퍼(Tapper)
다. 그라인더(Grinder)
라. 압착기(Press)

정답 016 다 017 다 018 가 019 가 020 다 021 나 022 가

023
에스프레소 추출 후 포터필터에 남겨진 커피찌꺼기를 버리는 도구는?

가. 노크박스(Knock Box)
나. 찌꺼기박스(Garbage Box)
다. 그라인더박스(Grinder Box)
라. 커피박스(Coffee Box)

024
스팀 피쳐(Steam Pitcher)의 사용 용도를 설명한 것은?

가. 적정한 양의 우유를 채우고 스티밍을 원활히 할 수 있도록 고안된 기구이다.
나. 커피메뉴를 따뜻하게 마시기 위해서는 스팀피쳐를 뜨겁게 하여야 한다.
다. 우유거품을 잘 내기 위해서는 냉장고보다 냉동고에 스팀피쳐를 보관한다.
라. 스팀피쳐의 크기는 아무런 상관이 없이 사용해도 된다.

025
카페 에스프레소를 추출할 시 사용하는 데미타세(DemiTasse)잔의 설명은?

가. 색상은 화려해야 하며 잔 내부도 화려한 색으로 채색이 되어야 한다.
나. 데미타세 잔에 추출되는 에스프레소 커피양은 45ml 이상이어야 한다.
다. 보온이 좋은 두터운 재질은 에스프레소 추출온도와 맛, 향이 잘 유지된다.
라. 카페 에스프레소용 커피잔은 크기와 상관이 없다.

03 그라인더

026
일반적으로 그라인더를 사용한 후 얼마 후 재사용하는 것이 좋은가?

가. 항상 사용할 수 있다.
나. 작업시간의 2배 이상을 쉬게 해야 재사용이 가능하다.
다. 커피 전문가의 자질 문제이다.
라. 영업이 바쁘면 굳이 휴식할 필요가 없다.

027
그라인더 사용 후 재가동하기 위해서 휴식시간이 필요한 이유는?

가. 원두 입자크기 변화의 방지
나. 기계의 마모의 방지
다. 그라인더 칼날에 발생한 열 냉각
라. 분쇄되는 원두의 양 조절

028
그라인더를 사용해서 원두를 분쇄하는 방법 중 틀린 것은?

가. 커피 추출방법에 따라 적당한 분쇄입자의 눈금수치를 조절한다.
나. 커피의 유효성분 추출은 분쇄도와 입자 크기에 반비례한다.
다. 분쇄 입자의 크기가 균일해야 양질의 성분을 일정하게 추출할 수 있다.
라. 적합한 분쇄는 좋은 커피를 얻기 위한 중요한 요소이다.

정답 023 가 024 가 025 다 026 나 027 다 028 나

 기계 관리학

029
그라인더의 호퍼(Hopper)를 사용한 후 반드시 청소해야 하는 이유?

가. 실버스킨 제거
나. 커피오일 제거
다. 커피찌꺼기 제거
라. 배전원두 제거

030
그라인더에서 배출레버의 동작에 의해 커피가루가 배출되도록 하는 작업은?

가. 그라인딩(Grinding)
나. 도징(Dosing)
다. 탬핑(Tamping)
라. 탬핑(Tapping)

031
처리량은 적지만 대중적이고 입자가 비교적 좋지 않은 그라인더 형태는?

가. 오각형
나. 원뿔형
다. 평면형
라. 수직형

032
그라인더 청소방법으로 잘못된 것은?

가. 그라인더의 호퍼(Hopper) 통은 항상 청결해야 한다.
나. 부드러운 솔로 커피찌꺼기를 털어준다.
다. 그라인더의 도저(Doser) 통은 물로 깨끗하게 청소해야 한다.
라. 최소한 1주일에 한 번씩 분해해서 청소를 해야 한다.

04 물

033
커피를 추출할 때 사용하는 물에 관한 내용 설명으로 적당한 것은?

가. 가정용 수돗물이 정수된 물보다 커피추출로 사용하는 것이 좋다.
나. 커피 추출은 물이 차지하는 비율이 매우 높기 때문에 냄새와 불순물이 없어야 한다.
다. 물에 포함되어 있는 미네랄 성분은 커피맛에 영향을 미친다.
라. 금속성분이 많이 함유되어 있는 물이 커피 추출에 좋다.

034
커피를 추출하는 물에 대한 내용으로 바르게 설명된 것은?

가. 수돗물에 녹아 있는 금속 성분은 커피의 맛을 풍부하게 한다.
나. 정수기를 설치하여 수돗물에 포함되어 있는 염소, 유기물, 칼슘 등을 제거한다.
다. 정수기 및 연수기 설치는 커피 맛에 영향을 미치지 않는다.
라. 수돗물 소독제인 염소는 커피의 성분과 반응하여 맛과 향기를 한층 더해준다.

035
커피 추출에 사용하는 물의 조건이 아닌 것은?

가. 추출 장소
나. 추출 온도
다. 추출 시간
라. 추출량

정답 029 나 030 나 031 나 032 다 033 나 034 나 035 가

036
추출된 카페 에스프레소와 물을 비교하였을 때 적당하지 않은 것은?

가. 굴절률이 증가한다.
나. 점도가 낮아진다.
다. 수소 이온농도가 낮아진다.
라. 밀도가 높아진다.

037
추출된 카페 에스프레소와 물을 비교한 물리적 변화 중 적당하지 않은 것은?

가. 약품 청소는 되도록이면 매일한다.
나. 약품 청소 후 물을 충분히 빼주어야 한다.
다. 영업 전에는 물을 빼주지 않고 바로 영업한다.
라. 청소용 필터 바스켓을 사용한다.

038
추출된 카페 에스프레소와 물을 비교한 물리적 변화 중 적당하지 않은 것은?

가. 물을 일정량씩 보내고 막는 역할
나. 보일러 내부 압력 조절
다. 보일러 내부의 물의 양 조절
라. 물을 뜨겁게 조절하는 역할

039
주기적으로 연수기 청소를 할 때 사용하는 것으로 적당한 것은?

가. 소금
나. 우유
다. 식초
라. 소다수

040
지하수를 에스프레소 기계에 직접 연결해 사용할 때 기계를 손상시키는 무기질은?

가. 철
나. 칼슘
다. 인
라. 납

정답 036 나 037 다 038 가 039 가 040 나

Part 01 | 커피전문가(BARISTA) 필기시험

카페(Cafe) 경영

01 카페 관리

카페는 프랑스어로 각종 차와 음료, 주류나 간단한 서양식 음식을 파는 소규모의 음식점을 말한다.

- **카페(Cafe)의 의미**
  - 각종 차와 음료, 주류나 간단한 서양식 음식을 일정시설을 갖추어 판매하는 공간을 말한다.
  - 서비스 종업원에 의해 음료를 팔거나 제공하는 장소를 말한다.
- **카페 설비 조건**
  - 조명과 음악의 조화가 있어야 한다.
  - 바리스타나 서비스 종사원의 활동 공간이 필요하다.
  - 분위기와 시설이 업장에 알맞은 구조로 되어 있어야 한다.
- **카페 시설은 목표 고객의 설정, 서비스 계획, 업장 설계 순으로 중요하다.**

1 카페관리의 의의

카페관리의 원가 3요소는 재료비, 인건비, 주방경비이다.

(1) 카페 운영에서의 음료류 구매관리

① 먼저 반입된 저장품부터 소비한다.
② 필요한 물품반입은 휴점시간을 활용한다.
③ 정확한 재고조사를 기준으로 적정 재고량을 확보한다.
④ 최대 저장량은 2개월분이 적당하다.
⑤ 다량의 음료류 저장은 도난 위험이 있으므로 비효율적이다.
⑥ 재고로 발생된 비용은 자금회전율을 늦추게 하므로 유의한다.
⑦ 구매부서의 기능은 검수, 저장, 불출이다.

(2) 카페 운영에서의 재고관리

① 음료재료의 저장
- 일일 적정 재고량을 설정하여 시행한다.
- 선반시설이 설치되어 재고조사가 편리하도록 해야 한다.
- 원가통제를 위하여 1일 재고를 조사하여 문서상으로 기재 보관해야 한다.
- 재고가 적정재고 수준 이상으로 과도할 경우 나타나는 현상은 유지관리비 증가, 기회이익 상실, 자본이 묶인다.
- 실제원가가 표준원가를 초과하는 원인은 재료의 과도한 변질 발생, 도난 발생, 잔여분의 식자재 활용 미숙 등에서 발생된다.
- 일일 적정재고량이라는 파스탁(Par Stock)의 자료는 고객취향, 일일소비량, 고회전 품목을 측정할 수 있다.

② 월 재고회전율(Monthly Inventory Turnover)

평균적으로 보유하고 있는 재고자산이 판매를 통해 한 달 동안 회전되는 횟수로써 총 매출원가 / 평균 재고액이다.

(3) 카페관리 방법

① 효과적인 음료통제 저장관리제도
- 주문 시에는 서면구매 청구서를 사용한다.
- 검수 시에는 송장(Invoice)과 구매청구서를 대조, 체크한다.
- 영속적인 재고조사(Perpetual Inventory) 시스템을 둔다.
- 카페 재고량은 판매량에 따라 적정량을 저장하면서 기간은 별도로 정하지 않는다.

② 음료메뉴(Beverage List) 설정방법
- 경영 정책을 음료에 포함시킨다.
- 계절감을 채택하여야 한다.
- 이미지(Image) 개선을 위해 특별 음료 메뉴를 고안, 판매한다.

③ 불특정 다수에게 홍보하는 방법
- 사인 보드(Sign Board)
- 빌 보드(Bill Board)
- 신문광고(News Paper. Adv)
- 고객내용 카드(Guest History Card) : 대고객 서비스용

④ 누출을 방지하기 위한 관리 방안

- 빈카드(Bin Card) 사용 : 품목별 불출입 재고 기록
- 레시피(Recipe) 사용 준수
- 일드 테스트(Yield Test)실시

⑤ 카페의 업무 능률 향상을 위한 시설물 설치방법
- 얼음은 작업대 옆에 보관한다.
- 카페의 수도시설은 믹싱 스테이션(Mixing Station) 바로 후면에 설치한다.
- 얼음제빙기는 가능하면 카페 내에 설치한다.
- 배수기는 종업원의 바로 옆에 설치한다.
- 냉각기는 표면에 병따개가 부착된 건성형으로 Station 근처에 설치한다.

2 카페요원의 직무

(1) 카페지배인의 직무

① 영업장의 책임자로서 청결을 수시로 관리한다.
② 영업장의 책임자로서 모든 영업에 책임을 진다.
③ 음료의 입고와 출고를 관리하며, 적정재고를 파악하여 보급 및 관리 책임을 진다.
④ 카페 접객원의 업무를 감독 및 지휘한다.
⑤ 모든 음료 종류의 청구 및 보충저장을 지시한다.
⑥ 음료병조사와 빈병 파기에 대한 지시를 한다.
⑦ 얼음제조기와 다른 기물들의 작동기능을 점검한다.

(2) 헤드지배인의 직무

헤드지배인은 종업원의 업무를 지시, 감독하는 관리자인 Chief 지배인이다. 즉, 각 카페를 청결하고 정상적인 상태로 영업을 수행할 수 있도록 업무를 지시·감독한다.

(3) 카페 종업원의 기본적인 직무

① 카페 경영에 필요한 물품을 파악하고 정리한다.
② 음료에 대한 충분한 지식을 숙지하여야 한다.
③ 음료 메뉴 조리에 필요한 장식을 준비한다.
④ 카페에서 영업에 필요한 물품을 관리 및 저장한다.
⑤ 카페의 청소 및 기물 등의 청결을 유지 관리한다.
⑥ 각종 음료메뉴를 조리한다.

⑦ 표준 레시피에 의한 정확한 음료 메뉴를 조리해야 한다.

[Standard Recipe 설정의 목적]
- 원가계산의 기초자료를 제공한다.
- 품질과 맛을 유지시킨다.
- 노무비를 절감할 수 있다.

즉, 원가계산을 위한 기초를 제공하고, 재료의 낭비를 줄임으로써 품질관리에 도움이 된다.

[표준양 목표 작성의 목표]
- 품질관리에 기여한다.
- 음료메뉴 원가 산정에 용이하다.
- 판매가격 결정에 기여한다.
- 용모가 단정하고 예의 바른 매너를 지켜야 한다.
- 제공된 음료는 정확히 전표를 발행해야 한다.

Coffee box 카페 종업원

① 카페 종업원이 지켜야 할 바에서의 예의와 금기사항
- 정중하게 손님을 환대하며 고객의 기분이 좋도록 Lip Service를 한다.
- 고객이 권하는 음료를 마시면 안 된다.
- 고객이 홀에 있는 경우 주방에서는 항상 서있어야 한다.

② 카페 종업원의 영업개시 전의 준비사항
- 얼음을 준비한다.
- Glass의 청결도를 점검한다.
- 적정재고를 점검한다.
- 글라스를 Handling 한다.
- CO_2 가스를 체크한다.
- 음료 조리에 필요한 가니쉬(Garnish)를 만든다.

(4) 카페 종업원 보조(Helper)

① 카페에서 필요한 모든 물품을 창고로부터 수령한다.

② 장식(Garnish)에 필요한 과일류를 준비한다.

③ 카페 내의 청결, 정리정돈 및 글라스 종류를 정리정돈한다.

④ 복장은 항상 깨끗하고 단정하게 한다.

⑤ 주방에서 필요한 음료 및 보급품의 준비와 영업에 필요한 준비를 한다.

(5) 용어 정리

① Event Order : 중요한 연회 시 그 행사에 관한 모든 내용이나 협조사항을 호텔 각 부서에 알리는 행사 지시서이다.
② Happy Hour : 바에서 초저녁 시간대에 음료판매를 활성화하기 위해 하는 가격 할인 판매 서비스 시간이다.
③ Inventory Management : 재고관리의 의미이다.
④ Standard Yield Test : Kitchen Test(테스트 주방)에서 요리에 사용되는 식재료의 표준 산출고 시험을 말한다.
⑤ Standard Recipe : 표준 제조표를 의미한다.
⑥ Par Stock : 영업에 필요한 일일 적정 재고량을 말하며 영업 개시전에 필요 물품량을 수령한다.
⑦ House Brand : 카페에서 사용하는 지정 주문이 아닐 때 사용하는 음료 종류를 말한다.

3 음료류 저장관리

음료관리를 효과적으로 하기 위해서는 저장창고에는 권한이 부여된 사람만이 출입하도록 하고 카페에서는 표준적정 재고량을 설정한다. 그리고 일일 재고조사와 월별 재고조사 제도를 둔다. 음료류 저장소의 필수요건은 온도, 습도, 환기, 진동 등이다.

(1) 음료관리의 준수사항

① 음료류 납품의 검수는 검수계에서 한다.
② 음료류는 일단 입고 후 필요한 양만 현장에 보급한다.
③ 연회용 재료는 상비용 재고와 구분하여 불출한다.

(2) 저장관리의 원칙

저장위치표시, 분류저장, 품질보전을 원칙으로 한다.

4 위생적인 음료(Beverage)취급 절차

① 먼지가 많은 음료병은 깨끗이 닦아 Setting한다.
② 사용한 음료는 항상 뚜껑을 닫아 둔다.
③ 창고에 보관할 때는 Bin Card를 작성한다.
④ 캔 주스는 사용하고 남으면 다른 병에 담아 냉장고에 보관한다.

⑤ 주방요원이 글라스를 잡을 때는 글라스의 1/3 하단 부분을 손끝으로 잡아야 가장 위생적이다.
⑥ 병음료는 깨끗하게 닦아서 냉장고에 보관한다.
⑦ 한번 사용한 칼과 도마는 소독기에 반드시 소독을 한 후 보관한다.
⑧ 서비스 할 글라스는 냉장고에 차갑게 보관한다.
⑨ 가니쉬(garnish)를 상하지 않게 보관하는 곳은 냉장고이다.
⑩ 담배를 피운 후이거나 얼굴 등 자기의 몸을 만진 후에는 손을 씻는다.
⑪ 카페종업원이 심한 감기에 걸렸을 때는 근무해서는 안 된다.
⑫ 글라스에 얼음을 담을 때는 스쿠프(Scoop)나 집게를 사용한다.

02 카페 서비스 영어

고객에게 주문을 받을 때 표현하는 영어

- May I take your order? = What would you like? = Are you ready to order?
  ◐ 주문하시겠어요?

- May I take your order, sir?
  ◐ 주문하시겠습니까?(정중한 표현)

- Which do you like better coffee or tea?
  ◐ 커피 또는 차 중에서 더 좋아하는 음료는 무엇인가요?

- A table for three, sir? Please, come this way.
  ◐ 세 분 이시죠? 이쪽으로 오세요.

- I am sorry to have kept you waiting.
  ◐ 기다리게 해서 미안합니다.

- What would you like to buy?
  ◐ 무엇을 사시려고 합니까?

- What are you looking for?
  ◐ 당신은 무엇을 찾고 있습니까?

- Have you ever been to the coffee shop?
  ◐ 커피전문점에 온 적 있나요?

- How long have you been in korea?
  ◐ 한국에 머문 지 얼마나 되었나요?

- The A cafe is close to the hotel.
  ◎ 에이 카페는 호텔 가까이에 있다.
- May I some have coffee please?
  ◎ 커피 마실 수 있나요?
- May I have some ice, please?
  ◎ 아이스크림 부탁할게요.
- I'd like to have another drink.
  ◎ 한잔 더 주세요.
- We'd like to have another round, please.
  ◎ 마시던 걸로 전부 한 잔씩 더 돌리시오.
- This milk has gone bad.
  ◎ 우유가 상했다.
- Are you free this evening?
  ◎ 오늘밤에 시간 있습니까?
- Ten years have passed since I came here.
  ◎ 여기 온 지가 10년이 지났다.
- Are you interested in making coffee?
  ◎ 커피 조리하는 것이 재미있나요?
- I have been to Seoul before.
  ◎ 전에 서울에 온 적이 있다.
- This is the coffee shop where we stayed.
  ◎ 이곳은 우리가 머물렀던 커피전문점이다.
- Our shuttle bus leaves here 10 times a day.
  ◎ 셔틀버스는 하루에 10번 출발한다.
- I don't like espresso coffee.
  ◎ 나는 에스프레소 커피가 싫다.
- How about a drink with me this evening?
  ◎ 저하고 오늘밤에 한잔 하시겠어요?
- After you, please.
  ◎ 먼저 하세요.
- I'll come to pick you up this evening.
  ◎ 오늘 저녁에 데리러 오겠다.
- I am afraid you have the wrong number.
  ◎ 잘못된 번호를 주어서 미안하다.

- Not all food is good to eat.
  ◯ 모든 음식이 먹기에 좋은 것은 아니다.
- You are in good shape for a 50-year-old man.
  ◯ 50살인 나이에 비해 건강이 좋다.
- A guest with no reservation = walk in guest
  ◯ 예약하지 않고 오는 손님
- Put all ingredients with half a cup of crushed ice into a blender.
  ◯ 믹서기 안에 모든 재료를 부숴진 얼음의 반컵과 함께 넣어라.

03 카페 기물관리

1 영업을 위한 준비

- 음료를 서빙할 때에 일반적으로 사용하는 비품으로는 냅킨, 커피잔 세트류, Serving Tray가 있다.
- 카페영업에 있어서 필요한 것은 냉장시설과 제빙시설, 음료저장 창고, 작업공간, 글라스 냉각기, 전기 믹서기, 얼음 분쇄기 등이 있다.
- 영업개시 전에 그날의 필요품을 보급 수령한다.
- 모든 청소는 영업개시 전에 반드시 완료한다.
- 영업 종료 후에는 부패성이 있는 쓰레기를 즉시 치운다.
- 바리스타가 카페에서 글라스를 사용할 때 가장 먼저 체크하여야 할 사항은 글라스의 가장 자리 파손 여부이다.

2 카페 기물의 보존관리

- 도마(Kitchen Board)는 세균이 침투하기 용이하므로 위생적으로 보관해야 한다.
- 쉐이커(Shaker) 사용 후 보관 방법 : 사용 후 씻어서 물이 빠지도록 몸통과 스트레이너를 분리하여 엎어 놓는다.

3 카페 기물의 사용법

(1) 카페에서 사용하는 기물

- 코르크 스쿠류(Cork Screw), 필링용 과도(Peeling), 스트레이너(Strainer), 아이스 큐브 메이커(Ice Cube Maker), 냉장고(Refrigerator), 쿨러(Cooler), Lemon Squeezer 등
- 믹싱 글라스(Mixing Glass) : 커피 메뉴의 부재료 혼합물을 섞을 수 있는 기물이다.
- 바 스푼(Bar Spoon) : 손잡이가 길어 롱 스푼(Long Spoon)이라고도 하며 카페에서 사용하고, 휘저을 때 미끄러짐을 방지하기 위하여 중간부분이 나선형으로 되어 있다.
- 쉐이커(Shaker) : 잘 섞이지 않는 설탕과 크림 종류의 재료를 혼합하기 위해서 사용하며, 얼음을 사용하여 내용물을 차게 냉각하여 주는 용도이다. 스트레이너를 결합할 수 있어 얼음을 걸러낼 수 있다.
- 스퀴져(Squeezer) : 유리 제품, 도기 제품, 전동식 제품이 있다. 신선한 주스를 짜내며 껍질을 벗겨내고 사용한다.
- 쿨러(Cooler) : 와인 또는 샴페인 등의 음료를 냉각시키는 용기이며 용기 속에는 얼음과 물을 담는다. Stand(받침대)와 함께 제공된다.

① 글라스 웨어(Glass Ware)의 취급 요령

- 고객에게 서비스 하기 전 반드시 닦아서 제공한다.
- 반드시 뜨거운 물에 담가 닦는다.
- 냄새가 날 때는 레몬 슬라이스를 물에 넣어서 닦으면 냄새를 제거할 수 있다.
- 글라스는 항상 깨끗하게 반짝거리도록 닦는다.
- 우유 담은 용기는 항상 냉장고에 보관하여 서비스한다.
- 글라스는 불쾌한 냄새나 연기, 먼지, 기름기가 없고 환기가 잘 통하는 장소에 보관한다.
- 글라스를 차게 할 때는 냄새가 전혀 없는 냉장고에서 Frosting시킨다. 그리고 얼음으로 Frosting시킬 때는 냄새가 없는 얼음인가를 반드시 확인해야 한다.

Coffee box — 커피잔 세척법

- 세척용 중성세제를 사용한다.
- 두 번 이상 헹군다.
- 세척한 커피 잔은 종류별로 보관한다.
- 카페 기물의 가장 위생적인 세척법은 비눗물 – 더운물 – 찬물 순이다.

② 카페관리 기능 및 부정적인 요소
- 연령·소득 등에 따라 목표고객을 분석한다.
- 가장 바쁜 시간의 영업량을 미리 예측해 본다.
- 동일 상권의 경쟁업체를 수시로 파악한다.
- 개인용 음료판매가 가능하다.
- 커피 메뉴 표준량을 속일 수 있다.
- 무료 제공이 남용될 수 있다.

③ 과일 및 과즙의 선택과 보관방법
- 과일은 잘 익고 신선해야 한다.
- 신선도를 유지하기 위하여 냉장고에 넣어 보관한다.
- 과일을 자를 때 칼을 잘 닦아 사용한다.
- 캔(Can)에 들어 있는 과일을 사용하는 것은 좋지 않다.

Chapter 05 예상문제 카페(Cafe) 경영

01 카페 관리

001
카페(Cafe)를 의미하는 것이 아닌 것은?

가. 음료 및 음식 판매가 가능한 일정시설을 갖추어 판매하는 공간
나. 고객과 바텐더 사이에 놓인 널판을 의미한다.
다. 프런트 바에서 주문과 서브가 이루어지는 고객들의 이용 장소
라. 조리 가능한 시설을 갖추어 음료와 식사를 제공하는 장소

002
카페(Cafe)에 대한 설명으로 틀린 것은?

가. 음료 및 음식을 중심으로 판매 가능한 시설을 갖춘 장소이다.
나. 카페 종업원에 의해 고객에게 음료를 판매하거나 제공하는 장소이다.
다. 인적 물적 서비스를 상품으로 판매한다.
라. Cafe는 이태리의 'Baristra'라는 단어에서 유래되었다.

003
카페설비 조건과 관계가 없는 것은?

가. 조명과 음악의 조화
나. 카페종업원의 신체 조건의 참조
다. 카페종업원의 활동공간의 필요
라. 분위기와 시설이 업장에 맞는 구조인지 여부

해설 모든 카페종업원의 신체 조건을 맞출 수는 없다.

004
카페 Floor 시설 설치 시 고려할 사항이 아닌 것은?

가. 위생적이어야 한다.
나. 미끄러지 않는 타일이나 아스팔트 타일이 적합하다.
다. 편안함과 안전을 우선시 해야 한다.
라. 카페바닥은 카페트가 적당하다.

해설 물기가 있는 음료류에는 카페트와 같은 성질의 바닥재는 부적당하다.

005
레스토랑의 종류에 의한 분류에 해당하지 않는 것은?

가. 레스토랑형 카페
나. 그릴 카페
다. 베이커리형 카페
라. 패스트푸드형 카페

006
해피아워(Happy hour)란?

가. 손님이 가장 많은 시간
나. 단골 고객에게 선물을 주는 시간
다. 하루 중 시간을 정해서 가격을 낮춰 영업하는 시간
라. 하루 중 고객에게 특별행사로 가격을 인상해서 영업하는 시간

정답 001 나 002 라 003 나 004 라 005 나 006 다

007
카페에서 판매전략으로 적합하지 않은 것은?

가. 유명도가 떨어지는 상품을 권할 때에는 고객에게 시음하도록 하여 반응을 살핀다.
나. 파스탁(Par Stock)은 최소화하여 가능하면 제로(0)로 한다.
다. 원가가 저렴한 제품을 사용한다.
라. 현장에서 근무하는 종업원들에게 음료관련 지식을 교육시킨다.

008
중요한 연회 행사에 관한 모든 내용이나 협조사항을 호텔 각 부서에 알리는 행사 지시서는?

가. Event Order
나. Check-up List
다. Reservation Sheet
라. Banquet Memorandum

 행사지시서를 이벤트 오더(Event Order)라 한다.

009
레스토랑에서 사용하는 용어인 "Abbreviation"의 의미는?

가. 헤드웨이터가 몇 명의 웨이터들에게 담당 구역을 배정하여 고객에 대한 서비스를 제공하는 제도
나. 주방에서 음식을 미리 접시에 담아 제공하는 서비스
다. 레스토랑에서 고객이 찾고자 하는 고객을 대신 찾아주는 서비스
라. 원활한 서비스를 위해 사용하는 용어로 직원들 간에 미리 약속한 메뉴의 약어

010
카페 경영에 있어서 프라임 코스트(Prime Cost)는?

가. 감가상각과 이자율
나. 식음료 재료비와 인건비
다. 임대비 등의 부동산관련 비용
라. 초과근무수당

 일정한 기한 내에 판매되는 완성생산물의 생산에 요하는 비용을 주요 비용이라고 하며, 경제용어로는 원가, 구입원가라 한다.

011
일드 테스트(Yield test)란?

가. 산출량 실험
나. 종사원들의 양보성향 조사
다. 알코올 도수 실험
라. 재고 조사

 Kitchen test라고도 하며 주방에서 요리에 사용되는 식재료의 표준산출고 시험을 말한다.(Standard Yield Test)

012
원가의 분류에서 고정비에 해당하는 것은?

가. 직접재료비
나. 직접노무비
다. 공장건물에 대한 보험료
라. 일정비율로 지급되는 판매수수료

 고정비를 불변비라고도 한다. 생산하는 수량의 증감에 관계 없이 항상 필요한 일정 비용이다. 인건비, 감가상각비, 금융비용, 제경비 등으로 구성된다.

013
레스토랑 관리에서 핵심적인 원가의 3요소는?

가. 재료비, 인건비, 주장경비
나. 세금, 봉사료, 인건비
다. 인건비, 주세, 재료비
라. 재료비, 세금, 주장경비

정답 007 다 008 가 009 라 010 나 011 가 012 다 013 가

카페(Cafe) 경영

014
Standard Recipe란?

가. 표준 판매가
나. 표준 제조표
다. 표준 조직표
라. 표준 구매가

015
Standard Recipe를 설정하는 목적에 대한 설명 중 틀린 것은?

가. 원가계산을 위한 기초를 제공한다.
나. 종업원에 대한 의존도를 높여 준다.
다. 품질과 맛을 유지시킨다.
라. 노무비를 절감할 수 있다.

016
Standard Recipe 설정의 장점이 아닌 것은?

가. 일정한 품질과 맛의 지속적 유지
나. 음료 원가 산정이 용이
다. 재료배합의 기준량 제시로 원가 관리 용이
라. 음료 보관 관리가 용이

 표준레시피를 정하는 이유는 음료보관과는 무관하며 원가, 품질, 맛 등과 관계있다.

017
프랜차이즈업과 독립경영을 비교할 때 프랜차이즈업의 특징에 해당하는 것은?

가. 수익성이 높다.
나. 사업에 대한 위험도가 높다.
다. 자금운영의 어려움이 있다.
라. 대량구매로 원가절감에 도움이 된다.

018
월 평균소비량을 포함한 최대보유량을 계산하면?

- 월평균소비량 : 120kg(1일 4kg)
- 리드 타임(Lead Time) : 7일
- 안전재고 : 리드 타임 동안 사용하여야 할 양의 50%

가. 130kg   나. 134kg
다. 148kg   라. 162kg

- 리드타임 – 제품이 발주되어 전량 납품완료되는 전체적인 시간
- 안전재고 – 수요의 기대치보다 초과해서 보관하는 재고로서 7일 * 4kg = 28kg x 50% = 14kg 120kg + 14kg = 134kg

019
원가를 변동비와 고정비로 구분할 때 변동비에 해당하는 것은?

가. 임차료   나. 직접재료비
다. 재산세   라. 보험료

 가변비라고도 하며 고정비와 대조적인 비용이다. 변동비 중 가장 대표적인 것은 원재료비이며 연료비나 야근수당 등이 있다.

020
판매시점에 매출을 등록, 집계하여 경쟁자에게 필요한 영업 및 경영정보를 제공하는 시스템은?

가. SMS   나. MRP
다. CRM   라. POS

 POS(Point of Sales), 판매시점 관리시스템이라고 하며 영업에 필요한 컴퓨터 시스템이다.

정답 014 나 015 나 016 라 017 라 018 나 019 나 020 라

021
실제 원가가 표준원가를 초과하게 되는 원인이 아닌 것은?

가. 재료의 과도한 변질발생
나. 도난발생
다. 계획대비의 소량생산
라. 잔여분의 식자재 활용 미숙

022
구매명세서(Standard Purchase Specification)를 사용 부서에서 작성할 때 필요사항이 아닌 것은?

가. 품목의 규격 나. 요구되는 품질요건
다. 무게 또는 수량 라. 거래처의 상호

023
주로 일품요리를 제공하며 매출을 증대시키고, 고객의 기호와 편의를 도모하기 위해 그 날의 특별요리를 제공하는 레스토랑은?

가. 다이닝룸 나. 그릴
다. 카페테리아 라. 캐이터링

- 다이닝룸 – 점심·저녁 식사만 제공하는 정상적인 레스토랑
- 그릴 – 일품요리를 주로 제공하며 수입증진을 위해 고객에게 특별 요리를 제공한다.

024
코드넘버 시스템(Bottle Code NO. System)의 장점이 아닌 것은?

가. 재고파악을 용이하게 해준다.
나. 판매가 증진되어 이익이 늘어난다.
다. 음료청구를 용이하게 해준다.
라. 품목별, 등급별 물자소비를 분석하는 데 도움을 준다.

 코드넘버시스템은 업무지원성격을 말한다.

025
카페의 운영에서 구매관리에 대한 설명으로 틀린 것은?

가. 먼저 반입된 저장품부터 소비한다.
나. 필요한 물품반입은 휴점 시간을 활용한다.
다. 공급업자와의 유대관계를 고려하여 검수과정을 생략한다.
라. 정확한 재고 조사를 기준으로 적정 재고량을 확보한다.

 검수과정은 구매관리에서 필수적인 절차이다.

02 카페 종사자의 직무

026
카페에서 하는 일이 아닌 것은?

가. 식재료 창고에서 음료를 수령한다.
나. Appetizer를 만든다.
다. 카페에서 사용하는 기구를 정리한다.
라. 음료 Cost 관리를 한다.

 에피타이저 요리는 주방에서 만든다.

027
음료서비스 조직의 형태 중 쉐프 드 랑 시스템(Chef de rang system)의 장점이 아닌 것은?

가. 종사원이 근무조건에 대해 대체로 만족할 수 있다.
나. 종사원에 대한 의존도가 낮아 인건비의 지출이 낮다.
다. 휴식시간이 충분하다.
라. 고객에 대하여 정중한 서비스를 제공한다.

 International service 또는 French service라고도 하며 제일 정중하고 최고급 서비스를 제공할 수 있는 최고급 레스토랑에 적합한 서비스 조직이다.

| 정답 | 021 다 | 022 라 | 023 나 | 024 나 | 025 다 | 026 나 | 027 나 |

Chapter 05 예상문제 — 카페(Cafe) 경영

028
카페 지배인의 직무에 대한 설명으로 틀린 것은?

가. 풍부한 지식을 가지고 직원의 교육, 훈련을 담당한다.
나. 고객서비스를 지휘, 감독하고 고객관리에 만전을 기한다.
다. 고객에 대한 접객 서비스는 직원들에게 모두 일임한다.
라. 원가계산을 할 수 있어야 하며 월말재고조사를 실시한다.

 바쁜 시간에는 도와 주는 것도 카페 지배인 역할이다.

029
카페지배인(Cafe Manager)의 주업무가 아닌 것은?

가. 영업 및 서비스에 관한 지휘 통제권을 갖는다.
나. 직원의 근무시간표를 작성한다.
다. 직원들의 교육훈련을 담당한다.
라. 재고관리를 세부적으로 관리한다.

030
카페지배인의 직무와 거리가 먼 것은?

가. 서비스 직원으로부터 계산서를 받아 수납한다.
나. 직원의 근무스케줄, 휴가 등을 관리한다.
다. 운영장비의 예산을 편성한다.
라. 식음료의 질과 서비스를 점검한다.

 Cashier 업무와 구분한다.

031
카페 캡틴(Cafe Captain)에 관한 설명 중 틀린 것은?

가. 영업을 지휘·통제한다.
나. 서비스 준비사항과 구성인원을 점검한다.
다. 지배인을 보좌하고 업장 내의 관리업무를 수행한다.
라. 고객으로부터 직접 주문을 받고 서비스 등을 지시한다.

 영업의 지휘, 통제는 지배인의 업무이다.

032
바리스타가 영업시작 전 준비하지 않아도 되는 업무는?

가. 충분한 얼음을 준비한다.
나. 커피 잔의 청결도를 점검한다.
다. 원두를 미리 분쇄한다.
라. 우유 및 시럽 등을 준비해 둔다.

 원두는 고객 주문 시 바로 분쇄해야 한다.

033
다음 중 바리스타가 지켜야 할 사항이 아닌 것은?

가. 항상 고객의 입장에서 근무하며 고객을 공평히 대할 것
나. 업장에 손님이 없을 시에도 서비스 자세를 바르게 유지할 것
다. 고객의 취향에 맞추어 서비스 할 것
라. 고객끼리 대화를 할 경우 적극적으로 대화에 참여할 것

정답 028 다 029 라 030 가 031 가 032 다 033 라

034
바람직한 바리스타 직무가 아닌 것은?

가. 영업장 내에 필요한 물품 재고를 항상 파악한다.
나. 일일 판매할 커피메뉴 재료가 적당한지 확인한다.
다. 카페의 환경 및 기물 등의 청결을 유지, 관리한다.
라. 에스프레소 기계를 사용하여 커피추출 시에 포터필터를 사용하지 않는다.

035
카페 영업을 하기 위한 바리스타의 역할이 아닌 것은?

가. 음료에 대한 충분한 지식을 숙지하여야 한다.
나. 커피메뉴에 필요한 재료를 준비한다.
다. 영업장 내의 청결을 수시로 준비한다.
라. 영업장의 책임자로서 모든 영업에 책임을 진다.

036
바리스타의 준수 규칙이 아닌 것은?

가. 커피메뉴는 수시로 본인 아이디어로 조정한다.
나. 불편한 고객을 상대할 때 참을성과 융통성을 발휘한다.
다. 주문에 의하여 신속, 정확하게 제공한다.
라. 커피메뉴를 조리할 때에는 정해진 레시피를 준수한다.

 반드시 커피메뉴 레시피를 활용해야 한다. 재료 및 용량에 따라 커피 맛이 다양하기 때문이다.

037
바리스타의 주업무가 아닌 것은?

가. 커피 메뉴 조리   나. 영업 후 재고 조사
다. 업장 관리   라. 고객 영업

038
다음 중 바리스타가 해야 할 업무가 아닌 것은?

가. 표준 레시피에 의하여 커피 메뉴를 조리해야 한다.
나. 용모가 단정하고 예의 바른 매너를 지켜야 한다.
다. 제공된 음료는 정확히 전표를 발행해야 한다.
라. 매출 관리 및 인원 관리 등 업장을 전반적으로 책임진다.

039
바리스타의 직무와 거리가 먼 것은?

가. 재고량과 기물 등을 준비한다.
나. 영업 보고서를 작성한다.
다. 에스프레소 머신을 세척하고 정리한다.
라. 영업 종료 후 재고조사를 하여 매니저에게 보고한다.

040
바리스타(Barista)의 역할이 아닌 것은?

가. 음료 및 부재료의 보급과 카페 내의 청결을 유지한다.
나. 직원의 근무시간표를 작성한다.
다. 커피메뉴를 조리한다.
라. 카페 내의 모든 기물을 정리·정돈한다.

해설 Cafe Manager의 역할이다.

정답 034 라 035 라 036 가 037 다 038 라 039 나 040 나

041
카페에서 바리스타가 지켜야 할 예의로 가장 올바른 것은?

가. 정중하게 손님을 환대하여 고객이 기분이 좋도록 Lip Service를 한다.
나. 자주 오시는 손님에게는 오랜 시간 이야기한다.
다. Second order를 하도록 적극적으로 강요한다.
라. 고가의 품목을 적극 추천하여 손님의 입장보다 매출에 많은 신경을 쓴다.

042
책임자가 영업장 관리를 함에 있어서 필수적인 항목이 아닌 것은?

가. 고객을 대상으로 고객을 세분화하여 분석한다.
나. 일일 영업에 대한 판매예측을 한다.
다. 영업장 규모는 매출에 관계없이 확장하며 내부 인테리어도 자주 교체한다.
라. 동종업체의 시장분석도 항상 실시한다.

043
커피전문점 영업 전 준비 작업이 아닌 것은?

가. 재료 및 부재료를 완전하게 준비한다.
나. 영업장의 청소 상태는 반드시 이루어져야 한다.
다. 재료 및 부재료 구입은 저렴할 경우 많이 구매해 둔다.
라. 영업 전에 미리 모든 커피잔을 예열한다.

044
커피전문가(Barista)의 직무가 아닌 것은?

가. 커피 메뉴 조리에 필요한 재료 및 부재료 재고를 항상 체크한다.
나. 일일 판매할 재료가 적당한지 확인한다.
다. 영업장의 환기 및 기물 등의 청결을 깨끗이 유지 관리한다.
라. 단골고객에게는 무료로 커피메뉴를 제공한다.

045
커피전문가(Barista)의 복장이 아닌 것은?

가. 항상 머리는 청결 및 단정하게 한다.
나. 여성일 경우 화장은 적절하게 하며 손톱은 짧게 깎는다.
다. 항상 깨끗한 유니폼과 앞치마를 착용한다.
라. 유니폼과 앞치마는 화려하면서 멋스러운 스타일로 입는다.

046
커피전문가(Barista)의 식음료 취급 방법에 적절한 것은?

가. 뜨거운 음료와 음식은 60℃ 또는 더 낮게 보관한다.
나. 차가운 음료와 음식은 5℃ 또는 더 높게 보관한다.
다. 베이커리 제품 취급 시 항상 위생 장갑 및 기구를 이용해야 한다.
라. 행주의 사용은 구분 없이 사용해도 된다.

정답 041 가 042 다 043 다 044 라 045 라 046 다

047
커피전문가(Barista)의 잘못된 커피 서비스 방법은?

가. 고객에게 제공되는 커피는 좋은 향기를 통한 맛있는 커피가 되어야 한다.
나. 카페 에스프레소 한잔의 양은 약 30ml 정도가 적당하다.
다. 커피 컵은 항상 따뜻하게 보관되어져 서비스가 이루어져야 한다.
라. 커피 서비스의 적정온도는 적당하게 바리스타가 알아서 한다.

048
카페에서 서비스 접점에 대한 설명으로 적합한 것은?

가. 서비스 제공자와 고객 간의 원활한 상호작용이 이루어지는 시점
나. 서비스 제공자가 고객에게 돈을 받지 않고 제공하는 시점
다. 서비스 제공자와 카페 매니저 간에 관련되는 업무 지시 시점
라. 서비스 제공자와 단골 고객에게만 이루어지는 원활한 상호 시점

049
고객에게 완성된 커피메뉴를 서비스하는 적절한 방법이 아닌 것은?

가. 고객의 오른쪽에서 제공하고 시계방향으로 서비스한다.
나. 고객에게 커피를 서비스할 때 항상 웃음을 보이면서 상냥하게 인사를 한다.
다. 고객의 왼쪽에서 제공하고 나이가 많은 노인부터 먼저 서비스한다.
라. 커피 잔이 청결하고 커피 내용물이 밖으로 흘러넘치지 않도록 한다.

050
완성된 커피메뉴를 서빙할 때 고객의 어느 쪽 방향에서 서비스를 제공하는가?

가. 상황에 따라 서비스
나. 오른쪽에서
다. 왼쪽에서
라. 고객 정면에서

051
영업 전 커피전문점에서 준비하는 하루 판매 가능 재료 준비는?

가. Stock
나. Par Stock
다. Inventory
라. Part Stock

052
서비스 산업에서 말하는 서비스의 특성에 포함되지 않는 것은?

가. 무형성
나. 소멸성
다. 가변성
라. 유형성

053
원가의 3요소란?

가. 재료비, 노무비, 업장경비
나. 세금, 봉사료, 노무비
다. 노무비, 경비, 재료비
라. 재료비, 세금, 업장경비

정답 047 라 048 가 049 다 050 나 051 나 052 라 053 가

카페(Cafe) 경영

054
카페 책임자(Manager)의 업무에 대한 내용이 아닌 것은?

가. 기본적으로 원가관리, 매출관리, 홍보 및 이벤트을 포함한 마케팅 업무이다.
나. 가장 중요한 매출관리는 식재료 구입, 인건비 절감을 포함한 경영분석이다.
다. 메뉴관리를 통하여 고객의 선호도 및 이익이 창출되는 메뉴를 분석한다.
라. 카페 책임자는 항상 플로어에서만 종업원을 잘 감시해야 한다.

055
커피전문점 및 카페에서 턴 오버(Turn Over)란?

가. 업장에 설치된 테이블의 개수를 말한다.
나. 업장에 설치된 테이블에 대한 좌석 회전율이다.
다. 업장에 설치된 의자 개수를 말한다.
라. 바리스타에게 할당된 좌석 수를 말한다.

056
커피전문점의 경영차원에서 '해피 아워(Happy hour)'를 올바르게 설명한 것은 어느 것인가?

가. 사은 특별행사
나. 가격할인 시간대
다. 여흥의 시간대
라. 영업시간 이외의 시간대

057
향이 좋고 맛있는 커피를 마시기 위한 조건이 아닌 것은?

가. 품질 좋은 신선한 원두
나. 바리스타의 커피 조리 실력
다. 커피 추출도구
라. 조리된 커피를 담는 커피잔

058
커피메뉴 조리를 위한 표준조리법인 레시피를 설정하는 목적이 아닌 것은?

가. 원가계산 기초자료 제공
나. 커피전문가(바리스타)의 능력 향상
다. 일정한 커피 맛과 양 제공
라. 인건비 절감

059
바리스타의 직무 태도와 관련이 먼 것은?

가. 봉사성(Service)
나. 청결성(Cleanliness)
다. 환대성(Hospitality)
라. 인지성(Acknowledgment)

060
아래와 같이 한 테이블에서 4인의 주문이 들어왔을 때 바리스타가 가장 마지막에 만들 주문 품목은?

가. 카페 에스프레소
나. 카페 아메리카노
다. 아이스 아메리카노
라. 카페 카푸치노

해설: 시간이 많이 소비되는 주문은 마지막에 만든다.

061
영업이 끝난 후에 재고관리(Inventory)는 주로 누가 작성하는가?

가. 아르바이트생
나. Barista
다. Cafe Manager
라. Cafe Helper

정답 054 라 055 나 056 나 057 라 058 나 059 라 060 라 061 나

062
바리스타의 자세로 바람직하지 못한 것은?

가. 영업 전, 후 재고정리를 한다.
나. 유통기한을 수시로 체크한다.
다. 손님에게 상냥하고 미소짓는 얼굴로 대한다.
라. 고가의 상품판매를 위해 손님에게 강요한다.

063
카페(Cafe)의 조직체계가 갖추어진 곳에서의 바리스타의 직무로 보기 가장 어려운 것은?

가. 각종 기계류의 작동 상태를 점검하며, 커피메뉴 부재료 등을 준비한다.
나. 음료에 대한 충분한 지식을 숙지하여야 한다.
다. 영업 시작 전에 모든 영업 준비가 완료되어 있어야 한다.
라. 음료의 입고와 출고를 관리하며, 적정재고를 파악하여 보급 및 관리 책임을 진다.

064
바리스타 보조가 영업을 하기 위한 준비사항이 아닌 것은?

가. 복장은 항상 깨끗하고 단정하게 한다.
나. 부재료를 준비한다.
다. 재고관리를 한다.
라. Cafe Counter 내의 청결, 정리정돈 등을 한다.

 재고관리는 바리스타의 임무이다.

065
바리스타 보조의 역할이 아닌 것은?

가. 카페에서 필요한 모든 물품을 창고로부터 수령한다.
나. 장식에 필요한 과일류를 준비한다.
다. 와인을 주문받고 서브한다.
라. 커피잔과 받침대 그리고 스푼 종류를 정리정돈한다.

 와인을 주문받고 서비스 하는 직무는 소믈리에이다.

03 카페 기물 관리

066
영업을 위한 준비작업 사항 중 틀린 것은?

가. 영업개시 전에 그날의 필요품을 보급 수령한다.
나. 커피 메뉴에 필요한 장식품들은 영업종료 후 다음날 것을 미리 준비한다.
다. 모든 청소는 영업개시 전에 반드시 완료한다.
라. 영업 종료 후에 부패성이 있는 쓰레기를 즉시 치운다.

다음 날 영업 준비는 영업 개시 전에 준비한다.

정답 062 라 063 라 064 다 065 다 066 나

 카페(Cafe) 경영

067
카페영업을 하기 위한 준비사항이 아닌 것은?

가. 커피메뉴에 필요한 가니쉬(Garnish)를 만든다.
나. CO_2가스를 체크한다.
다. 스프볼(Soup Bowl)을 준비한다.
라. 커피 잔을 Handling한다.

 Soup는 고객에게 제공할 때는 언제나 따뜻하게 서브하여야 한다. 그러기 위해서는 Soup Bowl에 직접 담아 서브하는 것보다 식탁에 가서 직접 Soup Bowl에 덜어 주도록 한다.

068
테이블의 분위기를 돋보이게 하거나 고객의 편의를 위해 중앙에 놓는 집기들의 배열을 무엇이라고 하는가?

가. Service Wagon   나. Show Plate
다. B&B Plate   라. Center Piece

• Center Piece : 꽃병, 소금과 후추, 재떨이
• Show Plate : 테이블 위의 균형과 품위를 위한 집기

069
음료메뉴(Beverage List) 설정방법 중 가장 적당하지 않은 것은?

가. 경영 정책을 음료에 포함시킨다.
나. 내용이 충실하며 고가로 판매할 수 있어야 한다.
다. 계절감을 채택하여야 한다.
라. 이미지(Image)개선을 위해 특별 칵테일을 고안 판매한다.

 고가 판매도 좋지만 고객이 선호하는 메뉴가 되어야 한다.

070
카페영업에 있어 필요하지 않은 것은?

가. 냉장시설과 제빙시설
나. 음료 저장 창고
다. 작업공간
라. 린넨 창고

 린넨 창고는 호텔에서 필요하다.

071
카페에서 꼭 필요하지 않는 기물은?

가. Ice Tong   나. Ice cream Mixer
다. Can Opener   라. Shaker

072
쉐이커(Shaker)를 사용한 후 가장 적당한 보관방법은?

가. 사용 후 물에 담가 놓는다.
나. 사용할 때 씻어서 사용한다.
다. 사용 후 씻어서 물이 빠지도록 몸통과 스트레이너를 분리하여 엎어 놓는다.
라. 씻어서 뚜껑을 닫아서 보관한다.

073
다음 중 세균이 침투하기에 가장 용이한 기물로 위생관리에 철저를 기해야 하는 것은?

가. Lemon Squeezer
나. Jigger
다. Ice Scooper
라. Kitchen Board

 카페에서 사용하는 도마(Kitchen Board)는 위생관리에 철저해야 한다.

정답 067 다 068 나 069 나 070 라 071 나 072 다 073 라

074
커피 잔 세척 시 알맞은 세제와 세척 순서로 짝 지어진 것은?

가. 산성세제 – 더운물 – 찬물
나. 중성세제 – 찬물 – 더운물
다. 산성세제 – 찬물 – 더운물
라. 중성세제 – 더운물 – 찬물

075
카페 기물의 가장 위생적인 세척 순서는?

가. 비눗물 → 더운물 → 찬물
나. 더운물 → 비눗물 → 찬물
다. 비눗물 → 찬물 → 더운물
라. 찬물 → 비눗물 → 더운물

076
카페에서 사용한 커피 잔 세척에 대한 설명이 아닌 것은?

가. 커피 잔 세척용 중성세제를 사용한다.
나. 두 번 이상 행군다.
다. 세척한 커피 잔 테두리를 잡고 운반한다.
라. 세척한 커피 잔은 종류별로 보관한다.

해설 잔의 테두리를 잡는 것은 비위생적이다.

077
카페 업무능률 향상을 위한 시설물 설치 방법 중 옳지 않는 것은?

가. 아이스용 커피메뉴의 얼음은 작업대 옆에 보관한다.
나. 카페의 수도시설은 믹싱 스테이션(Mixing Station) 바로 후면에 설치한다.
다. 냉각기(Cooling Cabinet)는 주방에 설치한다.
라. 얼음제빙기는 가능한 카페 내에 설치한다.

해설 냉각기는 카페에 설치한다.

078
음료를 서빙할 때에 일반적으로 사용하는 비품이 아닌 것은?

가. Napkin
나. Coaster
다. Serving Tray
라. Bar Spoon

해설 바 스푼은 커피 메뉴를 조리할 때 사용한다.

079
유리제품 글라스를 관리하는 방법으로 잘못된 것은?

가. 스템이 없는 글라스는 트레이를 사용하여 운반한다.
나. 한꺼번에 많은 양의 글라스를 운반할 때는 Glass Rack을 사용한다.
다. 타올을 펴서 Glass 밑부분을 감싸쥐고 Glass의 윗부분을 타올로 닦는다.
라. Glass를 손으로 운반할 때는 손가락으로 글라스를 끼워 받쳐 위로 향하도록 든다.

080
청량음료 중 디캔터(Decanter)의 올바른 사용법은?

가. 각종 청량음료를 별도로 담아 나간다.
나. 커피와 같이 혼합하여 나간다.
다. 얼음과 같이 넣어 나간다.
라. 커피와 얼음을 같이 넣어 나간다.

해설 디캔터는 마개가 있는 유리병을 말한다.

| 정답 | 074 라 | 075 가 | 076 다 | 077 다 | 078 라 | 079 라 | 080 가 |

Chapter 05 예상문제 — 카페(Cafe) 경영

081
Glass 취급 방법으로 가장 적합한 것은?

가. Glass 상단을 쥐고 서브한다.
나. Glass 중간을 쥐고 서브한다.
다. Glass 하단 부분을 쥐고 서브한다.
라. Glass 리밍부분을 쥐고 서브한다.

082
카페 직원이 글라스를 잡을 때 어느 부분을 잡아야 가장 위생적으로 합당한가?

가. 글라스의 상단
나. 글라스의 입술이 닿는 가장자리
다. 글라스의 하단
라. 글라스의 전부분

083
Glass류 취급 요령으로 맞지 않는 것은?

가. 습기가 없는 청결한 장소에 보관한다.
나. 차게 서브되는 품목의 Glass는 냉장고에 보관한다.
다. Glass는 사용 후 기름기가 많을 때는 찬물에 세척한다.
라. Rack에 보관하여 파손을 줄인다.

 해설 기름이 묻어 있는 글라스류는 따뜻한 물로 세척한다.

084
글라스 웨어(Glass Ware)의 취급 요령 중 설명이 틀린 것은?

가. Glass Ware는 고객에게 서비스하기 전 반드시 닦아서 서브한다.
나. Glass Ware는 닦을 때 반드시 뜨거운 물에 담그어 닦는다.
다. Glass Ware는 자주 닦으면 좋지 않다.
라. Glass Ware에 냄새가 날 때는 레몬 슬라이스를 물에 넣어서 닦으면 냄새를 제거할 수 있다.

085
카페에 사용되는 커피 잔 취급요령 중 맞지 않는 것은?

가. 커피 잔은 항상 깨끗하게 반짝거리도록 닦는다.
나. 차가운 커피 메뉴용 커피잔은 냉장고에 보관하여 서비스한다.
다. 커피 잔은 식재료 보관 창고에 보관한다.
라. 커피 잔은 불쾌한 냄새나 연기, 먼지, 기름기가 없고 환기가 잘 통하는 장소에 보관한다.

086
위생적인 관점에서 가장 알맞은 얼음처리 방법은?

가. 얼음을 글라스에 넣을 때 손으로 집는다.
나. 사용했던 얼음은 씻어서 다시 사용할 수 있다.
다. 얼음을 내프킨으로 싸서 집는다.
라. 얼음을 아이스 텅(Ice Tong)으로 집는다.

 해설 Ice Tong을 얼음집게라 한다.

정답   081 다   082 다   083 다   084 다   085 다   086 라

087
Shaker의 사용방법으로 가장 적합한 것은?

가. 사용하기 전에 씻어서 사용한다.
나. 커피를 먼저 넣고 그 다음에 얼음을 채운다.
다. 얼음을 채운 후에 추출한 커피를 따른다.
라. 부재료를 넣고 커피를 넣은 후에 얼음을 채운다.

088
음료의 저장 장소의 환경으로 적합한 것은?

가. 따뜻하고 햇볕이 잘 드는 곳
나. 습기가 많고 진동이 많은 곳
다. 서늘하고 온도 변화가 적은 곳
라. 따뜻하고 온도 변화가 많은 곳

089
선입 선출(FIFO)의 원래 의미로 맞는 것은?

가. First-In, First-On
나. First-In, First-Off
다. First-In, First-Out
라. First-Inside, First-On

090
재고 관리상 쓰이는 F.I.F.O란 용어의 뜻은?

가. 정기 구입
나. 선입 선출
다. 임의 불출
라. 후입 선출

091
저장관리 방법 중 F.I.F.O란?

가. 선입 선출
나. 선입 후출
다. 후입 선출
라. 임의 불출

092
저장관리 방법 중 F.I.F.O란?

가. 임의 불출
나. 매입 선출
다. 가격 순출
라. 선입 선출

093
First In First Out(FIFO)은 다음 중 무엇에 해당하는가?

가. 매상관리방법
나. 커피조리방법
다. 저장관리방법
라. 노무관리방법

094
카페관리에서 Inventory의 의미는?

가. 구매 관리
나. 재고 관리
다. 검수 관리
라. 판매 관리

정답 087 다 088 다 089 다 090 나 091 가 092 라 093 다 094 나

Chapter 05 예상문제 카페(Cafe) 경영

095
Inventory Management는 무슨 관리를 뜻하는가?

가. 매출관리
나. 재고관리
다. 원가관리
라. 인사관리

096
구매 부서의 기능이 아닌 것은?

가. 검수 나. 저장
다. 불출 라. 판매

해설) 판매는 마케팅(영업)부서에서 한다.

097
음료류의 구매관리에 있어서 적절하지 못한 것은?

가. 최대 저장량은 2개월분이 적당하다.
나. 다량의 음료저장은 도난 위험이 있으므로 비효율적이다.
다. 증류주는 변질의 우려가 있으므로 다량 구매의 장점을 살린다.
라. 재고로 발생된 비용은 자금회전율을 늦추게 하므로 유의한다.

해설) 증류주는 보관기간이 장기간이다.

098
파 스탁(Par Stock)이란 무엇인가?

가. 적정 재고량
나. 총판매량
다. 매출원가
라. 재고정리

099
Par Stock은 무엇을 의미하는가?

가. 식음료 재료 저장
나. 식음료 예비 저장
다. 영업에 필요한 적정 재고량
라. 영업 후 남아 저장하여야 할 상품

100
Par Stock의 의미로 옳은 것은?

가. 일일 적정 요구량
나. 일일 적정 사용량
다. 일일 적정 재고량
라. 일일 적정 보급량

101
Par Stock이란?

가. 영업장 보관 재고량
나. 창고 보관 재고량
다. 일일 음료 판매량
라. 재고 순환율

102
다음 사항 중 파 스탁(Par Stock)을 측정 자료로 사용하지 않는 것은?

가. 영업매상(Sales Revenue)
나. 고객취향(Customer Tastes)
다. 일일소비량(Daily Consumption)
라. 고회전 품목(Quickly Moving Items)

103
월말 인벤토리(Inventory)는 무슨 조사인가?

가. 재고량 나. 매상고
다. 순수익 라. 월경비

정답 095 나 096 라 097 다 098 가 099 다 100 다 101 가 102 나 103 가

104
커피전문점 인벤토리(Inventory) 조사 작업은 다음 중 어느 때가 가장 적합한가?

가. 영업 중 한가한 시간을 택해서
나. 물품을 수령한 뒤 영업개시 직전에
다. 그날의 영업이 완전히 종료된 후
라. 영업 중 부정기적 수시로 시행

 Inventory는 재고라는 의미이므로 영업종료 후에 재고 조사를 한다.

105
효과적인 음료통제제도로 부적당한 것은?

가. 주문 시에는 서면구매 청구서를 사용한다.
나. 검수 시에는 송장과 구매 청구서를 대조, 체크한다.
다. 영속적인 재고조사 시스템을 둔다.
라. 카페의 간이 창고에는 한 달분의 재료를 저장한다.

106
음료 관리를 효과적으로 수행하기 위하여 다음과 같은 제도를 쓰고 있다. 다음 중 틀린 것은?

가. 저장창고에는 권한이 부여된 사람만이 출입하도록 한다.
나. 카페에는 표준적정재고량을 설정한다.
다. 일일 재고조사(Daily Inventory)와 월별 재고조사 제도를 둔다.
라. 저장창고에서 음료류 불출 시 신속성을 높이기 위하여 구두로 청구 불출한다.

 항상 음료류 불출 시는 문서로 시행한다.

107
재고가 과도한 경우의 단점이 아닌 것은?

가. 판매 기회가 상실된다.
나. 식재료의 손실을 초래한다.
다. 필요 이상의 유지 관리비가 유지된다.
라. 기회 이익이 상실된다.

108
Store Room에서 쓰이는 Bin Card의 용도는?

가. 품목별 불출입 재고 기록
나. 품목별 상품특성 및 용도 기록
다. 품목별 수입가와 판매가 기록
라. 품목별 생산지와 빈티지 기록

109
효과적인 카페 영업장의 음료관리 방법으로 잘못된 것은?

가. 주문 시에는 서면구매 청구서를 사용한다.
나. 검수 시에는 송장과 구매 청구서를 대조 및 체크한다.
다. 영속적인 재고조사 시스템을 둔다.
라. 카페의 간이창고에는 한 달분의 재료를 저장한다.

110
다음 중 커피메뉴 재료선택 방법 및 보관방법으로 틀린 것은?

가. 과실은 신선하고 모양이 좋은 것을 선택하고 냉장고에 보관한다.
나. 달걀은 껍질이 매끄럽고 흔들었을 때 소리가 나는 것을 선택한다.
다. 탄산음료는 구입 시 병마개가 녹슬지 않았는지 확인한다.
라. 사용한 시럽은 위생적으로 보관해야 한다.

정답 104 다 105 라 106 라 107 가 108 가 109 라 110 나

Chapter 05 예상문제 — 카페(Cafe) 경영

111
월 재고회전율(Inventory Turn over Ratio)을 구하는 식은?

가. 총 매출액 ÷ 평균매출액
나. 총 매출원가 ÷ 평균 재고액
다. (월말재고 − 월초재고) × 100
라. (월초재고 + 월말재고) ÷ 2

 평균적으로 보유하고 있는 재고자산이 판매를 통해 한 달 동안 회전되는 횟수

112
재고가 적정재고 수준 이상으로 과도할 경우 나타나는 현상이 아닌 것은?

가. 필요 이상의 유지 관리비가 요구된다.
나. 기회 이익이 상실된다.
다. 판매 기회가 상실된다.
라. 과다한 자본이 재고에 묶이게 된다.

113
빈(Bin)이 의미하는 것은?

가. 커피메뉴 이름
나. 음료류 저장소로 음료를 넣어 놓는 장소
다. 커피 메뉴 조리 시 가장 기본이 되는 주재료
라. 글라스를 세척하여 담아 놓는 기구

114
식품안전관리인증기준이라 불리는 위생관리 시스템은?

가. HAPPC
나. HACCP
다. HACPP
라. HNCPP

115
다음 추출기구의 사용 후 관리 가운데 잘못 연결된 것은?

가. 핸드드립용 융 – 흐르는 물에 깨끗이 씻고 물이 담긴 용기 속에 넣어 냉장 보관한다.
나. 프렌치프레스 – 프레스의 여과망은 여러 번 사용 후 깨끗하게 세척한다.
다. 모카포트 – 추출이 끝나면 찬물에 식히면서 해체해 깨끗이 씻어 물기를 제거한다.
라. 더치드립 – 추출 후 플라스크는 사용 후 중성 세제로 잘 씻어준다.

116
위생적인 음료류 취급방법 중 틀린 것은?

가. 먼지가 많은 시럽병은 깨끗이 닦아 Setting 한다.
나. 추출된 에스프레소 커피는 나중에 다시 사용이 가능하다.
다. 사용한 음료류는 항상 뚜껑을 닫아 둔다.
라. 창고에 보관할 때는 Bin Card를 작성한다.

 Bin card – 음료저장실카드, 음료종류, 공급회사, 주문자, 재고량 등 각종 음료에 대한 사항이 기록되어 있어서, 적정시기에 적정소요량을 재주문하는 데 사용하는 카드이다.

117
캔 주스를 사용하고 남았다. 가장 적당한 취급관리 방법은?

가. 캔에 남은 채로 냉장고에 보관한다.
나. 캔에 남은 것은 8℃의 냉장고에 보관한다.
다. 캔에 남은 것은 다른 병에 담아 냉장고에 보관한다.
라. 캔에 남은 것은 다른 스테인리스 용기에 담아 냉장고에 보관한다.

정답 111 나 | 112 다 | 113 나 | 114 나 | 115 나 | 116 나 | 117 다

118
위생적인 음료류 취급 방법으로 옳지 않은 것은?

가. 음료병은 깨끗하게 닦아서 냉장고에 보관한다.
나. 글라스는 물기 있는 그대로 보관한다.
다. 한번 사용한 칼과 도마는 소독기에 반드시 소독을 한 후 보관한다.
라. 과일류는 냉장 보관한다.

119
다음 중 서비스의 방법으로 적합하지 않은 것은?

가. 주문된 음료를 신속, 정확하게 서비스한다.
나. 주문은 연장자의 주문을 먼저 받은 다음 여성 손님 순으로 주문을 받는다.
다. 손님과의 대화 중에 다른 손님의 주문이 있을 때에는 대화 중인 손님의 양해를 구한 후 다른 손님의 주문에 응한다.
라. 카페 카운터는 항상 정리, 정돈하여 청결을 유지한다.

 서양식 테이블 매너는 항상 여성이 먼저이다.

120
식음료 서비스의 특성이 아닌 것은?

가. 제공과 사용의 분리성
나. 형체의 무형성
다. 품질의 다양성
라. 상품의 소멸성

 서비스 특성은 식음료 제공과 함께 동시성이다.

121
고객이 커피 주문 시 바리스타의 서비스 방법으로 틀린 것은?

가. 카페 에스프레소의 커피 잔은 데미타제라고 하는 잔으로 제공한다.
나. 커피 잔의 손잡이와 커피 스푼의 손잡이 방향은 반대방향이다.
다. 고객에게 상냥한 미소와 친절한 자세로 주문을 받는다.
라. 카페 카푸치노는 잔에 넘치도록 가득 채워서 서비스한다.

03 카페 서비스 영어

122
다음 (   ) 안에 적당한 말은?

> Would you care (   ) a drink?

가. to
나. toward
다. against
라. for

 care for : ~을 좋아하다.
마실 것을 드시겠습니까?

123
다음 밑줄 친 단어와 바꾸어 쓸 수 있는 것은?

> A: Would you <u>like</u> some more drinks?
> B: No, thanks. I've had enough.

가. care in
나. care of
다. care to
라. care for

 care는 배려의 의미가 있으며 care for는 '~을 좋아하다' 라는 뜻이다.

정답 118 나 119 나 120 가 121 나 122 라 123 라

Chapter 05 예상문제 — 카페(Cafe) 경영

124
다음의 의미는?

> When is your check-out time?

가. 호텔의 투숙시간은 언제입니까?
나. 호텔의 퇴실시간은 언제입니까?
다. 호텔의 청소시간은 언제입니까?
라. 호텔의 조찬시간은 언제입니까?

 Check in(입실), Check out(퇴실)

125
다음 ( ) 안에 들어갈 말은?

> I'll come to ( ) you up this evening.

가. pick   나. have
다. keep   라. take

 Pick up : (사람을) 데리러 오다.

126
"먼저 하세요"라고 양보할 때 쓰는 영어 표현은?

가. Before you, please.
나. Follow me, please.
다. After you, please.
라. Let's go.

127
다음 중 It을 잘못 사용한 것은?

가. It'll take about 15 minutes by bus.
나. It seems we don't have your reservation.
다. It's yesterday that I met her.
라. It is very dark.

128
"Which do you like better, tea or coffee?"의 대답으로 나올 수 있는 문장은?

가. Tea   나. Tea and coffee
다. Yes Tea   라. Yes coffee

 차와 커피 중 좋아하는 것은 어느 것인지 묻고 있다.

129
다음 ( ) 안에 들어갈 적당한 말은?

> I am afraid you have the ( ) number.

가. incorrect   나. wrong
다. missed   라. busy

130
"Not all food is good to eat"의 올바른 해석은?

가. 모든 음식은 먹기에 좋지 않다.
나. 모든 음식이 먹기에 좋은 것은 아니다.
다. 모든 음식은 먹을 수 없다.
라. 어떤 음식이든지 다 먹기에 좋다.

131
다음 중 밑줄친 부분의 뜻은?

> "You are in good shape for a 50-year-old man."

가. handsome   나. smart
다. healthy   라. young

 In good shape : 건강하게

정답 124 나 125 가 126 다 127 다 128 가 129 나 130 나 131 다

132
다음 ( ) 안에 알맞은 단어는?

> Are you interested in (　　　)?

가. make coffee
나. made coffee
다. making coffee
라. a making coffee

해설 interest in + ~ing

133
"초청해주셔서 감사합니다"의 가장 올바른 표현은?

가. Thank you for inviting me.
나. Thank you for invitation me.
다. It was thanks that you call me.
라. Thank you that you invited me.

134
여럿이 커피를 마실 때 "마시던 걸로 한잔씩 더 주세요"라고 하고 싶을 때의 가장 적당한 영어 표현은?

가. We'd like to have another round, please.
나. Please give us same drink.
다. We want the other round of drink.
라. Let us have them again.

해설 Another round : 한 잔씩 돌리다

135
다음 ___에 들어갈 가장 알맞은 것은?

> A: "Why didn't John go there yesterday?"
> B: "John didn't go there _____ it rained."

가. because of　　나. because
다. owing to　　라. due to

해설 because 뒤에는 주어 + 동사 형식의 절이 나온다. because of 뒤에는 명사가 나오며 due to와 owing to 와 동일하다.

136
다음의 의미는?

> What is meaning of a walk-in guest?

가. A guest with no reservation.
나. Guest on charged instead of reservation guest.
다. By walk-in guest.
라. Guest that checks in through the front desk.

해설 예약 없이 호텔에 투숙하러 오는 고객을 walk-in guest라 한다.

137
"당신은 무엇을 찾고 있습니까?"의 올바른 표현은?

가. What are you reservation?
나. What do you look for?
다. What are you looking for?
라. what is looking for you?

정답　132 다　133 가　134 가　135 나　136 가　137 다

138
다음 ( )에 알맞은 전치사는?

> How long have you been ( ) Korea?
> 한국에 오신 지 얼마나 되십니까?

가. at
나. in
다. on
라. to

해설 have been in은 어디에 쭉 있어 왔다는 의미

139
다음 중 틀린 곳이 있는 문장은?

가. He skates well.-He is a good skater
나. He works hard.-He is a hard worker
다. He cooks well.-He is a good cooker
라. He drives carefully.-He is a careful driver

140
다음 ( )에 알맞은 전치사는?

> Would you like me to catch a taxi ( ) you?

가. for
나. to
다. of
라. on

해설 택시 좀 잡아 주시겠습니까의 숙어 catch ~ for

141
다음 ( )에 적당한 말은?

> You ( ) drink your milk while it's hot.

가. will
나. should
다. shall
라. could

해설 '하여야 하다, …하여야 했다'로 뜨거울 동안 우유를 마셔야 한다는 의미이다.

142
다음 ( ) 안에 적당한 말은?

> I'd like a table ( ) three, please.
> 3인용 테이블 하나를 원합니다.

가. against
나. to
다. from
라. for

해설 for three : 3인용

143
다음 ( ) 안에 알맞은 전치사는?

> You are wanted ( ) the phone.

가. in
나. on
다. of
라. for

해설 be on the phone : 전화를 걸고(받고)있다.

정답 138 나 139 다 140 가 141 나 142 라 143 나

144
다음 ( ) 안에 들어갈 적당한 말은?

> "Let me see the coffee list. You have both domestic and (   ), don't you?

가. imported
나. international
다. export
라. external

 domestic(국내), import(수입)

145
다음 B에 알맞은 대답은?

> A: What do you do for a living?
> B: _____

가. I'm writing a letter to my mother
나. I can't decide
다. I work at bank
라. Yes, thank you

 당신의 직업은 무엇입니까?

146
다음 ( ) 안에 들어갈 가장 적당한 표현은?

> If you (   ) him, he will help you.

가. asked
나. will ask
다. ask
라. be ask

147
다음 ( ) 안에 알맞은 단어는?

> "Please (   ) yourself to the coffee before it gets cold."

가. drink
나. help
다. like
라. does

148
밑줄 친 곳에 알맞은 대화는?

> A: May I take your order?
> B: Yes, please.
> A: _____
> B: I'd like to have Bulgogi.

가. Do you have a table for three?
나. Pass me the salt, please.
다. How do you like your steak?
라. What would you like to have?

 무슨 음식을 좋아하세요?

149
다음 ( ) 안에 들어갈 적당한 것은?

> "Don't cover the label on the bottle. Let the guests (   ) what the host has selected for their enjoymen."

가. see   나. to see
다. seeing   라. seen

해설 let은 사역동사임으로 동사원형이 온다.

정답 144 가 145 다 146 다 147 나 148 라 149 가

Chapter 05 예상문제 — 카페(Cafe) 경영

150
다음 문장을 올바르게 해석한 것은?

> "The line is out of order."

가. 전화가 고장났습니다.
나. 지금 통화중입니다.
다. 선이 연결되지 않습니다.
라. 전화가 잘 들리지 않습니다.

151
다음 중 서로 반대말이 아닌 것은?

가. soft – smooth
나. light – heavy
다. west – east
라. weak – strong

해설: soft – hard가 올바른 연결이다.

152
다음 질문에 대한 대답은?

> A: Who's your favorite singer?
> B: _____

가. I like jazz the best.
나. I guess I'd have to say Elton John.
다. I don't really like to sing.
라. I like opera music.

해설: 좋아하는 가수는?

153
다음 ( ) 안에 들어갈 적당한 말은?

> Present a bottle of wine for the host's ( ).

가. approve
나. to approve
다. approval
라. see

해설: 초대한 호스트(주인)에게 와인병을 보여줘라.

154
다음 질문에 대한 대답은?

> A: Have you ever been in Rome?
> B: No, but that's the city ( )

가. I want most like to visit
나. I'd most like to visit
다. which I like to visit most
라. what I'd like most to visit

해설: more like = best = better

155
다음 ( ) 안에 들어갈 적당한 말은?

> A: Why the ( ) face?
> B: The coffee machine is out of order again.

가. long
나. poker
다. terrific
라. short

해설: long face = 우울한 얼굴

정답: 150 가 151 가 152 나 153 다 154 나 155 가

156
다음 질문에 대한 대답으로 가장 적절한 것은?

> "How often do you go to the coffee shop?"

가. For a long time.
나. When I am free.
다. Quite often
라. From yesterday

 상당히 자주(quite often)

157
다음 ( ) 안에 들어갈 적절한 말은?

> A: Do you have a new job?
> B: Yes, I ( ) for a coffee shop now.

가. do 나. take
다. can 라. work

 지금 커피 전문점에서 일한다.

158
다음 문장의 ( ) 안에 가장 적당한 것은?

> I ( ) born in 1987.

가. am
나. were
다. was
라. did

 과거 수동태 (be 동사 과거형 + 과거분사)

159
다음 중 ( ) 안에 들어갈 가장 적당한 말은?

> May I have ( ) coffee please?

가. some
나. many
다. to
라. only

 커피 한 잔 주세요.

160
다음 ___ 에 들어갈 말로 가장 적당한 것은?

> A: How can I get to the coffee shop?
> B: I haven't been there in years!
> A: Well, why don't you show me on a map?
> B: _____

가. I'm sorry to hear that.
나. No, I think I can find it.
다. You should have gone there.
라. I guess I could.

161
'First come first serve'의 의미는?

가. 선착순 나. 시음회
다. 선불제 라. 연장자순

 먼저 오는 고객에게 먼저 서비스한다는 의미이다.

162
다음 ( ) 안에 알맞은 것은?

> Would you like to have a coffee, (   ) you are waiting?

가. while 나. where
다. as soon as 라. upon

 기다리는 동안에(while) 커피 한 잔 하시겠어요?

163
"How would you like your steak?"의 대답으로 적합하지 않은 것은?

가. rare 나. medium
다. rare-done 라. well-done

 스테이크 익힘 정도에는 medium-rare, rare, medium, well-done이 있다.

164
"How long have you worked for your coffee shop?"의 물음에 대한 대답으로 적당하지 않은 것은?

가. For 5 years 나. Since 1982
다. 10 years ago 라. Last 7 years

 커피전문점에 근무한 지 얼마나 되나요?

165
"같은 음료로 드릴까요?"의 표현은?

가. May I bring the same drink for you?
나. Do you need another drink?
다. Do you want to try another one?
라. What would you like to drink?

166
아래의 대화에서 ( )에 가장 알맞은 것은?

> A: Come on, Marry. Hurry up and finish your coffee. We have to catch a taxi to the airport.
> B: I can't hurry. This coffee's (A) hot for me (B) drink.

가. A : so B : that
나. A : too B : to
다. A : due B : to
라. A : would B : on

 too ~ to : 너무나 ~해서 ~ 할 수 없다.
커피가 너무나 뜨거워서 마실 수 없다.

167
다음 ( ) 안에 알맞은 것은?

> Who is the tallest, Mr. Kim, Lee, (   ) Park?

가. and 나. or
다. with 라. to

 김씨, 이씨, 박씨 중에서 누가 가장 키가 큰가요?

168
다음 ( ) 안에 알맞은 것은?

> Our shuttle bus leaves here 10 times (   ).

가. in day 나. the day
다. day 라. a day

 a = per
버스는 여기를 10분마다 출발한다.

정답 162 가 163 다 164 다 165 가 166 나 167 나 168 라

169
다음 ( ) 안에 가장 알맞은 것은?

> What kind of drink would you (　　) ?

가. like to
나. like
다. have to
라. has

 무슨 음료를 드실 건가요?

170
다음 중 의미가 다른 하나는?

가. May I take your order?
나. Are you ready to order?
다. What would you like, Sir?
라. How would you like, Sir?

 주문에 대한 질문

171
다음 밑줄 친 단어의 의미는?

> A: This ice coffee is <u>flat</u>. I don't like warm coffee.
> B: I'll have them replace it with a cold one.

가. 시원한
나. 맛이 좋은
다. 김이 빠진
라. 너무 독한

172
"I feel like throwing up."의 의미는?

가. 토할 것 같다.
나. 기분이 너무 좋다.
다. 공을 던지고 싶다.
라. 술을 마시고 싶다.

173
"All tables are booked tonight"과 의미가 같은 것은?

가. All books are on the table.
나. There are a lot of tables here.
다. All tables are very dirty tonight.
라. There aren't any available tables tonight.

 오늘 밤 예약이 100% 되어서 자리가 없다.

174
"Can you charge what I've just had to my room number 310?"의 뜻은?

가. 내 방 310호로 주문한 것을 배달해 줄 수 있습니까?
나. 내 방 310호로 거스름돈을 가져다 줄 수 있습니까?
다. 내 방 310호로 담당자를 보내 주시겠습니까?
라. 내 방 310호로 방금 마신 것을 달아놓아 주시겠습니까?

 여기서 charge 의미는 A가 사용한 비용을 B에게 포함시켜 달라는 뜻

정답　169 나　170 라　171 다　172 가　173 라　174 라

Chapter 05 예상문제 — 카페(Cafe) 경영

175
"얼음물 좀 더 갖다 드릴까요?"의 적합한 표현은?

가. Shall you have some more ice water?
나. Shall I get you some more ice water?
다. Will you get me some more ice water?
라. Shall I have some more ice water?

176
고객과 종업원 간의 대화에서 ( ) 안에 알맞은 것은?

> W : Welcome to Dong-Seoul restaurant.
> G : Do you have a table for three?
> W : Sorry, All the tables are occupied for now. Would you wait for a while in front of restaurant?
> G : Ok.
> ── a few minute later ──
> W : ( )
>   We have a table for you.

가. I am sorry to have kept you waiting.
나. I am sorry to kept your wait.
다. I am sorry to have not kept you waiting.
라. I am sorry not to keep you waiting.

 기다리게 해서 죄송합니다.(과거에서 지금까지 진행 상황)

177
"우리 호텔을 떠나십니까?"의 올바른 표현은?

가. Do you start our hotel?
나. Are you leave our hotel?
다. Are you leaving our hotel?
라. Do you go our hotel?

178
"This milk has gone bad"의 뜻은?

가. 우유가 상했다.
나. 우유가 맛이 없다.
다. 우유가 신선하다.
라. 우유에 나쁜 것이 있다.

179
"The meeting was postponed until tomorrow morning"의 문장에서 postponed와 가장 가까운 뜻은?

가. cancelled
나. finished
다. put off
라. taken off

 회의는 내일 아침까지 연기되었다.

180
다음 중 의미가 다른 하나는?

가. It's my treat this time.
나. I'll pick up the tab.
다. Let's go Dutch.
라. It's on me.

 각자 부담하자.

정답 175 나 176 가 177 다 178 가 179 다 180 다

181
아래 밑줄 친 ( )에 적합한 문장은?

A: Welcome to Mass Burger. Can I take your order?
B: Yeah, I'll have the combo number4 please, with barbecue sauce.(_____)
A: We have Coke, Sprite, Fanta, and orange juice.
B: A Coke without ice, please.
A: Do you want that to go?
B: No, I'll eat it here.

가. What kind of drinks do you have?
나. What kind of wines do you have?
다. What kind of beers do you have?
라. What kind of sauces do you have?

어떤 종류의 음료를 마시겠어요?

182
"이것으로 주세요" 또는 "이것으로 할게요"라는 의미의 표현으로 가장 적합한 것은?

가. I'll have this one.
나. Give me one miore.
다. I would like to drink something.
라. I already had one.

183
'무료로 더 드리겠습니다' 또는 '이것은 무료입니다'의 표현으로 적절하지 않는 것은?

가. I'II make you another on the house.
나. This is on the house.
다. This one is complimentary.
라. This is already paid.

184
아래의 대화에서 ( ) 안에 알맞은 단어로 짝지워진 것은?

A: Let's go ( ) a drink after work, will you?
B: I don't ( ) like a drink today.

가. for, feel
나. to, have
다. in, know
라. of, give

go for : ~하러 가다
feel like : ~을 느끼다

185
( ) 안에 가장 적합한 것은?

May I have ( ) coffee please?

가. some
나. many
다. to
라. only

186
'한잔 더 주세요'에 가장 정확한 영어 표현은?

가. I'd like other drink.
나. I'd like to have another drink.
다. I want one more wine.
라. I'd like to have the other drink.

정답 181 가 182 가 183 라 184 가 185 가 186 나

Chapter 05 예상문제 — 카페(Cafe) 경영

187
다음 중 밑줄 친 곳에 들어갈 가장 적당한 것은?

> A: (　　) can I get to the coffee shop?
> B: I haven't been there in years!
> C: Well, why don't you show me on a map?
> D: I guess I could.

가. What
나. Where
다. When
라. How

188
"어서 앉으세요, 손님"에 알맞은 영어는?

가. Sit down.
나. Please be seated.
다. Lie down, sir.
라. Here is a seat, sir.

189
다음 (　) 안에 적당한 말은?

> Bring us another (　) of coffee, please.

가. round
나. glass
다. circle
라. serve

190
"Bring us (　　) round of coffee"에서 (　) 안에 알맞은 것은?

가. each
나. another
다. every
라. all

 another round : 한 잔 더

191
다음 (　) 안에 알맞은 것은?

> Hardly had he mailed the letter (　　).

가. then he began regret writing it
나. then he received one
다. when he mailed it
라. when he began to regret writing it

192
다음 문장과 같은 의미의 것은?

> I beg your pardon?

가. Excuse me.
나. Wait for me.
다. I'd like to know.
라. Let me see.

 무슨 말을 (알아 듣지 못했을 때) 죄송하지만 등의 의미로 쓴다.

193
다음 중 나머지 셋과 의미가 다른 문장은?

가. It doesn't matter.
나. It doesn't make any difference.
다. It is not important.
라. It is not difficult.

 '어떻게 생각해?'에 대한 대답으로 '문제 없어, 괜찮아, 상관없어'라는 뜻이다.

정답　187 라　188 라　189 가　190 나　191 라　192 가　193 라

194
아래 문장의 의미는?

> The line is busy, so I can't put you through.

가. 통화 중이므로 바꿔 드릴 수 없습니다.
나. 고장이므로 바꿔 드릴 수 없습니다.
다. 외출 중이므로 바꿔 드릴 수 없습니다.
라. 응답이 없으므로 바꿔 드릴 수 없습니다.

195
다음 (　) 안에 들어갈 말은?

> We don't have to wait (　　　).

가. any longer
나. some longer
다. any long
라. no longer

 any는 부정문에 사용

196
다음 중 밑줄 친 change가 나머지 셋과 다른 의미로 쓰인 것은?

가. Do you have <u>change</u> for a dollar?
나. Keep the <u>change</u>.
다. I need some <u>change</u> for the bus.
라. Let's try a new restaurant for a <u>change</u>.

 변화라는 의미로 사용된 것과 거스름돈이라는 의미로 사용된 것을 구분한다.

197
"5월 5일에는 이미 예약이 다 되어 있습니다."의 표현은?

가. We look forward to seeing you on May 5th.
나. We are fully booked on May 5th.
다. We are available on May 5th.
라. I will check availability on May 5th.

198
아래의 Dong과 Seoul의 대화에서 (　) 안에 적합한 것은?

> Dong : He (A) a lot too, didn't he?
> Seoul : He sure (B). He always was going out for a drink after work.

가. A: drink　B: do
나. A: drank　B: did
다. A: drink　B: was
라. A: drank　B: was

199
다음 (　) 안에 알맞은 것은?

> I'm sorry, but lungo is not (　　) the coffee list.

가. on
나. of
다. for
라. against

정답　194 가　195 가　196 라　197 나　198 나　199 가

Chapter 05 예상문제 — 카페(Cafe) 경영

200
"디저트를 원하지 않는다."는 의미의 표현으로 옳은 것은?

가. I am eat very little.
나. I have no trouble with my dessert.
다. Please help yourself to it.
라. I don't care for any dessert.

201
다음 (   ) 안에 알맞은 것은?

> The coffee shop (   ) at seven o'clock everyday.

가. has open 나. opened
다. is opening 라. opens

해설) 커피 전문점은 매일 7시에 개점한다.
매일 반복하는 행위의 현재형

정답 200 라 201 라

Part 02

커피전문가 (BARISTA) 실기시험

chapter 01 | 실기시험 지침서

chapter 02 | 실기시험 채점표

chapter 03 | 실기시험 요약정리

Part 02 | 커피전문가(BARISTA) 실기시험

실기시험 지침서

01 준비물 및 세팅

※ 수험자는 앞치마, 행주 3장, 린넨 2장을 개인적으로 준비해야 하며 복장과 머리, 손톱은 커피전문가로서 단정해야 한다. 그 외 커피 원두, 우유, 관련 기구들은 시험장에 준비되어 있다.

1 대기실 대기

복장을 갖추고 원형 트레이에 행주 3장(1장은 물기가 있는 행주)과 린넨 2장(린넨 1장은 앞치마에 착용), 데미타세 잔 1개, 잔받침대 1개, 샷글라스 2개, 카푸치노 잔 2개, 잔받침대 3개(1개는 젖은 행주 받침잔으로 사용), 에스프레소 스푼 1개, 카푸치노 스푼 2개, 우유, 피처 2개를 준비하여 대기한다. (사진 참조)

기술(Tecnical)평가자가 수험번호와 수험자 이름을 부르면 수험표를 감각(Sensory)평가자에게 제출한 후 작업대로 이동하여 준비 동작 작업을 위해서 준비물을 세팅한다.

2 세팅 동작

동작 1 마른 행주는 각각 에스프레소 기계 트레이 상단, 작업대 상단에 놓고 젖은 행주 1장은 접시 위에 올려서 작업대 상단에 둔다.

동작 2 에스프레스 기계 위에 샷글라스(2개), 데미타세 잔(1개), 카푸치노 잔(2개), 스푼(에스프레소용 1개 및 카푸치노용 2개), 잔받침(에스프레소용 1개, 카푸치노용 2개)을 준비해둔다. 커피 잔은 엎어두며 예열된 잔의 물기 제거용 린넨 1장은 에스프레소 기계 상단 전면부에 가지런하게 둔다.

| 동작 3 | 우유와 피처 2개는 둥근 트레이에 놓고 작업대 한쪽에 둔다.

이상 모든 준비물을 에스프레소 기계와 작업대에 세팅한 후 준비가 끝나면 수험자는 감각평가자를 향하여 조용하게 선다.

[사진으로 보는 세팅 상태]

| 행주위치 | 린넨 및 잔, 스푼 위치 | 우유 및 피처 위치 |

기술평가자가 수험자의 세팅 완료를 확인한 후 수험자에게 "지금부터 5분 동안 준비단계를 시작하겠습니다."라고 안내하면 수험자는 오른쪽 손을 들고 "준비단계 시작하겠습니다"라고 말한 뒤 작업대에 들어가서 준비단계를 시작한다. 동시에 기술평가자는 준비단계 시간 5분 측정을 시작한다.

02 준비단계 동작 시연(5분)

| 동작 1 | 에스프레소 기계 및 그라인더를 점검한다.
(압력게이지, 샤워필터, 포터필터, 스팀완드, 온수노즐 등)

| 동작 2 | 잔을 예열한다. (샷글라스 잔 1개, 데미타세 잔 1개, 카푸치노 잔 2개)
샷글라스 1개는 시범 추출용이라 예열하지 않아도 된다.

> ※ 시범 추출이란?
> 시연 단계에서 맛있는 카페 에스프레소를 추출하기 위한 가장 적당한 양은 25~35ml(cc), 시간은 20~30초 이내로 이는 분쇄된 커피양과 탬핑의 강약에 의존한다. 따라서 준비단계에서 수험자가 현 상태의 분쇄된 커피 상태를 체크하는 동작으로 시범 추출 과정을 통하여 시연단계에서 동작할 커피 양과 탬핑 강약을 조절하기 위한 수단이다.

| 동작 3 | 포터필터 1개를 이용하여 시범 추출한다.(시범 추출용 샷글라스 사용) |

먼저 에스프레소 트레이에서 포터필터 물기를 잘 털고 앞치마에 있는 린넨으로 포터필터의 물기를 제거한 후 그라인더에서 커피가루를 포터필터로 받는다. 그리고 적절하게 힘을 이용하여 탬핑과 탬핑을 하는데 탬퍼 안에 커피가 수평이 될 수 있도록 작업한다.

| 동작 4 | 커피가 추출되는 동안 예열된 잔의 물기를 없애고 워머 상단에 올린 후 시범 추출 된 에스프레소는 작업대 옆으로 치워둔다.
(가급적이면 트레이에 두며 물기를 제거한 잔은 엎지 말고 바로 세운다.) |

| 동작 5 | 에스프레소 기계, 그라인더, 작업대 주변을 깨끗하게 정리한다. |

| 동작 6 | 준비단계가 완료되면 수험자는 감각평가자를 향하여 오른손을 들고 "준비 끝났습니다"라고 말한 후 조용히 평가자의 지시를 기다린다. |

기술평가자는 준비 상태를 평가하며 평가 완료 후 시연 및 정리정돈 단계를 실시한다.

압력게이지 체크	샤워필터 체크	포터필터 체크	그라인더 점검
분쇄통 체크	잔 예열	시범추출	물기 제거
잔 위치	포터필터 정리 1	포터필터 정리 2	포터필터 정리 3

03 시연 및 정리정돈 단계(15분)

기술평가자가 준비단계 평가를 완료하고 나면 "시연을 시작하세요"라고 지시한다. 수험자는 오른손을 들고 감각평가자를 향하여 "시연 시작하겠습니다"라고 말한 후 시연단계를 실시한다.

1 물 서비스 및 카페 에스프레소 시연

| 동작 1 | 물 잔에 물을 따른 후에 서비스 트레이를 이용하여 감각평가자에게 물을 서빙한 후 "카페 에스프레소를 준비 하겠습니다"라고 말한다.
(물잔과 물주전자는 미리 준비되어 있다)

| 동작 2 | 작업대로 돌아와서 서비스 트레이에 데미타세 잔 받침과 에스프레소 스푼을 세팅한다.

| 동작 3 | 포터필터를 탈착하여 물기를 제거한 후 그라인더에서 포터필터에 원두를 담고 탬핑과 태핑을 한 후 포터필터를 장착하고 워머 상단에 준비되어 있는 샷글라스 1개와 데미타세 잔 1개를 이용하여 에스프레소 커피를 추출한다.
(추출시간 : 20~30초, 추출량 : 25~35ml, 물흘리기 등)

| 동작 4 | 추출된 에스프레소 커피를 준비된 서비스 트레이에 올리고 감각평가자 앞으로 가져가서 "카페 에스프레소 서비스하겠습니다"라고 말한 후 샷글라스와 데미타세 잔을

내려 둔다. 그리고 "이번에는 카페 카푸치노를 준비하겠습니다."라고 말한 후 작업대에 신속하게 돌아와서 그 다음 작업을 진행한다.

카페 에스프레소 평가 기준

① 추출 시간

에스프레소는 일반적으로 20~30초 정도의 시간 안에 커피가 추출되면 맛과 향이 좋다고 평가할 수 있다. 수험자는 연습을 할 때 항상 추출시간을 측정하고 일정한 추출시간에 맞는 커피의 양 및 탬퍼로 압착시키는 힘의 정도를 표준화하는 연습을 해야 한다.

② 추출량

카페 에스프레소 추출량은 샷글라스의 눈금을 보고 측정할 수 있다.
반드시 수평으로 바라봐야 정확한 양을 알 수 있다. 에스프레소 추출의 적정량은 25~35ml이다.

③ 크레마의 색감과 모양

에스프레소의 특징인 크레마의 색감과 모양은 에스프레소의 맛 평가에 중요한 요소가 된다.
색감은 진한 갈색과 연한 갈색, 그리고 붉은 색깔이 조화롭게 나타나면 좋은 색감으로 평가된다.
항상 추출 후 바로 색감을 평가하면서 좋은 색감이 느껴지는지 확인해야 한다.

다음은 모양으로 지나친 추출에 의한 하얀 점이나 잘못된 추출에 의한 검은 기름점, 기름띠가 생기면 좋지 않다고 본다. 수험자는 이에 유의하고 항상 정확한 추출을 하여 모양에서 많은 차이점이 생기지 않도록 노력한다.

④ 크레마의 지속력과 복원력

잔을 기울이면 에스프레소 커피의 표면적이 커지는데 이때 크레마의 상태가 좋으면 같이 늘어나는 성질이 있는데 이를 지속력이라 한다. 기울였던 잔을 다시 본래의 위치로 되돌리면 크레마의 상태가 그대로 돌아오게 되는데 이는 복원력이라 한다. 좋은 에스프레소 크레마는 지속력과 복원력이 좋아야 한다.

⑤ 크레마의 감촉과 에스프레소 커피의 전체적인 맛과 향

크레마와 에스프레소를 잘 섞여지게 하기 위하여 스푼으로 몇 번 저어주고 이를 마시면 전체적으로 잘 섞여진 맛과 향을 느낄 수 있게 된다. 또한 크레마의 느낌인 감칠맛, 농도감이 혀와 입안에서 느껴지게 되는데 이 느낌이 강하고 오래 남아 있을수록 좋은 점수를

얻을 수 있다. 맛과 향, 감촉에 대한 평가는 추출 후 빠른 시간에 이루어져야 정확도가 높아지므로 수험자는 추출 후 평가자에게 신속하게 제공하는 훈련을 해야 한다.

2 카페 카푸치노 시연

동작 1 서비스 트레이에 카페 카푸치노 잔 받침대 2개와 스푼을 세팅한다.

동작 2 다른 서비스 트레이에서 미리 준비된 우유와 피처 2개 중 피처 1개에 우유를 따른다.

우유량 확인

※ 적정한 우유량은 피처 안에 있는 홈부분 밑으로 0.5cm 정도 밑단까지 부어주면 250~300ml 정도 가량 된다.

동작 3 포터필터를 탈착하여 물기를 제거한 후 그라인더에서 원두를 담고 탬핑과 테핑 후 포터필터를 장착하고 워머 위에 준비되어 있는 카푸치노 커피잔 2개를 이용하여 카페 에스프레소 커피를 추출한다.
(추출시간 : 20~30초, 추출량 : 25~35ml, 물흘리기 등)

동작 4 접시 위에 준비된 젖은 행주를 이용하여 스팀완드에서 수증기를 품어낸 후 피처에 준비된 우유를 이용하여 거품을 낸다.

동작 5 거품이 준비된 피처와 비어있는 피처를 이용하여 우유 거품을 2등분한다.

동작 6 카푸치노 커피 잔에 들어 있는 에스프레소 커피에 우유 거품을 부어서 카푸치노 커피 2잔을 만든다.

동작 7 준비되어 있는 서비스 트레이 위에 카푸치노 커피를 옮긴 후 감각평가자 앞으로 가서 "카페 카푸치노 서비스하겠습니다"라고 말하고 내려 둔다.

동작 8 신속하게 작업대에 돌아와서 사용한 포터필터, 그라인더 등을 청결하게 정리하고 작업대 위와 에스프레소 기계 주변을 깨끗하게 정돈한다.

| 동작 9 | 사용된 행주와 린넨을 정돈하고 사용한 피처와 우유도 함께 서비스 트레이에 정리한 후 감각평가자를 향하여 오른손을 들고 "시연 및 정리정돈 마칩니다"라고 말한다.

| 동작 10 | 수험생은 수험표를 받아서 퇴장한다.(기술평가자는 정리정돈을 점검한다.)

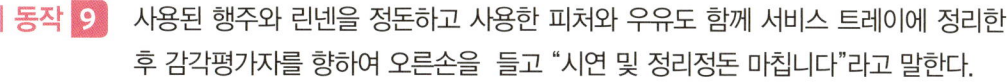

카페 카푸치노의 평가기준

① **모양의 위치와 선명도 / 우유 거품의 고운 정도**

제공되어진 카푸치노의 표면에 보이는 거품 모양의 선명도는 스티밍의 정교함과 에스프레소 커피와 우유의 혼합에서 어떤 현상으로 작용하느냐에 따라 결과가 달라진다.
가장 좋은 상태는 거품이 선명해야 하며 정가운데 위치해야 한다는 것이다.
따라서 고운 스팀우유 제조와 적정한 에스프레소와 우유의 혼합 방법을 연습해야 한다.
밀크 스티밍에서 거품을 곱게 만들어 내고 혼합을 잘 시켜서 벨벳 밀크를 만들어 내면 좋은 점수를 받을 수 있다.

② **우유의 점성, 혼합**

스푼의 뒷면으로 표면을 밀어낸다.   밀어낸 후 복원력과 혼합된 정도를 본다.

우유 거품의 상태를 평가하는 방법으로 카푸치노 스푼의 뒷면으로 카푸치노 커피 표면을 밀어내면서 우유의 점성과 혼합된 상태를 본다.
밀어낼 때 우유의 점성이 좋으면 복원력이 강하게 느껴지며 잘 혼합된 느낌이 들게 된다. 밀어낸 상태에서 표면 안쪽에서 보이는 거품의 상태도 체크하고, 크림처럼 고운 느낌이 들면 좋은 카페 카푸치노라 할 수 있다.

③ **맛의 조화 / 우유의 부드러움**

밀어낸 상태에서 밀어내지 않은 부분으로 맛을 보면 되겠다.
한모금 입안에 머금고 느껴지는 우유의 부드러움과 커피와의 맛의 조화 등을 확인하면서 평가할 수 있다.
맛의 느낌은 한부분이 너무 강하지 않으면서 전체적으

로 부드러움이 느껴져야 좋은 맛으로 평가될 수 있다.

카페 카푸치노의 나쁜 조리 사례

Chapter 03 예상문제 실기시험 지침서

001
커피전문가 실기시험 규정 중 중요 불합격 사유로 묶인 것은?

가. 제공된 2잔의 카푸치노 중 한 잔의 우유 거품이 거칠게 제공된 경우
나. 준비 평가 단계에서 커피잔 및 받침을 파손한 경우
다. 에스프레소를 추출하기 전 물흘리기를 무시한 경우
라. 수험자의 복장이 매우 불량하고 언행이 좋지 않은 경우

002
커피전문가 실기시험 준비단계와 시연 및 정리정돈 단계 과정에 소요되는 시간은?

가. 준비단계 6분, 시연 및 정리정돈 단계 16분
나. 준비단계 5분, 시연 및 정리정돈 단계 20분
다. 준비단계 5분, 시연 및 정리정돈 단계 15분
라. 준비단계 6분, 시연 및 정리정돈 단계 15분

003
커피전문가 실기시험에서 카페 에스프레소의 적당한 추출량은?

가. 20~30ml
나. 15~25ml
다. 25~35ml
라. 30~35ml

004
커피전문가 실기시험에서 카페 에스프레소의 적당한 추출 시간은?

가. 20~30초
나. 15~25초
다. 25~35초
라. 30~35초

005
커피전문가 실기시험에서 불합격 요인이 될 수 있는 내용은?

가. 스팀완드를 젖은 행주로 사용한 후에는 위생적인 측면을 고려해야 한다.
나. 준비 단계 과정으로 주어진 5분의 시간을 준수해야 한다.
다. 복장은 정해진 유니폼을 반드시 준비하여 입어야만 한다.
라. 실기 시험 중 궁금한 내용은 언제든지 질문해도 된다.

006
커피전문가 자격검정 필기 및 실기시험 합격 점수는?

가. 필기 : 60점, 실기 : 70점
나. 필기 : 60점, 실기 : 60점
다. 필기 : 70점, 실기 : 70점
라. 필기 : 70점, 실기 : 80점

정답 001 라 002 다 003 다 004 가 005 라 006 가

007
동서울대학교 커피전문가 자격검정 자격증 등록 기관은?

가. 한국직업능력개발원
나. 평생교육원
다. 한국산업인력공단
라. 상공회의소

008
한국직업능력개발원을 관장하는 직속 국가 기관은?

가. 국무총리실
나. 대통령
다. 노동부
라. 문화관광체육부

009
우리나라에서 시행하는 커피관련 자격증에 관하여 잘못 설명한 것은?

가. 아직까지 국가공인 자격증으로 등록되지 않았다.
나. 민간자격증 등록처는 한국직업능력개발원이다.
다. 개인사단법인 자격증이 대부분이지만 국가공인 자격증과 별차이가 없다.
라. 커피전문가는 한국직업능력개발원에 등록된 자격증이다.

정답 007 가 008 가 009 다

Part 02 | 커피전문가(BARISTA) 실기시험

실기시험 채점표

01 카페 에스프레소 감각(Sensory)평가 채점표

응시번호	항목	추출 전		추출 후 (에스프레소 색상, 질감, 향, 맛)					총계
성명	번호	1	2	3	4	5	6	7	
	세부 항목	주문서비스 • 인사말 • 상냥함 • 느낌 • 물서비스 • 잔받침 • 스푼 준비	추출 과정 에스프레스 추출에 대한 전반적인 흐름 및 숙련도	서비스 및 위생 • 인사말 • 잔과 스푼 위치 • 잔과 스푼 위생 • 전반적인 위생	크레마 색상 • 연한색 • 붉은색 • 황금색 등 크레마 색상 체크	크레마 • 질감 • 밀도 • 복원력 • 지속력	커피 향 • 좋은 향 • 좋은 느낌 • 향의 균형	커피 맛 • 쓴맛 • 신맛 • 단맛 • 기타 맛	29점
	배점 득점	1 (미달) 2 (미흡) 3 (보통) 5 (우수)	1 (미달) 2 (미흡) 3 (보통) 5 (우수)	0 (미달) 1 (미흡) 2 (보통) 3 (우수)	0 (미달) 1 (미흡) 3 (보통) 4 (우수)	0 (미달) 1 (미흡) 3 (보통) 4 (우수)	0 (미달) 1 (미흡) 3 (보통) 4 (우수)	0 (미달) 1 (미흡) 3 (보통) 4 (우수)	

02 카페 카푸치노 감각(Sensory)평가 채점표

응시번호	항목	추출 전			추출 후 (카페카푸치노의 특성)				총계
성명	번호	1	2	3	4	5	6	7	
	세부 항목	주문서비스 • 인사말 • 상냥함 • 느낌 • 잔받침 • 스푼 준비	추출 기술 에스프레소 추출에 대한 전반적인 흐름 및 숙련도	우유 거품 • 소리 • 자세 • 느낌	서비스 및 위생 • 인사말 • 잔과 스푼 위치 • 잔과 스푼 위생 • 전반적인 위생	우유 거품 상태 • 우유거품 • 우유밀도 • 점성도 • 우유색상	커피 외형 • 색상 • 향 • 커피와 우유의 조화	커피 내형 • 맛 • 부드러움 • 균형	29점
	배점 득점	1 (미달) 2 (미흡) 3 (보통) 5 (우수)	0 (미달) 1 (미흡) 2 (보통) 3 (우수)	1 (미달) 2 (미흡) 3 (보통) 4 (우수)	0 (미달) 1 (미흡) 2 (보통) 3 (우수)	1 (미달) 2 (미흡) 3 (보통) 6 (우수)	1 (미달) 2 (미흡) 3 (보통) 4 (우수)	1 (미달) 2 (미흡) 3 (보통) 4 (우수)	

03 커피추출 기술(Technical)평가 채점표

응시번호	항목	준비 단계(5분)			시연 및 정리 단계(15분)				총계
	번호	1	2	3	4	5	6	7	
성명	세부 항목	용모 및 세팅상태 • 복장 상태 • 행주위치 및 청결 • 린넨위치 및 청결 • 잔 및 스푼 준비 • 우유와 피처준비	준비단계 (기계점검) • 포터필터 점검 • 스크린 필터점검 • 온수노즐 점검 • 스팀완드 점검	준비단계 (시범추출) • 시범추출 여부 • 잔예열 상태 • 잔 물기제거 (린넨사용) • 워머 위 잔 위치 • 청소상태(행주·린넨위치)	에스프레소 준비 • 포터필터 상태 • 도징 및 탬핑 • 물 흘러내리기 • 포터필터 장착	에스프레소 추출 • 추출시간 (20~30초) • 추출량 (25~35ml)	카푸치노 조리 • 포터필터상태 • 도징 및 탬핑 • 물흘러내리기 • 포터필터장착 • 스팀완드 (우유)	정리 및 정돈 • 포터필터 상태 • 그라인더 상태 • 에스프레소 기계 • 템퍼청결도 • 작업대 주변정리	42점
	배점 득점	1 (미달) 2 (미흡) 5 (보통) 6 (우수)	1 (미달) 2 (미흡) 4 (보통) 6 (우수)	1 (5분 초과) 2 (시범추출 여부) 4 (청소상태) 6 (매우완벽함)	1 (미달/물 흘림여부) 2 (미흡) 4 (보통) 6 (우수)	1 (미달/시간 및 양) 2 (미흡) 5 (보통) 6 (우수)	1 (미달/물흘림 여부, 스팀완드) 2 (미흡) 4 (보통) 6 (우수)	1 (미달/시간 초과) 2 (미흡) 5 (보통) 6 (우수)	

실격에 해당되는 사항

① 카페 카푸치노 2잔 모두 우유 거품이 생성되지 않은 경우
② 복장이 매우 불량하거나 언행이 좋지 않은 경우
③ 준비 과정에서 준비물이 빠져 있는 경우
④ 실기 시험 도중 말을 하거나 쓸데없는 질문을 하는 경우
⑤ 비위생적으로 추출된 커피를 취급하는 경우

Part 02 | 커피전문가(BARISTA) 실기시험

Chapter 03 실기시험 요약 정리

[준비단계]

1 준비단계 전(대기실에서 나와 시험장에 도착, 준비단계 전 세팅작업)

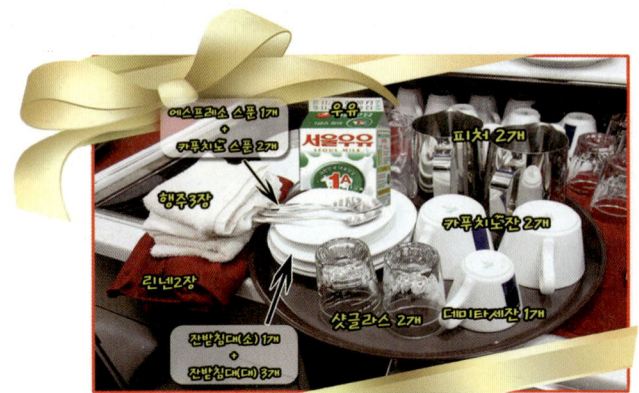

① 복장(앞치마)을 갖추고 원형 트레이에 행주 3(1장은 물기 있는 행주), 린넨 2장(1장은 앞치마에 착용), 샷글라스 2개, 카푸치노 잔 2개, 데미타세 잔 1개, 잔받침대(소)1개, 잔받침대(대)3개, 피처 2개, 우유, 에스프레소 스푼 1개, 카푸치노 스푼 2개를 준비한 후 대기하고 있다가 평가자가 "입장하세요"라고 말을 하면 입장하면서 응시표는 평가자에게 주고 작업대로 들어가 아래와 같이 세팅한다.(세팅작업은 시간을 측정하지 않는다)

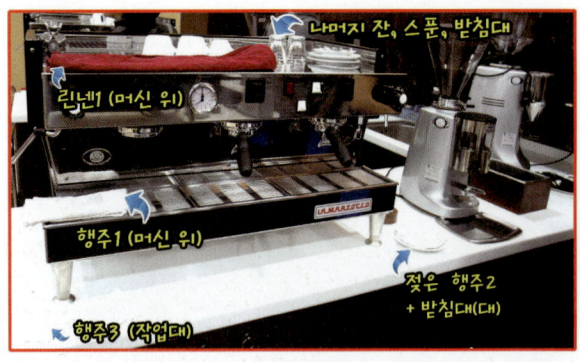 

② 세팅 완료 후 조용히 평가자를 향해 선다.
③ 기술평가자가 세팅 완료 후 "지금부터 5분동안 준비단계를 시작하겠습니다"라고 안내 후 수험자는 오른쪽 손을 들고 "준비단계 시작하겠습니다"라고 말하고 준비단계 시작

2 영업을 위한 준비단계(감점이 되더라도 5분을 준수하자)

① 장착된 2개의 포터필터에 물 흘리기 (9기압 체크)
② 포토필터 2개 열어서 확인함
③ 스팀완드 체크(젖은 행주 2)

④ 컵예열(피처 1을 온수노즐에 대고 70%의 물을 받은 후 예열할 컵을 기계에서 내려 물을 따른다. 이때 샷글라스 1개는 기계 위에 둔다)

⑤ 시범 추출(머신 위에 있는 샷글라스를 사용하여 추출시간을 보고 탬핑할 힘을 미리 계산한다)

⑥ 잔 물기 제거(시범 추출 시에 잔에 물을 비우고 린넨 1로 닦아준다. 닦은 잔은 린넨 1이 있던 곳에 자리 잡아주고 린넨 1은 아까 잔이 있던 곳에 접어둔다.)

⑦ 뒷 정리(추출한 샷글라스 1개는 그라인더 옆 쟁반 위에 두고 포터필터를 깨끗하게 청소한 후 장착시키고 행주 1로 머신닦고 행주 3으로 작업대 닦고 주변정리가 완료되면 오른손을 들고 "준비 끝났습니다"라고 말한 후에 평가자를 향하여 단정하게 선다.

[시연단계 1(에스프레소 만들기)]

① 평가자가 "지금부터 시연 및 정리정돈 단계를 시작하겠습니다"라고 말을 하면 오른손을 들고 "시작하겠습니다"라고 말한 후, 주전자물을 물컵에 따른 뒤 평가자에게 서빙한다.

② 서빙 후 "에스프레소 준비해 드리겠습니다."라고 말한 후에 잔받침(소) 1개와 에스프레소 스푼 1개를 쟁반에 놓는다.

③ 에스프레소 추출(샷글라스 1개와 데미타세 잔 1개에 추출)

④ 추출한 에스프레소 2잔을 평가자에게 "주문하신 에스프레소입니다"라고 말하며 서빙한다.

[시연단계 2(카푸치노 만들기)]

① "카푸치노 준비해 드리겠습니다"라고 말한 후 받침대(대)2개와 카푸치노 스푼 2개를 쟁반에 놓는다.

② 우유를 피처 1개에 따른다.

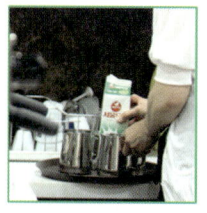

③ 에스프레소 추출(사용안한 포터필터를 사용하여 카푸치노 잔 2개에 에스프레소 추출)

 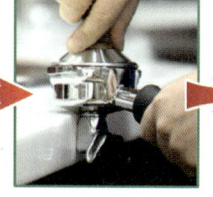 

④ 스팀완드 스팀 확인, 우유거품을 낸 후 스팀완드 청소
 (스팀완드를 우유가 담긴 피처에 담근 후 오른손으로 온도를 체크하면서 거품내기)

⑤ 거품 으깨고 다진 후(피처를 탁탁 쳐주면서 거품이 다져지도록 피처를 돌려준다) 나머지 피처에 우유 나누기

⑥ 우유가 담긴 피처를 들어 에스프레소를 받은 잔에 부어준다.(2잔 모두 붓기)

⑦ 카푸치노 2잔을 받침대로 옮긴 후 평가자에게 "주문하신 카푸치노입니다" 하고 서빙한다.

[시연단계 3(뒷정리)]

포터필터 2개 모두 깨끗이 청소하고 그라인더 청소 머신까지 행주로 깨끗하게 닦아준다. 모든 작업이 끝났으므로 작업대의 모든 물건(행주, 린넨 등)은 쟁반 위에 모아둔다.

주변에 미흡한 것은 없는지 확인하고 오른손을 들고 "마치겠습니다"라고 말한다.

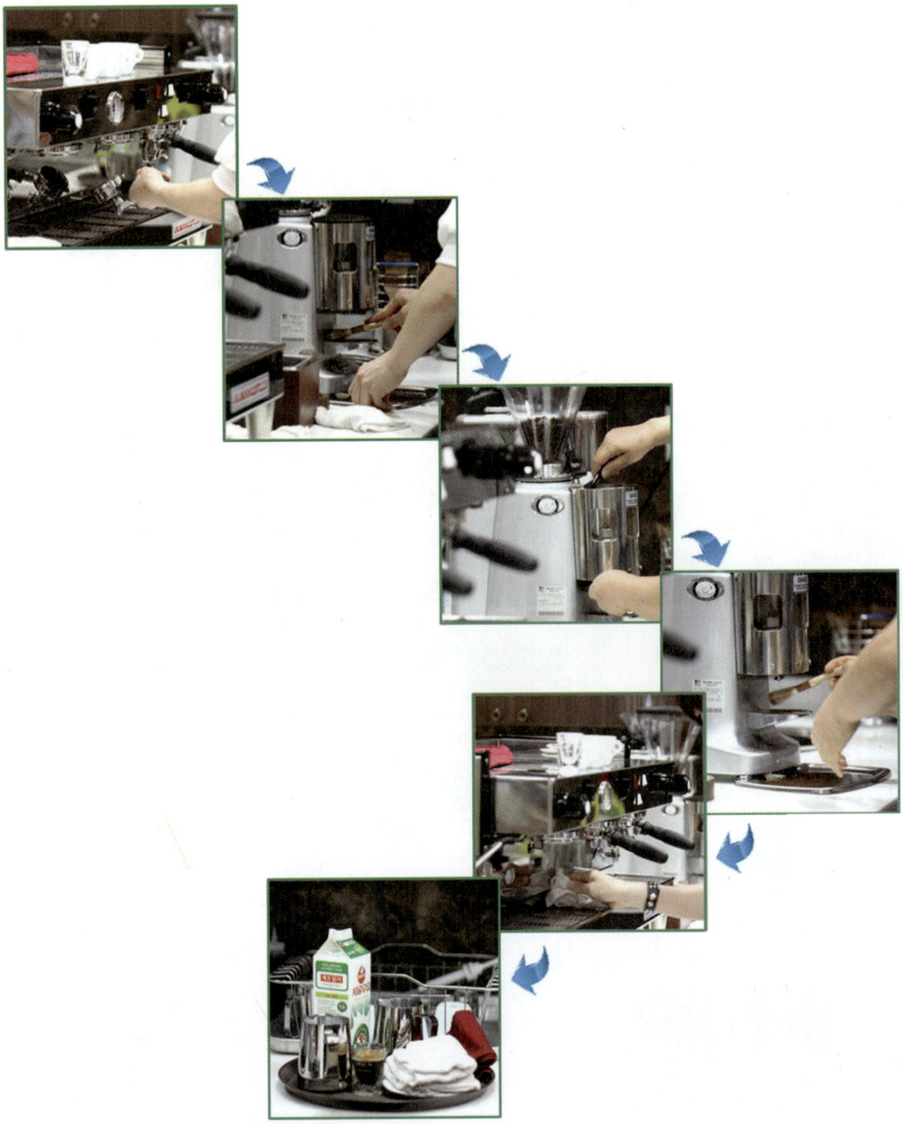

부록

부록 |

1. 커피전문가 자격검정 안내

2. 동서울대학교 커피전문가(BARISTA)자격 검정 산학협동 신청서

3. 커피전문가 응시 원서 양식(평생교육원 양식)

참고문헌 및 자료협조 |

저자약력 |

부록
커피전문가(BARISTA) 자격검정 안내

동서울대학교 평생교육원 주관 커피 자격증은 학교법인 대학교 평생교육원에서 시행되는 유일한 자격증이며 또한, 공신력 있는 자격증 인증을 위하여 국무총리 산하 한국직업능력개발원 민간 자격증 등록 번호 제 2012-0146호로 등록하였고 지속적으로 다양한 커피관련 자격증을 시행할 계획이다.

'BARISTA(바리스타)'라고 하는 이탈리아어가 2011년 국어순화원에서 우리나라 말로 '커피전문가'로 정의를 내린 것을 계기로 커피 자격증 명칭을 '커피전문가'라고 하였다.

검정 방법은 필기시험과 실기시험으로 구분하며 필기시험 합격자만이 실기시험을 응시할 수 있다.

실기시험 방법은 카페 영업을 하기 위하여 준비하는 과정을 시작으로 커피 메뉴의 시작인 카페 에스프레소 추출, 그리고 우유 거품을 만들어 내는 기술과 카페 카푸치노를 조리하는 방법을 시연단계를 통하여 평가한다. 그리고 마지막으로 영업 마감을 위한 정리정돈 과정을 통하여 커피전문가 자질을 평가하는 방법이다.

우리나라에서 시행하고 있는 모든 종류의 커피자격증은 민간자격증으로 공신력은 없다. 개인 사단법인 경우에는 수익성을 위해서 자격증 종류를 쉽게 만들어 내겠지만 동서울대학교라는 브랜드 가치를 위해서 심사숙고하고 있으며 조만간 1급 자격증을 2급 자격증 취득자를 위해서 개설할 계획이다.

01 자격검정을 위한 시설

(1) 서울 및 경기권 지역 커피전문가 필기시험 응시자는 반드시 동서울대학교 필기시험 검정장에서 시험을 보아야 한다. 단, 원거리에 거주하고 있는 응시자인 경우에는 상황판단 후에 필기 고사장을 정한다.

실기시험장은 응시자가 교육받은 교육장이 검정장으로 등록이 되어 있는 경우에는 해당 교육장에서 실기검정이 가능하다. 단, 이 경우에는 실기시험 응시자가 30명 이상이어야 한다.

(2) 커피전문가 실기시험을 시행하는 시설은 에스프레소 기계, 그라인더, 커피 원두 등 모든 기구 및 재료는 해당 검정장 환경에 의거한다.

(실기 고사장, 수험 대기실, 세척시설, 화장실 등은 반드시 구비되어야 한다.)

- 필기 및 실기시험 평가자 및 진행요원은 동서울대학교 평생교육원 지침에 따른다.
- 에스프레소 기계는 2그룹용 2대 이상은 확보되어야 한다.
- 시험 전 모든 장비는 점검을 받아야 하며 반드시 점검 받은 사실을 입증할 수 있도록 서류를 준비한다.

① 에스프레소 머신
- 2그룹 이상의 전자식 버튼으로 작동되는 업소용 반자동 에스프레소 머신이어야 한다.
- 추출버튼은 바리스타가 조정하는 반자동식이어야 한다.
- 노후화 된 소모품이나 불량 부속품은 반드시 교체되어야 한다(그룹가스킷, 게이지, 스위치, 정수기 등).

② 그라인더
- 수동식 그라인더를 설치하며 64mm(칼날사이즈) 이상 업소용 그라인더를 설치한다.
- 그라인더의 칼날은 새것으로 교체하여야 한다.
- 그라인더는 에스프레소 기계 1대당 1대가 설치되어야 한다.

③ 기구 및 기물
- 일반적인 데미타세와 커피잔을 사용한다.
- 스팀피처는 스테인리스 스틸 재질만 가능하고 계량표시된 제품사용은 불가하다. 스팀피처 20oz(500~600ml)는 응시생에 맞추어 준비되어야 한다.
- 카페 에스프레소 잔 및 잔받침은 응시생에 맞추어 준비되어야 한다.
- 1oz 샷글라스, 티스푼(카페 에스프레소용 및 카페 카푸치노용)은 응시생에 맞추어 준비되어야 한다.
- 원형 트레이는 응시생에 맞추어 준비되어야 한다.
- 청소용 솔 및 탬퍼도 반드시 구비되어야 한다.
- 기타 사용기구의 설치는 별도로 정한다.

④ 탬퍼
- 에스프레소 기계의 규격과 일치하는 크기를 비치한다.
- 플라스틱 재질의 탬퍼는 사용할 수 없다.

⑤ 청소용 솔
- 그라인더 청소와 바닥 청소용을 말한다.

- 식품용으로 제조된 솔만 사용이 가능하다.
- 평자형, 둥근형 모두 가능하다.

⑥ 에어컨이나 난방기는 설치되어야 한다.

02 자격검정을 위한 운영

(1) 기술(Technical) 평가위원과 감각(Sensory) 평가위원

① 동서울대학교 평생교육원의 실기평가위원회에 등록된 위원을 파견한다.
② 선정된 고사장의 대표자에 의해 에스프레소 머신를 관리한다.

(2) 고사장 선정기준

동서울대학교 평생교육원 커피전문가 자격검정 운영위원회 기준에 의한다.

(3) 검정응시안내

① 커피전문가 필기 및 실기 검정 과정

필기접수 → 필기검정 → 실기접수(필기합격자 대상) → 실기검정 → 자격증 취득

② 커피전문가 응시 자격 안내

학력, 경력, 연령에 제한이 없으며 대한민국 국적 소지자는 누구나 응시 가능하다.
단, 외국인의 경우는 한국어가 가능해야 한다.

③ 커피전문가 자격 검정 안내

구분	검정과목	검정방법	합격기준	응시료
필기	커피학개론, 배전, 커피메뉴, 기계관리학, 카페경영	60문항 객관식 4지선다형 (검정시간 60분)	100점 / 60점	30,000원
실기	카페 에스프레소 추출 2잔 카페 카푸치노 시연 2잔	준비단계 5분	100점 / 70점	60,000원
		커피추출 시연 및 정리정돈 단계(20분)		

＊고등학교 및 타 대학교 학생이 단체 접수할 경우 응시료는 할인이 가능하다.

④ 응시원서 접수 방법

동서울대학교 평생교육원(Tel. 031-720-2225~2226)

⑤ 합격자 확인 및 자격증 수령방법

동서울대학교 평생교육원(Tel. 031-720-2225~2226)

⑥ 합격자에 한하여 자격증은 카드형(최초 발행은 무료)과 종이형으로 발급한다.

03 자격검정 응시자 유의 사항

① 필기 및 실기검정은 시험시작 30분 전 도착해야 하며 시험시작 10분 전 이후는 입실이 불가하다.
② 필기시험 응시자는 신분증 및 컴퓨터용 수성 사인펜을 준비한다.
③ 부정행위 적발시 바로 퇴실되며, 핸드폰은 반드시 꺼야 한다.
④ 실기검정은 응시자가 접수한 지정 검정장에서 반드시 실시하여야 한다.
⑤ 실기검정 시간은 지정 검정장에서 응시자에게 개별적으로 통보한다.
⑥ 실기검정 응시자는 앞치마, 행주, 린넨, 수험표를 반드시 지참해야 한다.
⑦ 실기검정 시행 도중 기계 파손으로 인한 기계수리비는 본인이 배상한다.
⑧ 실기검정 시행 도중 기계조작 미숙은 불합격으로 처리한다.
⑨ 결시자 및 미응시자는 평생교육원의 환불처리 규정에 의거한다.
⑩ 필기검정 답안지 및 실기검정 채점표는 비공개를 원칙으로 한다.

04 자격검정 평가위원

(1) 평가위원 등록절차
신청접수 - 서류 심사 - 평가자 운영 교육 이수 - 평가위원 등록

(2) 신청자격
만 30세 이상으로, 다음 중 하나 이상의 자격 기준을 갖춘 자
① 전문대학교 이상에서 커피 관련 과목을 강의하는 교수
② 고등학교에서 커피 관련 교과목을 지도하는 교사
③ 커피관련 교육과정을 개설, 운영 중인 교육기관의 교사 및 강사
④ 커피교육경력 3년 이상인 전직 강사
⑤ 커피관련업체 실무경력 3년 이상인 자
⑥ 커피전문가(Barista) 자격증 소지자
⑦ 커피 관련 교육을 36시간 이상 이수한 교육기관 재직자인 자

(3) 자격 부여
커피전문가 자격검정 심사위원 활동으로 자격을 부여한다.
단, 반드시 동서울대학교 평생교육원 커피전문가 평가위원 기본교육을 이수하여야 한다.
① 필기검정 (감독관)　　　② 실기검정 (기술 및 감각 평가위원)

동서울대학교 커피전문가(BARISTA)자격검정 산학협동 신청서 양식

1. 신청일 :　　　　년　　　월　　　일　(　　요일)	
2. 커피전문가 자격 검정장 지정 희망 여부 　희망함 (　　　)　　　　　　　　　　희망 하지 않음 (　　　)	
3. 협약 사항 : 검정장으로 지정 될 경우 상호 협약 내용 　가. 　나. 　다. 　라. 　마.	

4. 산학협동 체결 예정업체 조사서

산업체 상호명 (학교 및 아카데미 포함)		대 표 자 명	
사업자등록번호		설　립　일	
업　　　태		종　　　목	
주　　　소		전 화 번 호	
담당자명 및 담당자 연락처		팩 스 번 호	

강의실 현황	커피관련 기자재 현황	직원현황	
예) 30 인 1강의실	가. 에스프레소머신 나. 그라인더 다. 그 외 기자재		HOMEPAGE 주소
타 자격증 검정장 지정 여부 내용	예) SCAA 자격검정장 지정		담당자 E-MAIL주소

※ 커피전문가(BARISTA) 검정장 신청 양식으로 대신 함.

커피전문가 응시원서 양식(평생교육원 양식)

응시번호 2014-	응 시 원 서		사진 3.5cm×4.5cm
	동서울대학교 총장 귀하 제5회 커피전문가(BARISTA)자격시험에 응시하고자 원서를 제출합니다. ※ 아래 기재사항은 사실과 다름이 없으며 만일 시험합격 후에 허위 또는 부실 기재한 사실이 판명되었을 때에는 합격취소 처분을 하여도 이의를 제기하지 아니할 것을 서약합니다. 2014 년 월 일 응시자 (서명 또는 인)		
①성　명	한글	영어	②주민등록번호	－ (만 세)
③연락처	휴대폰	1. 2.	자택	( ) －
	주소	(－)		
④자격종목 및 등급	커피전문가(BARISTA)			
	① 1급( ) ② (2급)(✓)			
⑤응시구분	1. 필기시험(✓) 2. 실기시험( )			
동서울대학교		접수 확인	㊞

응시번호 2014-	응 시 표		사진 3.5cm×4.5cm
① 제 5 회 커피전문가 (BARISTA) 1급( ) 2급(✓) ② 응 시 구 분 1. 필기시험(✓) 2. 실기시험( ) ③ 성　명(한글) 　주민등록번호 － (만 세) 　　　　　2014년 월 일		
동서울대학교 문의전화 : 031)720-2226,2227 FAX : 031)720-2228 홈페이지 : http://myhome.dsc.ac.kr/llec	접수 확인	㊞

유의사항　1) 반드시 응시표 및 신분증을 지참하시고, 미지참시 퇴실 및 부정행위로 간주합니다.
　　　　　2) 필기구는 검정색 볼펜만 사용 가능하며, 수정 시 감독관 확인을 받아야 합니다.
　　　　　3) 시험시작 이후 고사실에 입실할 수 없습니다.

참고문헌 및 자료협조

세계의 명품커피 / 고재윤 외 / 세경 / 2009.
바리스타의 길 / 권장하 / 미스터커피 SICA출판부 / 2008.
커피 / 김호철 / 기문사 / 2010.
커피&카페 / 김희정 / J&P / 2010.
바리스타 창업실무 / 안우규 외 / 한올출판사 / 2008.
커피 인사이더 / 유대준 / 해밀 / 2009.
라떼아트 / 이영민 / (주)아이비라인 / 2011.
커피 바이블 / 서진우 / 대왕사 / 2010.
프로페셔널 바리스타 / 송주빈 / 주보 / 2008.
커피이야기 / 원융희 / 학문사 / 1999.
가비에서 카페라떼까지 / 이정학 / 대왕사 / 2012.
기초 커피 바리스타 / 전광수 외 / 형설출판사 / 2010.
커피트레이닝 바리스타 / 최성일 / 땅에쓰신글씨 / 2008.
커피바리스타 경영의 이해 / 최병호 외 / 기문사 / 2011.
커피의 세계와 바리스타 / 최희진 외 / 대왕사 / 2011.
커피바리스타 / (사)한국능력교육개발원 / 한수 / 2011.
바리스타가 알고 싶은 커피학 / (사)한국커피전문가협회 / (주)교문사 / 2011.
Coffee Study / 한국커피교육센터 / (주)아이비라인 / 2010.
바리스타2급 / 한국커피교육협의회 / (주)아이비라인 / 2011.
커피바리스타 마스터 / 한국바&레스토랑마스터협회 / 한올출판사 / 2012.
와인&커피 용어해설 / 허용덕 외 / 백산출판사 / 2009.
조주기능사 필기·실기시험 / 허정봉 / 크라운출판사 / 2012.
커피&바리스타 / 허정봉 외 / 크라운출판사 / 2011.

Barista Techniques / John Doyle / Coffee Training Centre Pty Ltd. 2005.
Espresso Coffee The Science of Quality / Andrea Illy & Rinantonio Viani / Elsevier's Science & Technology / 2005.
Caffeina / B.A. Weinberg / 2002.

www.ico.org[International Coffee Organization]
www.scaa.org[Specialty Coffee Association of America : 미국 스페셜티 커피협회]
www.scae.com[Specialty Coffee Association of Europe : 유럽 스페셜티 커피협회]
www.coffeenetwork.com[Coffeenetwork]
www.coffeeresearch.org[Coffeeresearch]

저자약력

— 1959년 부산 출생으로 학부에서는 산업공학을 전공, 졸업 후 (주)태창 기획조정실에 입사, 정보시스템 도입 및 운영 업무를 총괄하고 정보처리학 석사학위를 취득.

— (주)한국화이자(Phizer) 제약회사로 이직하여 재정부에서 정보처리시스템을 운영.

— 서울힐튼(Hilton)호텔 재정부에서 경영정보실장으로 재직, 신세계그룹인 웨스틴(Westin)조선호텔 정보시스템실 부장(서울·부산지역), 관광개발학 전공으로 관광학 박사학위 취득.

— 1998년 경기도 성남시에 위치한 동서울대학교(대유공업전문대학) 관광정보처리과에서 후학 양성을 시작, 실버산업학 석사학위를 취득.

— 2000년부터 음료(Beverage)산업에 관심이 있어 조니워커 스쿨 칵테일 및 와인과정 이수, (사)한국가양주협회에서 전통주 조주를 이수.

— 2010년 봇물처럼 터져 나오는 커피산업 트렌드에 발맞춰 로스팅 및 커피 자격검정 분야에 관심을 가졌고 현재는 (사)한국차문화협회에서 차(茶)문화 예절 및 차(茶)에 관한 연구를 하고 있음.

— 2013년 현재, 동서울대학교 관광학부 호텔관광경영과에 재직 중이며 동서울대학교 종합인력개발센터장으로 보직을 맡고 있음. 특히, 평생교육원 커피전문가(Barista)책임교수로 자격증 관련 필기시험 및 실기시험을 주관하고 있으며 향후 신뢰성이 있는 커피관련 자격증을 개발하기 위하여 연구하고 있음.

— 2013년 한국차문화대학원 수료 – 차문화 예절지도사(1급 전문사범), 규방다례전수자

대외적인 활동

대외적인 활동으로는 한국산업인력공단에서 시행하는 조주기능사 심사위원, 한국호텔·리조트 경영인협회에 시행하는 객실서비스 기능사 및 외식식음료 서비스기능사 자격시험 출제위원을 맡고 있으며 성남시 문화예술분과위원, 법무부범죄예방위원, 경기관광공사 심의위원, 조달청 심의위원, (사)한국바텐더협회에서도 활동 중임. 학회활동으로는 한국호텔외식경영학회, 한국관광학회, 한국관광정보학회 등에서 활동하고 있음.

자격증

음료 관련 자격증으로는 커피, 와인, 막걸리, 차문화예절 지도사, 조주기능사 등을 취득하였으며 그 외 정보처리기사, 국제공인EDP감사자, 국제공인 총지배인, 차문화예절지도사 전문사범 1급, SCAE(유럽커피자격증) Skillslevel ①/② 등이 있음.

저서

「커피 & 바리스타」, 「호텔경영학개론」, 「호텔경영정보시스템」, 「조주기능사 필기·실기 수험서」, 「조주학개론」, 「실버산업의 이해」, 「관광학개론」 등 다수.

커피전문가
필기+실기 자격시험 합격문제

발 행 일	2020년 6월 10일 개정4판 2쇄 발행
	2022년 4월 10일 개정4판 3쇄 발행
저 자	동서울대학교 커피전문가(Barista)
	허정봉 책임교수
발 행 처	크라운출판사
	http://www.crownbook.com
발 행 인	이상원
신고번호	제 300-2007-143호
주 소	서울시 종로구 율곡로13길 21
공 급 처	(02) 765-4787, 1566-5937, (080) 850~5937
전 화	(02) 745-0311~3
팩 스	(02) 743-2688, 02) 741-3231
홈페이지	www.crownbook.co.kr
I S B N	978-89-406-4082-1 / 13590

특별판매정가 20,000원

이 도서의 판권은 크라운출판사에 있으며, 수록된 내용은
무단으로 복제, 변형하여 사용할 수 없습니다.
Copyright CROWN, ⓒ 2022 Printed in Korea

이 도서의 문의를 편집부(02-6430-7019)로 연락주시면
친절하게 응답해 드립니다.